本书由兰州大学“中央高校基本科研业务费”专项资金项目资助出版
（项目编号：2019jbkyzx025）

坚守·奋斗

兰州大学110周年校庆纪念文库

历史的编纂与叙事

赵梅春◎著

科学出版社
北京

内 容 简 介

本书主要收录有关20世纪中国通史编纂研究、刘知幾叙事理论研究等方面的论文。20世纪中国史学在各方面都取得了辉煌的成就，而中国通史的研究与编纂则是其中最具代表性的成果之一。书中有关20世纪中国通史编纂研究方面的论文，既有关于中国通史著作个案分析的文章，也有对20世纪中国通史编纂进行宏观探讨的文章，并提出建立中国通史编纂学的设想。刘知幾是较早地系统探讨历史学叙事理论的史家，书中有关刘知幾叙事理论研究方面的论文，主要探讨了刘知幾对文史关系、文人修史、历史叙事与求真等问题的认识，指出刘知幾的叙事理论标志着文史分途以后史家不仅从实践上，而且从思想观念上确立了史学的独立性。

图书在版编目(CIP)数据

历史的编纂与叙事 / 赵梅春著. —北京：科学出版社，2020.3
（兰州大学110周年校庆纪念文库）
ISBN 978-7-03-064595-1

Ⅰ. ①历… Ⅱ. ①赵… Ⅲ. ①中国历史－历史编纂学－文集
Ⅳ. ①K207-53

中国版本图书馆CIP数据核字（2020）第038615号

责任编辑：王 媛 张春贺 杨 静 / 责任校对：韩 杨
责任印制：张 伟 / 封面设计：润一文化
编辑部电话：010-64011837
E-mail：yangjing@mail.sciencep.com

科学出版社出版
北京东黄城根北街16号
邮政编码：100717
http://www.sciencep.com
北京虎彩文化传播有限公司印刷
科学出版社发行 各地新华书店经销
*
2020年3月第 一 版 开本：720×1000 B5
2020年3月第一次印刷 印张：18
字数：327 000
定价：98.00元

《兰州大学110周年校庆纪念文库》编委会

序

萃英立根本，昆仑写精神。2019 年 9 月 17 日，兰州大学将迎来 110 周年校庆。百十年来，一代代兰大人与国家、民族同呼吸、共命运，屹立西部大地，蕴育时代精英，为世界、为祖国培养了一大批活跃在各行各业的优秀人才，有力地支持了国家特别是祖国西部地区的建设发展。

长期以来，兰州大学始终坚持正确办学方向，落实立德树人根本任务，立足地域特色，发挥科研优势，深度融入参与国家发展战略，主动对接服务地方经济社会发展，“将论文写在中国大地上”，赢得了国内外的广泛认可；熔铸成以“自强不息，独树一帜”为核心的兰大精神，形成了“勤奋，求实，创新”的良好学风，探索走出了一条在西部地区创办高水平大学的成功之路，为中国高校扎根祖国大地创办世界一流大学提供了重要借鉴。

值 110 周年校庆之际，我校策划组织出版《兰州大学 110 周年校庆纪念文库》，旨在展现奋战在教学科研一线的兰大人的家国情怀、理论思考和学术积累。丛书作者中有致力于教书育人的教学名师，也有在科研一线硕果累累的科学大家，更有长期坚守在教学科研一线、受学生爱戴的“普通”教师。丛书内容丰富，涵盖理、工、农、医、人文、社科等诸多学科，其中观点颇多见解。恕我才识单调，难以一一点评。在此，谨付梓以供学界参考指正。

新时代新起点，所有兰大人将汇聚成推动兰州大学事业蓬勃发展的强大合力。面向未来，全体兰大人将继续坚守奋斗，以矢志不渝的信念、时不我待的精神、担当奉献的情怀投身中国特色世界一流大学建设，为实现中华民族伟大复兴贡献兰大力量！

是为序。

2019 年 3 月 26 日

目　　录

第一编　史学批评与历史叙事理论

第二编 中国通史编纂研究

第三编　少数民族史学研究

第四编　改革开放以来中国史学史研究之总结

第一编

史学批评与历史叙事理论

第一章　中国古代史学批评中的双重标准

我国古代的史学批评一方面要求史家不畏权贵，秉笔直书，另一方面又要求其对某些人、事进行回护、隐讳。这样就形成了一种矛盾局面：一方面，直笔撰史历来为人们所赞许、推崇；另一方面，一定范围的曲笔亦为人们所谅解、提倡。因而，尽管我国古代史学家一贯主张历史记载应尽可能真实地反映客观实际，但由于双重标准被奉为撰史准则，史书失实，难以避免。

一、直书、曲笔与史学批评

刘勰在《文心雕龙·史传》中指出："若乃尊贤隐讳，固尼父之圣旨，盖纤瑕不能玷瑾瑜也；奸慝惩戒，实良史之直笔，农夫见莠，其必锄也：若斯之科，亦万代一准焉。"[①]这是说为尊者讳、贤者讳与嫉恶如仇、惩罚邪恶，这二者都是史家撰史应该遵守的准则。为尊贤隐讳就得对他们的缺点和错误，甚至罪恶加以回护、粉饰，或隐而不书，这样做必然导致曲笔写史，歪曲、掩盖历史真相，否则就无法对其"纤瑕"秘而不宣。而像农夫耕田必除杂草般斥责、惩戒邪恶，就要求史家直书其事，无所回避，这必定要直笔撰史，如同刘勰所说的"实良史之直笔"。曲笔和直笔二者如冰炭不能同炉，然而刘勰却认为这二者都是史家撰史应该遵循的原则。刘知幾也有类似的看法，他在《史通》中一方面竭力强调直笔撰史，提倡宁可兰摧玉折，以身殉职，也不能徇情曲笔，作瓦砾长存。但是，另一方面他又认为替君亲隐讳、袒护君亲之类的曲笔情有

① （南朝梁）刘勰著，周振甫注：《文心雕龙注释·史传第十六》，北京：人民文学出版社，1981年，第172页。

可原。所谓“史氏有事涉君亲，必言多隐讳，虽直道不足，而名教存焉”①，“夫臣子所书，君父是党，虽事乖正直，而理合名教”②。在他看来直笔是史家应该坚守的准则，为君亲隐讳之类的曲笔也是必要的，应予以谅解。人们早就注意到我国古代史学批评中的这种矛盾现象，但却认为这只不过是古代史学批评中局限性的表现罢了，因此像刘知幾那样敢于“疑古”“惑经”、具有批判精神的史评家也难以逾越为君亲隐讳的名教藩篱。然而仅仅以史学批评的局限性来解释这一矛盾现象，并不能圆满地说明问题，没有阐明这种矛盾现象的根源所在。实际上这种矛盾现象的存在，反映了我国古代史学批评采取的是双重标准，而之所以奉行双重标准则是由古代史学的特点所决定的。

对我国古代的史学家来说，撰史不仅仅是为了将已经发生过的事情记载下来，更重要的是为了研究历史发展过程，探索其发展规律。虽然司马迁曾将“究天人之际，通古今之变，成一家之言”作为撰史宗旨，但以史学的“经世致用”作为干预现实的工具，则是他们更为直接的目的。因而“经世致用”就成为我国古代史学的传统。人们认为史学一方面应为治国安邦提供可资借鉴的经验教训，“有资于治道”；另一方面则应当惩恶劝善，有益于世道人心，维护名教。

刘勰指出：“原夫载籍之作也，必贯乎百氏，被之千载，表征盛衰，殷鉴兴废。”③这说明史学家编撰史书应当贯通百家之说，使其流传千百年，阐明各个朝代盛衰兴亡的原因，以便后世能以之为前车之鉴。在此，他强调以史为鉴是编撰史著的主要目的。以史为鉴的思想在我国出现得很早，早在西周初年就有“殷鉴不远，在夏后之世”的说法，这是要求周代统治者以商代的历史为鉴，避免重蹈覆辙，这种以史为鉴的思想愈到后世愈为史家所重视。宋代司马光“专取关国家盛衰，系生民休戚，善可为法，恶可为戒者”编成史书，以为治国者提供历代君臣治国的经验教训为写史目的，宋神宗因其所撰之史“鉴于往事，有资于治道”，赐名《资治通鉴》。范祖禹撰《唐鉴》，其意亦在以唐朝的成败经验为宋朝统治者所借鉴，因唐距宋时代较近，所以他认为“今所宜监莫近于唐”④。

---

①（唐）刘知幾撰，（清）浦起龙释：《史通通释》卷7《曲笔》，上海：上海古籍出版社，1978年，上册，第196页。

②（唐）刘知幾撰，（清）浦起龙释：《史通通释》卷14《惑经》，下册，第405页。

③（南朝梁）刘勰著，周振甫注：《文心雕龙注释·史传第十六》，第171页。

④（宋）范祖禹：《唐鉴·序》，上海：上海古籍出版社，1984年据上海图书馆藏宋刻本影印，第3页。

为了使史学真正能够提供治国安邦的经验教训，善可为法，恶亦可为戒，就要求史家秉笔直书，如实地记载历史。歪曲、虚假的历史记载不能取信于人，人们也无法从中吸取经验教训，因而起不到借鉴作用，只有“不虚美，不隐恶，故得有所惩劝”[①]。因此历代史家撰史都提倡直笔，坚持直书的史家受到人们的尊敬，直笔撰史成为古代史学的优良传统。刘勰赞扬司马迁撰史“实录无隐”，董狐、南史为史家的楷模，所谓“直归南董”[②]。刘知幾则更为推崇直书，反对曲笔。刘勰指出史学应“彰善瘅恶，树之风声”[③]，即通过对历史人物、事件的褒贬，对人们进行道德教育，树立一种良好的社会风气，不但能教育当世之人，而且能影响后代，“世历斯编，善恶偕总。腾褒裁贬，万古魂动”[④]，这是史学经世致用的又一个方面。这里所谓的良好社会风气是以名教为归依的，其目的也是为了维护名教，因而，有些史家就直接将维护名教作为撰史宗旨。早在刘勰之前，东晋史家袁宏曾提出：“夫史传之兴，所以通古今而笃名教也。”[⑤]刘勰之后的刘知幾也认为进行道德训诫是史学的任务，他说：“史之为务，申以劝诫，树之风声。”[⑥]章学诚认为史学经世致用主要体现在维护、宣扬纲常名教方面，史志之书应大力宣传忠孝节义之事，使世人见贤思齐，有利于社会风教。因此纲常名教对古代史家来说是竭力维护的对象，而不是努力逾越的樊篱。

史家们认为直笔有利于名教，而曲笔则败坏了名教原则。因此从维护名教的立场出发，他们也倡导直笔，反对曲笔。刘知幾曾认为“其有贼臣逆子，淫君乱主，苟直书其事，不掩其瑕，则秽迹彰于一朝，恶名被于千载”[⑦]。只有对乱臣贼子、暴君乱主之事如实直书，让他们永远被钉在历史的耻辱柱上，使后世之人警惕，见不肖而知自省，史学才能起到劝善惩恶、维护名教的作用。基于此，刘知幾反对曲笔撰史，尤其痛恨史家歪曲改朝换代之际历史的做法。他指出在朝代更换之际，一些忠臣义士为报效君父，舍身破家，

①《隋书》卷32《经籍志》，北京：中华书局，1973年，第904页。
②（南朝梁）刘勰著，周振甫注：《文心雕龙注释・史传第十六》，第172页。
③（南朝梁）刘勰著，周振甫注：《文心雕龙注释・史传第十六》，第169页。
④（南朝梁）刘勰著，周振甫注：《文心雕龙注释・史传第十六》，第172页。
⑤（晋）袁宏撰，张烈点校：《两汉纪》下册《后汉纪序》，北京：中华书局，2002年，第1页。
⑥（唐）刘知幾撰，（清）浦起龙释：《史通通释》卷7《直书》，上册，第192页。
⑦（唐）刘知幾撰，（清）浦起龙释：《史通通释》卷7《直书》，上册，第192页。

视死如归，大义凛然，却被污蔑为奸贼，如此则“将何以激扬名教，以劝事君者乎！”[①]这样做只能使忠臣寒心，史学也起不到树立风声、维护名教的作用。曲笔破坏了名教，应该杜绝。那么，对那些能维护名教的曲笔又该如何处理呢？刘知幾认为像为君亲隐讳、党附君国之类的曲笔，因其有利于维护名教，因而具有特殊性，应该宽容，可以允许存在。他反复强调这类曲笔对维护名教的重要性：“夫臣子所书，君父是党，虽事乖正直，而理合名教。”[②]“史氏有事涉君亲，必言多隐讳，虽直道不足，而名教存焉。”[③]因为，“肇有人伦，是称家国。父父子子，君君臣臣，亲疏既辨，等差有别。盖‘子为父隐，直在其中’，《伦语》之顺也；略外别内，掩恶扬善，《春秋》之义也”[④]。因此，像子为父隐，臣子为国君掩恶扬善这类做法，表面上看是曲笔，不合直笔写史的原则，但因其符合君臣父子之间的伦理道德，有利于维护名教，实际上是正直行为，是一种特殊意义上的直笔。这样一来，直笔与为君亲隐讳之类的曲笔从表面上看彼此矛盾、互不相容，但实质上都是为维护封建统治服务的，无论是直笔撰史，为后世提供可资借鉴的经验教训，还是曲笔维护名教，都是为了这一共同的目标，在此意义上二者并不矛盾。我们也不难理解古代的史学批评为什么一方面提倡直笔，坚决反对曲笔，另一方面又允许甚至提倡为君亲、尊贤隐讳之类的曲笔这一矛盾现象的存在了。史家们坚决反对的那些曲笔是属于囿于个人得失和情感的小人行为，如或假人之美，藉为私惠；或诬人之恶，公报私仇；或阿时媚主；或掩饰自家丑行；或夸饰故旧美德，凡此种种的丑恶现象应坚决杜绝。

二、双重标准的困境

直笔和为君亲隐讳之类的曲笔虽然在维护名教的前提下取得了一致，但除此之外不免相互矛盾，因而双重标准的使用常常使史学批评陷入左右为难

---

①（唐）刘知幾撰，（清）浦起龙释：《史通通释》卷 7《曲笔》，上册，第 198 页。
②（唐）刘知幾撰，（清）浦起龙释：《史通通释》卷 14《惑经》，下册，第 405 页。
③（唐）刘知幾撰，（清）浦起龙释：《史通通释》卷 7《曲笔》，上册，第 196 页。
④（唐）刘知幾撰，（清）浦起龙释：《史通通释》卷 7《曲笔》，上册，第 196 页。

的境地。“夫所谓直笔者，不掩恶，不虚美。”[①]因此直笔撰史就要求史家真实地记载历史，不夸大历史人物的功绩美德，也不为其掩饰罪恶、不足。司马迁撰写《史记》可以说就做到了这一点，扬雄、刘向等都称赞他“有良史之材，服其善序事理，辨而不华，质而不俚，其文直，其事核，不虚美，不隐恶，故谓之实录”[②]。然而，正因为司马迁秉笔直书，既不虚美，又不掩恶，也就不可能为君亲隐恶扬善了。如他对汉朝开国之君刘邦未发迹时的流氓无赖行径、称帝后即刻残杀功臣之事不加掩饰。对“今上”汉武帝惑于鬼神，劳民伤财，迷信神仙，被方士所愚弄，又任用酷吏深文刻法等事，皆照实写出，不加隐讳。这样一来，直笔撰史无疑是做到了，但却不合为君亲隐讳的名教原则，因此东汉王允将《史记》视为谤书，认为司马迁诽谤君父。

面对人们对《史记》的非难，章学诚深感不安，在《文史通义·史德》中他不惜笔墨为司马迁辩护。他从三个方面为司马迁辩解。其一，从《史记》的写作动机说明司马迁没有诽谤君父之意。他指出司马迁撰史的本旨是“究天人之际，通古今之变，成一家之言”，“绍名世，正《易传》，本《诗》《书》《礼》《乐》之际”。这样的写史意图说明其不可能诽谤君父。其二，人们常因司马迁说过“发愤著书”之言，就认为《史记》“皆为怨诽所激发”，甚至以“史迁为讥谤之能事”，从而仿效，这是对司马迁的误解。司马迁所云“发愤著书”，只不过是“叙述穷愁，而假以为辞耳”。其三，《史记》中的某些篇章如《封禅书》《平准书》等，司马迁有自己的看法，但只不过是贤者好奇罢了。除此之外，“皆经纬古今，折衷六艺，何尝敢于讪上哉”。章学诚为司马迁所作的辩护，诚如有的学者已指出的那样，是十分勉强的，且与《史记》的实际情况不符。但是，对章学诚来说，问题的关键不在于深入细致地探讨《史记》是否真的有不利于名教之处，而是要证明司马迁没有诽谤君父之意，《史记》完全符合名教要求。因为直笔和为君亲隐讳都是史家撰史应该遵守的原则，司马迁是千古良史，《史记》为史学楷模，理应是遵守这一准则的典范。然而却有人认为他诽谤君父，违背名教，更有甚者“以史迁为讥谤之能事”，从而认为撰史应当诽谤君父。为此章学诚忧心忡忡，如果缄默不言，实际上就承认了史家只需直笔撰史，不必维护名教，所以他不能沉默。由于这种不得已的苦衷，他只好勉为其难，去为司马迁辩护。因此，在为司马迁辩

① （唐）刘知幾撰，（清）浦起龙释：《史通通释》卷18《杂说下》，下册，第529页。

② 《汉书》卷62《司马迁传》，北京：中华书局，1962年，第2738页。

护之后，他反复强调遵守名教的重要性，指出如果依靠诽谤君父以求得千古名声的话，是“愚不安分，名教中之罪人，天理所诛”，根本谈不上以著作流传后世。《史记》和屈原的《离骚》一样，“言婉多风，皆不背于名教”。[①]可见维护名教才是章学诚为司马迁辩护的实质所在。从章学诚为《史记》辩护之事可以看出，直笔撰史是有条件的，必须以恪守名教原则为前提。如果其一旦与名教发生矛盾，那么史家只能放弃直笔撰史，服从名教，为君亲隐讳。而从章学诚竭力否认《史记》本身所存在的批判精神，可以发现史学批评所奉行的双重标准往往使史评家处于尴尬的境地。

史学批评中的双重标准也常常使史评家在评价有关直笔和曲笔的具体问题时陷入矛盾之中，难以自圆其说。刘知幾曾指出直笔作史就要“爱而知其丑，憎而知其善，善恶必书”[②]，无所隐讳。基于此，他对圣人孔子所修的《春秋》《尚书》也不曾假以颜色，敢于提出批评。他批评孔子为贤者讳：“观夫子修《春秋》也，多为贤者讳。狄实灭卫，因桓耻而不书；河阳召王，成文美而称狩。”[③]他指出如此作史，史学起不到劝善惩恶的作用，孔子也有惭良史之德。“苟书法其如是也，岂不使为人君者，靡惮宪章，虽玷白圭，无惭良史也乎？”[④]他又批评《尚书》为汤武隐讳，《礼》为鲁国隐讳。“故观夫子之刊《书》也，夏桀让汤，武王斩纣，其事甚著，而芟夷不存。观夫子之定《礼》也，隐、闵非命，恶、视不终，而奋笔昌言，云‘鲁无篡弑’。”[⑤]这些批评可谓切中要害，孔子难辞其咎，但却与史学批评所提供的为尊贤、君亲隐讳的观点相矛盾。既然允许为尊贤、君亲隐恶扬善，就没有理由指责孔子撰史修书时的做法了。

在改朝换代之际，史家为了维护本朝的利益，往往将忠于前代之人视为乱臣贼子，这种现象在三国两晋南北朝时尤其突出。刘知幾对这种做法十分痛恨，怒斥《三国志》《宋书》《南齐书》等作者曲笔撰史，使忠臣寒心，违背了名教原则。他这是站在维护前朝利益的角度看问题，在他看来作为臣子

---

①（清）章学诚著，叶瑛校注：《文史通义校注》卷3·内篇3《史德》，北京：中华书局，1985年，上册，第221—222页。

②（唐）刘知幾撰，（清）浦起龙释：《史通通释》卷14《惑经》，下册，第402页。

③（唐）刘知幾撰，（清）浦起龙释：《史通通释》卷14《惑经》，下册，第402页。

④（唐）刘知幾撰，（清）浦起龙释：《史通通释》卷14《惑经》，下册，第402页。

⑤（唐）刘知幾撰，（清）浦起龙释：《史通通释》卷13《疑古》，下册，第380—381页。

为君死难自然是大义之举，应大力表彰，以笃名教。但是，如果站在新朝的立场上看问题，《三国志》等书的做法是符合名教原则的。因为那些忠于前朝的忠臣，对新朝来说又何尝不是不知天命的乱臣贼子呢。《三国志》等书的作者要为其君父隐讳其凭强力夺人之国的事实，就必须贬低前朝臣子的活动。否则，若前朝臣子被视为忠臣，那么新朝之君不言而喻地就是逆贼，这又不符合为君亲隐讳的名教原则了。可以说《三国志》等书中的曲笔是遵循为君亲隐讳这一史学批评原则的必然结果。刘知幾既然认为党附君父是允许的，就应该谅解，就不能指责《三国志》等书中的这类做法。他之所以自相矛盾，其根本原因在于为君亲隐讳从本质上来说“有乖正直”“直道不足”，与直笔撰史是相矛盾的。

三、为君亲隐讳与记载失实

史学批评中的双重标准作为史学编撰的指导原则，对我国古代的史学有着深刻的影响。尽管历代都提倡直笔作史，据事直书被认为是我国史学的优良传统，但像《史记》那样的信史却很少，记载失实现象十分严重。为尊贤、君亲隐讳是造成这一局面的主要原因。

在封建社会中，活跃在政治经济舞台中心的是帝王将相、文武大臣，即所谓的君父、尊者、贤者之类的人物，而史书记载的主要是他们的活动。倘若为君亲、尊贤隐讳是史家必须遵守的准则，那么就必须在史书中为这些人的错误、缺点，甚至罪恶加以掩盖、粉饰，就不可能据事直书。而史家为了替他们隐讳，与他们有关的人物，如先人、姻亲之类也要加以粉饰。如此多的忌讳，欲求信史，十分困难。在列国纷争、改朝换代之际，史家则各为其主，以致真假难辨，是非不明。分明是欺人孤儿寡母，强取人国，却被粉饰为禅让，《三国志》《宋书》《南齐书》等莫不如此。在列国纷扰之际，党附本国，贬低污辱异国，魏收《魏书》、萧子显《南齐书》都是如此。

刘勰、刘知幾等都注意到史书记载失实的现象，并对其原因进行了探讨。刘勰认为记载远古之事，因为史料不足，传闻失实，加上史家的猎奇心理，所以虚妄无凭。记载现代史，由于史家和要记述之人处于同时代，存在人情利害关系，难免为地位显赫者虚美，埋没无权势者的德行，存在粉饰、歪曲的弊病。所以他提出史家应以“素心”，即公正之心撰史，杜绝虚妄。刘知幾认为造成曲笔作史的原因一方面是因为史家无德行，写史时恣意妄为；另一方面则是因为权贵对史学横加干涉，直笔易获罪，而曲笔易于保身。所以他提倡史家应当具备才、学、识三长，尤其要“好是正直，善恶必书，使骄主贼臣，所以知惧”①。二刘对史书记载失实原因的分析和避免曲笔办法的提出，有助于人们认识曲笔以及为探索杜绝曲笔作出努力。但是，如果仍然像他们所提出的那样，为尊贤、君亲隐讳是史家撰史所必须遵守的准则，那么史家即使能够以“素心”撰史，即使具备才、学、识三长，且“好是正直，善恶必书”，也绝不可能像他们期待的那样杜绝虚妄，不可能改变记载不实的局面。

郑樵坚决反对史家站在本朝、本国的立场上，对前朝和敌国大肆攻击，任意褒贬。他指出，“似此之类，历世有之，伤风败义，莫大乎此”②，并将造成这种现象的原因归因于断代史这种史书体裁所固有的弊端。他认为自从班固断代为史之后，会通之道自此失矣，以后断代为史的史家各为其主，是非无准，因此只有以通史代替断代史，汇古今之书为一书，才能改变这种局面。他的这种看法看到了病征却找错了病根，因而所开药方难以奏效。断代史袒护本朝、本国，并不是由其史书体裁造成的，而是为君亲隐讳原则在其中的体现。既然要为君亲隐讳，党附君国，必然导致史家撰史袒护本朝君臣，为其涂脂抹粉，污蔑敌国，维护本朝的正统地位，斥责他国为僭伪。章学诚对断代史家的做法则比较理解，他在评价陈寿《三国志》以曹魏为正统、为其粉饰之事时指出：“陈氏生于西晋……苟黜曹魏之禅让，将置君父于何地？”③这就是说，西晋承曹魏而来，都是以禅让的方式取得政权的，如果否定曹魏的禅让，就如同说西晋来历不正。陈寿身为晋臣，要为西晋统治者隐讳，就必定为曹魏粉饰。这说明《三国志》中的曲笔是为君亲隐讳的名教原则的必然产物。郑樵以为变断代史为通史就可以改变史家各为其主、是非无准的做法，这不过是他的美好愿望而已。司马迁的《史记》为后世之人所非议，以及千

①《旧唐书》卷102《刘子玄传》，北京：中华书局，1975年，第3173页。
②（宋）郑樵撰：《通志·总序》，杭州：浙江古籍出版社，1988年，第1册。
③（清）章学诚著，叶瑛校注：《文史通义校注》卷3·内篇3《文德》，上册，第278页。

百年后章学诚不遗余力为其辩护之事，已经从侧面证明只要涉及君父之事，通史也毫不例外地要党附君父，为其隐恶扬善。况且郑樵也主张在撰史中应维护名教，不能议论君父的得失，所谓“周公制礼，不忍名其先君……岂忍称其恶”[①]。不忍称先君之恶就必定要为其隐恶，只能党附君父。也许郑樵已经意识到只要涉及君臣名分，史家就不能据事直书，必然出现袒护君父、记载不实的局面。因此，为了避免在史书记载失实和违背为君亲隐讳原则之间作艰难的选择，他避重就轻，借口唐、五代史为本朝大臣所修，其《通志》的纪传部分只写到隋朝，志部分止于唐，而未像司马迁那样真正贯通古今而成一家之言。倘若《通志》从上古一直写到他所处的南宋高宗朝，不知他将如何处置宋太祖陈桥兵变之事，又将如何处理五代十国与北周、宋以及宋与辽、金、夏的关系，因《通志》是通史，就能跳出各为其主、袒护君国的牢笼吗？

章学诚和郑樵一样，主张通史，反对断代史。他认为通史有“六便”，其中之一就是“平是非”，即避免断代史不公正地记载改朝换代之际的历史的弊病。他说：“何谓平是非？夫曲直之中，定于易代。然晋史终须帝魏，而周臣不立韩通，虽作者挺生，而国嫌宜慎，则亦无可如何者也。惟事隔数代，而衡鉴至公，庶几笔削平允，而折衷定矣。”[②]这说明断代史因要避国嫌，只得各为其主，而通史所记之事因时代久远，不存在必须为君亲隐讳之事，因而比较公平。他的这个看法比郑樵深刻得多。因此，只有当史学批评不是以双重标准指导史学编撰，当为尊贤、君亲隐讳不再是套在史家头上的紧箍咒时，史家们才有可能真正地、如实地记载历史。

---

①（宋）郑樵撰：《通志·总序》，第1册。

②（清）章学诚著，叶瑛校注：《文史通义校注》卷4·内篇4《释通》，上册，第376页。

第二章　孔子人学与先秦史学

天人关系是先秦时期政治家、史学家（史官）都关注的问题，孔子人学继承了这方面的积极成果，并在理论上予以总结。孔子的重人思想，对春秋至战国时期的史学发展，尤其是历史思想的发展，产生了积极的影响，代表了当时历史思想发展的方向。从这种意义上说，孔子人学与先秦史学的关系至为密切。对孔子人学及其在思想史上的意义、孔子史学及其对中国史学的影响，学者们都十分关注，并进行了深入的研究。至于孔子人学与先秦史学之关系，尚有待于进一步探索，文中拟就此作初步的探讨。根据学者的有关研究，孔子人学思想的内容大致可以概括为这样几个方面：一是孔子"'人学'有一个基本的范畴贯穿其中，这个基本的范畴就是'仁'"[①]。而"'爱人'是仁的出发点"[②]。所谓爱人，一方面是"己所不欲，勿施于人"，另一方面则是"己欲立而立人，己欲达而达人"，在处理人我关系时，应推己及人。爱人是孔子处理人与人关系的原则，但爱有等差。二是孔子强调人的主观能动作用，认为只要坚持不懈，注重道德修养，就能达到"仁"的目标。"达到'仁'的境界的根源在于自己如何去做，而不是由他人来推动；只有主体自己的主动追求，才有可能达到'仁'的境界。"[③]克己复礼则是成仁的途径。三是重视人的价值，珍惜人的生命，主张为政以德。四是与重视人的价值相关联的是，孔子对天、鬼神采取存而不论的态度。"最能反映孔子重视人的价值思想的，莫过于他对天命鬼神采取了存疑甚至否定的态度，《论语》中多处反映了

---

① 张岂之主编：《中国儒学思想史》，西安：陕西人民出版社，1990 年，第 29 页。

② 匡亚明：《孔子评传》，南京：南京大学出版社，1990 年，第 154 页。

③ 王杰：《从人学的视角看孔子"仁"之学说》，《孔子研究》2001 年第 4 期，第 32 页。

他这一思想。”[①]可以看出，孔子人学从多方面讨论了人的问题，突出了人在天人关系中的重要作用，正如郭沫若所指出的那样，是对人的发现与人的价值的肯定。[②]

一、孔子人学的时代意义

从思想发展的过程来看，孔子人学是对殷周以来有关天人关系认识的理论总结，代表着春秋时期重人轻天思想的积极成果。人们对天人关系的认识有一个发展过程，即不断地从天命、鬼神的控制下摆脱出来，开始重视人的作用。殷人遵天命事鬼神，只能匍匐在天、神之下，屈服于上天的意志。对殷商统治者来说，凡事都需要通过占卜以了解神意，来决定其行动。殷亡周兴，给当时人以巨大的震动，使他们感到天命无常。于是，建立新王朝的周人在敬天的同时，提出了明德、保民的思想，认为在崇敬天的同时，还需要以德获得上天的眷顾。通过德，周人将人与天相互关联起来，人的作用也以自己的德行对天命的影响曲折地表现出来。西周末年，社会动荡不安，人们对天命的信仰开始动摇，出现了怨天、恨天的情绪。人们抱怨上天不公平："瞻卬昊天，则不我惠。"[③]痛恨上天降淫威："旻天疾威，天笃降丧。"[④]春秋初年，虽然天命鬼神在社会思想上仍占主导地位，但一些思想家、史学家（史官）已开始摆脱天命的束缚，以人事解释、说明社会现象。单襄公回答鲁国国君凭天命还是人事知道晋国将有祸乱的问题时，曾说："吾非瞽史，焉知天道？"[⑤]这说明他是从人事方面来考虑问题的。子产则进一步提出了"天道远，人道迩，非所及也，何以知之"[⑥]的看法。这虽然没有否定天道的存在，但否认了天道与人事之间的必然的联系。季梁曾说："夫民，神之主也，是以圣王先成民而后致力于神。"[⑦]史嚚说："吾闻之：国将兴，听于民；

① 徐锦中：《论孔孟儒学的人学思想》，《天津大学学报（社会科学版）》1999 年第 1 期，第 51 页。
② 郭沫若：《十批判书》，北京：人民出版社，1976 年，第 78 页。
③《诗经・大雅・瞻卬》，（清）阮元校刻：《十三经注疏》，北京：中华书局，1980 年影印本，第 577 页。
④《诗经・大雅・召旻》，（清）阮元校刻：《十三经注疏》，第 579 页。
⑤ 上海师范大学古籍整理组校点：《国语》，上册，上海：上海古籍出版社，1978 年，第 90 页。
⑥ 杨伯峻编著：《春秋左传注》（修订本），北京：中华书局，1990 年，第 2 版，第 1395 页。
⑦ 杨伯峻编著：《春秋左传注》（修订本），第 1 册，第 111 页。

将亡，听于神。神，聪明正直而壹者也，依人而行。”[1]这表明在神、民关系中，民为神本，神的作用需要通过人来发挥。因此，统治者应该致力于人事，倘若迷信鬼神，只能导致灭亡。

单襄公、子产等的有关言论，说明春秋时期人们对天人关系的认识，已经达到了很高的水平。但这些认识成果分散在思想家、史学家（史官）的有关言论中，缺乏系统性，需要从理论上予以总结。孔子的贡献在于顺应时代的要求，对西周以来人们有关天人关系的认识成果进行了理论总结，形成了以“仁”为核心的人学思想体系，系统地阐述了以爱人为中心的人与人相处的原则，肯定人的存在价值和能动作用，关注现实人生事务，对鬼神敬而远之。

孔子人学也是春秋以来人的地位、作用的提高在思想上的反映。殷周时代人们屈服于天神的意志。西周末年以来，随着社会生产力的发展，人的作用逐渐显示出来，民心民意在社会政治生活中有着不可忽视的作用。同时，社会动乱不安，人民生活在战乱痛苦中，要求改变现状。孔子提出的以爱人为原则的道德标准，反映了这一时代特点。孔子反对横征暴敛，要求统治者实行德政，使民以时，不滥用民力。他尊重人的生命，马厩失火，不问财产的损失，而关心人员的伤亡。孔子对残害人命的殉葬制度，尤其痛恨。即便是对以木俑、土俑代替人的殉葬行为，也十分厌恶，对比他曾诅咒道：“始作俑者，其无后乎！”[2]孔子对人的这种看法，反映了春秋时期人的地位有所提高。

二、孔子人学与《春秋》旨趣

孔子是思想家，也是史学家，其编纂的史书《春秋》同样体现了重人的思想，这主要反映在他对待天人关系的态度和撰史秉承的宗旨方面。

（1）重人事而轻天命。瞿林东先生曾指出：“《春秋》在历史表述上，是先秦时期史籍中最早摆脱天、神羁绊的史书，这是它在历史思想发展上的一

① 杨伯峻编著：《春秋左传注》（修订本），第1册，第252—253页。

② 杨伯峻译注：《孟子译注》，北京：中华书局，1960年，上册，第9页。

个重大贡献。”[①]这一评价揭示了《春秋》在处理天人关系问题上所表现出的重人事轻天命的特点。这种特点，具体反映在书中则是认真地记载了春秋时期的政治得失、战争胜败、各类人物的活动，如周王朝与诸侯国、各诸侯国之间的战争、会盟、聘问、婚姻、丧葬、事功和周边民族活动等。书中也记载了这一时期发生的水、旱、虫、雷、雹、日月食等自然现象。这些自然现象是作为与人事有关的事情来记载的，但没有将其与人事相关联。

春秋时期，虽然在进步的思想家、史学家（史官）中形成了一股重人事轻天命的思潮，但天命、神意仍笼罩着整个社会，无论是征伐、盟会、聘问、土功等社会政治活动，还是婚姻、丧葬、疾病等日常生活现象，大多都与鬼神联系在一起。[②]《春秋》将人事从鬼神氛围中分离出来，在历史表述上摆脱了天、神的羁绊，初步体现出历史是人的活动史，这无疑是进步的，也是孔子对中国史学，特别是历史思想发展的重大贡献。

《春秋》所表现出来的这种重人事的特点，与孔子人学中重人事轻鬼神的思想是一致的，或者说是其人学思想在春秋时期历史思想中的体现。在天命、人事两极中，孔子更倾向于人事，对鬼神采取敬而远之的态度。“樊迟问知。子曰：‘务民之义，敬鬼神而远之，可谓知矣。’”[③]这是说致力于人事就是明智。孔子关注的是学问道德的修养，而不是鬼神。“子曰：‘德之不修，学之不讲，闻义不能徙，不善不能改，是吾忧也。’”[④]所以，“子不语怪、力、乱、神”[⑤]。子路问死，孔子说：“未知生，焉知死？”[⑥]表明孔子对鬼神采取存而不论的态度。正因为如此，当他考察人类历史时，将关注的重点放在人在历史中的活动也就理所当然了。

（2）尊王道的撰述宗旨。后人对《春秋》多有评价，而以孟子、司马迁的评论最有影响力。孟子说：“世衰道微，邪说暴行有作，臣弑其君者有之，子弑其父者有之。孔子惧，作《春秋》。《春秋》，天子之事也。”[⑦]司马迁引

① 瞿林东：《中国史学史纲》，北京：北京出版社，1999年，第53页。
② 晁福林：《春秋时期的鬼神观念及其社会影响》，《历史研究》1995年第5期。
③ 杨伯峻译注：《论语译注》，北京：中华书局，1980年，第61页。
④ 杨伯峻译注：《论语译注》，第67页。
⑤ 杨伯峻译注：《论语译注》，第72页。
⑥ 杨伯峻译注：《论语译注》，第113页。
⑦ 杨伯峻译注：《孟子译注》，上册，第155页。

董仲舒之说，表达了类似的看法："周道衰废，孔子为鲁司寇，诸侯害之，大夫壅之。孔子知言之不用，道之不行也，是非二百四十二年之中，以为天下仪表，贬天子，退诸侯，讨大夫，以达王事而已矣。"[①]他们都认为孔子作《春秋》为的是阐明君臣父子之义，从而恢复王道。所谓王道，指的是以礼乐为准则的社会秩序，是相对于诸侯争霸，乃至"陪臣执国命"的状况而言的。

孔子心中的理想社会是天下大同的尧舜时代，但他也知道这样的时代一去不复返了，故退而求其次，就是礼乐繁荣、王道兴盛的西周："郁郁乎文哉！吾从周。"[②]他将春秋时期社会动荡不安之根本原因归结为礼崩乐坏，认为只要每个人都按着周礼的原则处理问题，约束自己，就可以恢复王道。

礼在孔子人学中占有突出的地位。克己复礼被认为是成仁的根本途径。"克己复礼为仁。一日克己复礼，天下归仁焉。为仁由己，而由人乎哉？"[③]孔子要求人们非礼勿言，非礼勿听，非礼勿视，非礼勿动，对违背礼的行为，则坚决反对。季氏僭用八佾之舞，他气愤地说："是可忍也，孰不可忍也。"[④]他曾周游列国，孜孜不倦地劝说诸侯遵循周礼，然而言之者谆谆，听之者藐藐。于是，孔子将恢复王道的理想寄托于撰史活动中，试图以礼为标准对春秋时期的史事进行褒贬，阐发王道，以恢复社会秩序。"子曰：'我欲载之空言，不如见之于行事之深切著明也。'"[⑤]在《春秋》中，孔子将礼的原则作为记事的标准，以彰显王道。如以攻、伐、侵、战、围、救、溃、灭、败、入等区别战争的不同性质，以崩、薨、卒等表明死者的等级身份。吴、楚自称王，孔子贬之为子。践土之会，晋文公以臣召君，孔子记载为天子狩于河阳。凡此等等，皆表明礼仪秩序、君臣之义不可淆乱。所以孟子说《春秋》成，乱臣贼子惧。司马迁认为，"《春秋》者，礼义之大宗"[⑥]，故"拨乱世反之正，莫近于《春秋》"。"《春秋》辩是非，故长于治人。"[⑦]孟子与司马迁

①《史记》卷130《太史公自序》，北京：中华书局，1959年，第3297页。
② 杨伯峻译注：《论语译注》，第28页。
③ 杨伯峻译注：《论语译注》，第123页。
④ 杨伯峻译注：《论语译注》，第23页。
⑤《史记》卷130《太史公自序》，第3297页。
⑥《史记》卷130《太史公自序》，第3298页。
⑦《史记》卷130《太史公自序》，第3297页。

都认为《春秋》为社会确立了是非标准，能起到拨乱反正的作用。至于《春秋》是否有这样神奇的作用，又当别论。但这反映出《春秋》试图通过叙述历史以阐明人道，恢复王道。孔子重人事的思想，在这里表现得十分突出。

三、孔子人学在战国史书中的反映

孔子重人事的思想不仅体现在《春秋》中，而且对战国时期的史学产生了积极的影响。战国时期的史书记载了大量的历史人物及活动，并试图从人事出发对社会现象，甚至自然现象作出合理的说明与解释。这是历史认识中天人关系朝着积极方向发展的趋势，也是对《春秋》重人轻天思想的继承与发展，可以看作是孔子人学思想对战国历史思想领域的影响，这突出表现在以下几个方面。

（1）重视人的活动在历史发展中的作用。《春秋》重人事，但记事简略。战国时期的史书，如《左传》《国语》《战国策》等则大量记载了各类历史人物的活动、风采、言论，以及他们的活动对社会发展的影响，鲜明地反映出历史是人的活动史，而非神意史，从而将春秋时期重人轻天思潮推向新的发展阶段。如《左传》写出了齐桓公、晋文公、晋悼公、秦穆公、吴王夫差、越王勾践等君主的争霸活动，管仲、子产、赵衰、狐偃等的谋略，晏婴、叔向等的政治远见，屈完、吕相等行人的风采。在叙事上，不但记载中原诸国之间的争霸活动，而且写出了中原各国与周边民族在政治、军事、文化上的交往与冲突。《国语》重点记载了齐、晋、吴、越等国的霸业，也记述了邵公、管仲、王孙圉、单襄公、曹刿、内史过等的政治见解与言论。《战国策》以记载战国时期各国的谋臣策士游说之词及谋略为主，将人物的活动穿插其间，记言记事有机地结合在一起，重点写出了权谋之士以游说为主要内容的政治活动。这些史书，对历史上人事尤其是人的活动的关注，表明史学家对历史的认识，已经开始冲破天命的笼罩，看到人的活动在历史发展中的重要性。这在历史思想上是一个很大的进步，必然引发后人对人在历史中的地位的思考。

《左传》与《国语》都表明，在大国争霸中人才具有举足轻重的作用，霸业的兴衰与对人才的重视与否紧密相连。齐桓公“唯能用管夷吾、甯戚、隰朋、宾胥无、鲍叔牙之属而伯功立”[①]。晋文公因有赵衰、狐偃等的辅佐而登上霸主之位。吴王夫差刚愎自用，谋臣伍子胥被迫自杀，夫差刚登上霸主之位就丧国殒身，为天下笑。而越王勾践能雪会稽之耻，争霸中原，在于听范蠡、计然之计，十年生聚，十年教训，待时而动。楚材晋用是人们耳熟能详的一个成语，出自《左传·襄公二十六年》，这个成语概括地说明了在晋、楚两国霸业的沉浮中人才的重要性。在诸侯争霸活动中，行人起着十分重要的作用。他们凭借如簧巧舌，不卑不亢的人格和智慧，为诸侯排忧解难，救亡图存。《左传》对他们的才能颇为欣赏，如称颂屈完凭自己的机智退齐师，使来势汹汹的齐人与楚盟于召陵而返；表彰戎子驹支以有理有据的言辞折服晋卿范宣子，不仅使自己免于被执，而且被允许参加盟会。《左传》对屈完等的这种赞扬，无疑是对人的活动在历史发展中的作用的积极肯定。《战国策》则表明谋臣策士在社会政治生活中有着举足轻重的影响。如秦惠王用司马错之策伐蜀，秦因此富足，轻诸侯。秦昭王用范雎对外行远交近攻策、对内逐太后等四贵之计，使秦国更为强大。燕昭王听郭隗计，招贤纳士，报亡国之耻。而楚怀王误信张仪之言，上当受骗，不听陈轸之劝，伐秦失利。孟尝君为相数十年，因有冯谖所营之狡兔三窟，故能常保平安。这种对谋臣策士谋略的推崇，难免有夸大之处，但体现了史家对人的作用的高度重视。

（2）从人事方面说明社会历史的变化。春秋战国时期社会发生巨变，大国争霸、“陪臣执国命”，是这一时期重大的历史事变，《国语》《左传》皆从人事方面对这些变化进行了说明。如在齐桓公取威定霸过程中，管仲功绩卓著。齐桓公任用管仲，对内实行“叁其国而伍其鄙”、“相地而衰征”的措施，对外尊王攘夷，救邢存卫，故能定霸天下。晋文公能够代替齐桓公取得霸主之位，是因为他能够安民、利民，并能取信于民。“出谷戍，释宋围，一战而霸，文之教也。”[②]晋悼公复霸，则在于他勤政爱民，任用贤才。“凡六官之长，皆民誉也。举不失职，官不易方，爵不逾德，师不陵正，旅不逼师，民

① 上海师范大学古籍整理组校点：《国语》，上册，第247页。

② 杨伯峻编著：《春秋左传注》（修订本），第1册，第447页。

无谤言，所以复霸也。”[1]秦穆公也是春秋时期的一位风云人物，但终未登上中原盟主之位，只能独霸西戎。《左传》认为秦穆公以人为殉，是其争霸中原失败的一个重要原因。“君子曰：‘秦穆之不为盟主也宜哉！死而弃民……今纵无法以遗后嗣，而又收其良以死，难以在上矣。’君子是以知秦之不复东征也。”[2]这些都说明在大国霸业的兴衰中，人的因素、人的作用具有决定性的意义。顾炎武曾指出《左传》记事不可尽信：“三良殉死，君子是以知秦之不复东征；至于孝公，而天子致伯，诸侯毕贺，其后始皇遂并天下。”[3]这是批评《左传》对秦国的预言不符合历史发展的实际。但从另一方面看，这正反映了《左传》重视人事，将人的作用提到了很高的地位，故从秦穆公“死而弃民”这件事，推测秦国不可能有大的作为。

春秋晚期卿大夫的势力骤增，出现了“陪臣执国命”的现象。对这一历史变化，《左传》从民心向背进行阐述。如鲁国的孟孙氏、季孙氏、叔孙氏三家掌权，鲁昭公被季孙氏赶出鲁国，死于国外，无人怜悯。《左传》借史墨之口，说明这是鲁君失其民心，季氏深得民心所致。史墨说：“鲁君世从其失，季氏世修其勤，民忘君矣。虽死于外，其谁矜之？社稷无常奉，君臣无常位，自古以然。”[4]这里不仅说明了“季氏出其君”这件事，而且还得出一条普遍原则：社稷无常奉，君臣无常位，得民心者得天下。齐国国君虽然没有被赶出国门，但公室卑微，田氏执国柄。《左传》通过晏子与叔向、齐庄公之间的对话，分析了田氏兴、公室不振的原因。田氏善于收买人心，以家之大斗贷出，而以公室的小斗收入。其所出售的木材、鱼盐等生活用品，价钱同于出产地。而齐国公室则恰恰相反，“民参其力，二入于公，而衣食其一。公聚朽蠹，而三老冻馁”[5]，又实行严刑峻法，以致“国之诸市，屦贱踊贵”[6]。在这种情况下，百姓拥护田氏，理所当然。“其爱之如父母，而归之如流水。欲无获民，将焉辟之？”[7]“陈氏虽无大德，而有施于民。豆、区、釜、钟之

---

① 杨伯峻编著：《春秋左传注》（修订本），第2册，第910—911页。
② 杨伯峻编著：《春秋左传注》（修订本），第2册，第547—549页。
③（清）顾炎武著，黄汝成集释：《日知录集释》卷4《左氏不必尽信》，长沙：岳麓书社，1994年，第155页。
④ 杨伯峻编著：《春秋左传注》（修订本），第4册，第1519—1520页。
⑤ 杨伯峻编著：《春秋左传注》（修订本），第4册，第1235页。
⑥ 杨伯峻编著：《春秋左传注》（修订本），第4册，第1236页。
⑦ 杨伯峻编著：《春秋左传注》（修订本），第4册，第1236页。

数，其取之公也薄，其施之民也厚。公厚敛焉，陈氏厚施焉，民归之矣……陈氏之施，民歌舞之矣。后世若少惰，陈氏而不亡，则国其国也已。”[①]这些表明“陪臣执国命”，公室卑微，是爱民与残民、得民心与失民心所引起的不同结果。民的作用被提到如此高的程度，无疑是对人的作用的极大重视。

（3）从民为神主到吉凶由人。民为神主是春秋时期进步思想家、史家在天（神）人关系问题上提出的新看法，孔子继承和发展了这种重人轻天观念，致力于人事，敬鬼神而远之。战国时期的史书则肯定人的主导地位，认为是人的行为影响天（神），而非天（神）决定人的祸福、国家的兴衰，甚至认为吉凶由人，与天（神）无关。战国时期的史学家在对待鬼神的关系上，比孔子敬而远之的态度更为明朗。鲁僖公十六年（公元前644年）春，宋国出现陨石与六鹢退飞等反常现象。面对人们的疑虑，周内史兴指出：“是阴阳之事，非吉凶所生也。吉凶由人。”他明确表示陨石、六鹢退飞是自然现象，与鬼神无关。人事的吉凶是由人们自己的行为造成的。《左传》赞同内史兴的看法，并解释了这些现象发生的原因：“陨石于宋五，陨星也。六鹢退飞，过宋都，风也。”[②]曾有海鸟停留在鲁国国都，臧文仲以为是神意，使国人祭之。展禽批评此举不明智，认为只对有功于民的先祖、有利于民的山川，才予以祭祀。“今海鸟至，己不知而祀之，以为国典，难以为仁且智矣。”他还指出海鸟是为避祸而至鲁国的。“今兹海其有灾乎？夫广川之鸟兽，恒知避其灾也。”这是从自然的变化解释海鸟至国都这一不平常的现象。《国语》认为展禽的解释合情合理。果然，“是岁也，海多大风，冬煖”[③]。鲁昭公时，晋君患病，占卜者认为这是实沈、台骀二神在作祟。子产则指出，实沈、台骀乃山川、日月之神，晋侯之病与之无涉，而是由其平时的行为、饮食所引起的。“若君身，则亦出入、饮食、哀乐之事也，山川、星辰之神又何为焉？”想要病愈，首先则要远女色。秦医和也有类似的认识。“晋侯求医于秦，秦伯使医和视之，曰：‘疾不可为也，是谓近女，室疾如蛊。非鬼非食，惑以丧志。’”[④]子产与医和都从养生的角度解释了晋侯生病的原因，明确否定了鬼神作祟的说法。

---

① 杨伯峻编著：《春秋左传注》（修订本），第4册，第1480页。

② 杨伯峻编著：《春秋左传注》（修订本），第1册，第369页。

③ 上海师范大学古籍整理组校点：《国语》，上册，第170页。

④ 杨伯峻编著：《春秋左传注》（修订本），第4册，第1221页。

从这里可以看出，内史兴、子产、医和等对事物的认识，已经摆脱了天命、鬼神观念，闪烁着理性的光芒。《左传》对他们言论的记载和肯定，反映出人们在历史思想上开始摆脱天命的困扰。

先秦时期，人们对天人关系的认识，随着社会的进步不断发展。从遵天命到重人轻天，是殷周之际到春秋战国时期人们在天人关系认识问题上所发生的两次大变革，后一次变革的意义更为重大。春秋战国时期重人思潮的出现，表明在天人关系上，人已经逐步挣脱天命的控制，开始独立地发挥作用。人们对天人关系认识上的这些变化反映到史学上，表现为不断地摆脱天命、鬼神的束缚，从人事方面说明历史的变动。从孔子人学到战国史学的发展，体现了这一点。先秦史学虽然还没有完全冲破天命史观的控制，但重人事已经成为历史思想发展不可遏制的趋势。及至秦汉时代，司马迁将“究天人之际，通古今之变”作为《史记》的撰述任务，试图对天人、古今关系进行全面系统地探讨。“究天人之际”命题的提出，不仅是对先秦史学有关天人关系认识的理论总结，也标志着史学家对这一问题的认识进入了一个新的历史阶段。

第三章　从名实观看刘知幾的史体论

唐代史学家刘知幾对我国古代史学进行了系统而又全面的总结。刘知幾是从研究史书体例开始展开其史学批评的，史体论是其史学理论的重要组成部分。刘知幾在研究史体时，以名实这一范畴为理论，考察史体、史目及其内容之间的联系，规范史学编撰。因此，如果我们从他的名实观入手探讨其史体论，也许能够更好地把握其有关史体的理论。

一、“考名责实”与史体规范

名实是我国古代逻辑学的一对范畴。春秋战国时期是社会大变革时代，旧的奴隶制逐渐崩溃，新兴的封建制日益强大。随着旧事物的迅速灭亡，新生事物的不断出现，社会生活中名存实亡、名实不符的现象普遍存在。当时各学派的学者对这种现象十分关注，并从其所代表的社会集团的利益出发，纷纷提出“正名”的要求，企图解决名实之间的矛盾。于是春秋时期出现了名实关系大论辩，战国时期形成了名辩思潮。名实问题的争辩与社会政治伦理密切相关，人们试图以“正名”为手段调整社会关系，或挽救礼崩乐坏的奴隶制残局，或肯定和支持新兴的封建秩序。各学派为了在思想领域中战胜敌对势力，也开始重视对认识规律和逻辑的探讨，对名实问题的讨论向着认识论和逻辑学方面发展，并由此建立起我国古代的逻辑学。作为逻辑学术语，名实指概念与客观存在。先秦时期，人们对名实关系的认识基本上可分为孔子和墨家学派两种观点。孔子较早地提出了“正名”主张，认为应以名为标准，调整名实关系，即以周礼为尺度端正君臣父子名分，维护旧秩序。他强调名的重要性，要求以事实迁就概念。墨家学派主张“取实予名”“以名举实”，认为实为第一性，名由实决定，并在此基础上达到名实相符。这两种不同的名实观不断论辩，并对后世产生了深刻的影响。

刘知幾重视名实问题，试图纠正史学编撰中“名实无准”[①]的弊端，以期“名实相允”[②]。我国的史学发展到唐代逐渐兴盛，但仍存在史书体例与内容不协调的现象，刘知幾在其史学批评中利用名实这一范畴对史书体例及其内涵进行考察，试图纠偏救弊，使史书体例与其内容能够真正名副其实，更好地发挥史学的社会作用。

刘知幾通过对唐以前史学的研究，根据史体将史籍分成六家，即记言的《尚书》家、纪事的《春秋》家、编年史《左传》家、国别史《国语》家、通史《史记》家、纪传体《汉书》家。然而随着时代的发展，《尚书》等四家史体衰废，只有以《左传》为代表的编年体、以《汉书》为代表的纪传体角力争先，并行于世。于是刘知幾提出二体说，并比较二体之优劣。而在二体中，以纪传体史为大宗，于是刘知幾对纪传体予以特别关注，对其各组成部分详加讨论。六家二体论是刘知幾对唐以前史书体例的概括，对此他十分自负：“于是考兹六家，商榷千载，盖史之流品，亦穷之于此矣。”[③]刘知幾认为六家足以囊括古今史籍，而二体亦能预示史学发展趋势，“然则班、荀二体，角力争先，欲废其一，固亦难矣。后来作者，不出二途”[④]。

在研究史书体例与其内容之间的相互关系时，刘知幾采取“考名责实法”和“求名责实法”，以期史体与其内容名实相符。刘知幾十分重视名的规范性、确定性，他的重名观体现在史学编撰中，则要求各史体、称谓概念清楚明白，其内涵与外延确定。他说：“孔子曰：‘唯名不可以假人。’又曰：‘名不正则言不顺’‘必也正名乎!’是知名之折中，君子所急。况复列之篇籍，传之不朽者邪!”[⑤]孔子生活的春秋时代，新事物层出不穷，旧事物名存实亡，名实不符，即名不正现象普遍存在。面对这种状况，孔子要求正名，使名与实保持一致。他认为名应有一定的确定性，不可随便乱用。因为如果概念不明确，则言语不顺，言语不顺，则政事无成。因此，他将正名作为治国为政的一项

①（唐）刘知幾撰，（清）浦起龙释：《史通通释》卷2《世家》，上册，第42页。
②（唐）刘知幾撰，（清）浦起龙释：《史通通释》卷4《称谓》，上册，第108页。
③（唐）刘知幾撰，（清）浦起龙释：《史通通释》卷1《六家》，上册，第23页。
④（唐）刘知幾撰，（清）浦起龙释：《史通通释》卷2《二体》，上册，第29页。
⑤（唐）刘知幾撰，（清）浦起龙释：《史通通释》卷4《称谓》，上册，第106页。

首要任务。刘知幾继承了孔子的正名思想，要求史学研究中重视“名之折中”。因此，他首先对各史体、史目、称谓从概念上进行界定，如在《史通·本纪》中，他从三个方面对本纪这一史体进行阐述。①“盖纪者，纲纪庶品，网罗万物……及司马迁之著《史记》也，又列天子行事，以本纪名篇。后世因之，守而勿失。”这是对本纪的内涵进行说明。②“盖纪之为体，犹《春秋》之经，系日月以成岁时，书君上以显国统。”这是说明本纪的特点。③“又纪者，既以编年为主，唯叙天子一人。有大事可书者，则见之于年月；其书事委曲，付之列传。此其义也。”[①]这是确定本纪的记事范围，即从外延方面对本纪进行说明。通过这三个方面，刘知幾将本纪这一史体界定为按年月顺序编撰的帝王大事记。据此他反对将非帝王者列入本纪，也不赞成在本纪中杂载臣属及其他杂事。世家这一史体，刘知幾认为是开国承家的诸侯王的传记。他说：“案世家之为义也，岂不以开国承家，世代相续？”[②]所以他认为社稷靡闻、无家可宅者不得入世家。刘知幾认为列传则是人臣的传记，用以补充本纪，其与本纪的关系犹如经、传关系。“夫纪传之兴，肇于《史》、《汉》。盖纪者，编年也；传者，列事也。编年者，历帝王之岁月，犹《春秋》之经；列事者，录人臣之行状，犹《春秋》之传。《春秋》则传以解经，《史》、《汉》则传以释纪。”[③]可见，刘知幾基本上是通过对各史体、史目的起源、流变及其特点的考察来对其概念进行界定。他用这种方法对六家史体及纪传体的各组成部分从概念上进行规范并阐明其优缺点。

刘知幾还对史籍中的各种称谓进行辨析。如“祖宗”这一称号，他认为有其特定的内涵，不可随便给予历代帝王。他说：“古者天子庙号，祖有功而宗有德”[④]，只有具备功德的帝王才有资格称祖称宗，否则只能称帝。

在界定了各史体、史目，分辨了各种称谓之后，刘知幾就循名以责实，对史体及其内容进行考察，纠正史籍中名不副实的现象。他指出：“夫名以定体，为实之宾，苟失其途，有乖至理。”[⑤]这是说在名与实二者的关系中，实

①（唐）刘知幾撰，（清）浦起龙释：《史通通释》卷2《本纪》，上册，第36—38页。
②（唐）刘知幾撰，（清）浦起龙释：《史通通释》卷2《世家》，上册，第42页。
③（唐）刘知幾撰，（清）浦起龙释：《史通通释》卷2《列传》，上册，第46页。
④（唐）刘知幾撰，（清）浦起龙释：《史通通释》卷4《称谓》，上册，第108页。
⑤（唐）刘知幾撰，（清）浦起龙释：《史通通释》卷4《题目》，上册，第91页。

为主，名为宾，名由实决定。如果不懂得如此去考察名实关系，就会出现舛谬。在考察史体与其内容时，应坚持由史籍内容决定其体例，在此基础上达到二者的名实相符。这种名实观是对墨家学派“取实予名”名实观的继承，坚持了实为第一位，名为第二位，名由实决定。刘知幾以这种名实观去考察已有的史籍，发现名实不符的现象往往存在。吕不韦的《吕氏春秋》、陆贾的《楚汉春秋》、鱼豢的《魏略》、姚察所撰的《梁书》，经过“考名责实”，皆名不副实。因为春秋这一史体乃是“以事系日，以日系月；言春以包夏，举秋以兼冬，年有四时，故错举以为所记之名也”[①]。对这一史体来说，按年月顺序记载历史是其关键。而《吕氏春秋》《楚汉春秋》，从内容上看，“唯次篇章，不系时月。此乃子书杂记，而皆号曰春秋”[②]。根据“名以定体，为实之宾”的原则，二书既然不系年月，是子书杂记，自然不应该以“春秋”为名。鱼豢、姚察所撰之“魏、梁二史，巨细毕载，芜累甚多”，并非简略，然“俱榜之以略，考名责实，奚其爽欤!”[③]刘知幾还根据名为实宾原则纠正史籍中某些篇章的失误。他指出司马迁《史记》中的皇后传以外戚标名，班固《汉书》中的《古今人表》只记载了汉以前的人物却以古今标目，凡此等等都是名不副实的。因为外戚是因皇后而得名，犹宗室因天子而得名。天子纪不可以名之为宗室，皇后传也不可标以外戚之名。《古今人表》只记汉以前人物，没有记汉代人物，就不应以古今为名，否则循名责实，“古诚有之，今则安在？”[④]对名称虽异而实质相同的史目，刘知幾根据名为实宾的原则，从内容上进行考察而不囿于名。纪传史体中记载典章制度的书志部分，历来名称不一，司马迁称之为书，班固改为志，蔡邕称之为意，华峤名之为典，张勃称之为录，何法盛称为说。刘知幾通过对其实质的考察，指出：“名目虽异，体统不殊。亦犹楚谓之梼杌，晋谓之乘，鲁谓之春秋，其义一也。”[⑤]

基于“名以定体，为实之宾”的名实观，刘知幾反对史家撰史时“爱憎出于方寸，与夺由其笔端，语必不经，名惟骇物”，“苟立诡名，不依故实”。[⑥]

---

①（唐）刘知幾撰，（清）浦起龙释：《史通通释》卷1《六家》，上册，第8页。
②（唐）刘知幾撰，（清）浦起龙释：《史通通释》卷4《题目》，上册，第91页。
③（唐）刘知幾撰，（清）浦起龙释：《史通通释》卷4《题目》，上册，第91页。
④（唐）刘知幾撰，（清）浦起龙释：《史通通释》卷4《题目》，上册，第92页。
⑤（唐）刘知幾撰，（清）浦起龙释：《史通通释》卷3《书志》，上册，第57页。
⑥（唐）刘知幾撰，（清）浦起龙释：《史通通释》卷4《称谓》，上册，第109页。

这说明故实是立名的依据，这是对史目设置的客观根据进行说明。魏收所撰的《魏书》任意编造名目，受到刘知幾的严厉批评。他说："唯魏收远不师古，近非因俗，自我作故，无所宪章。其撰《魏书》也，乃以平阳王为出帝，司马氏为僭晋，桓、刘已下，通曰岛夷。"[①]在此，刘知幾不仅批评了魏收随心所欲地编造名称，而且提出了史籍编撰中立名的另一条重要原则：师古、因俗。这是从史籍编撰中立名的社会历史因素来考虑的，也是对荀子"约定俗成"制名原则的继承。荀子认为名是由实决定的，但是什么实使用什么名才合适，什么名代表什么实，并不是一开始就固定下来的，而是人们在长期的交往中根据经验习惯和历史传统逐渐确定下来的，这样约定俗成的名为大家公认并接受，成为人们交流的语言工具。名一旦确立，就具有稳定性，不可以由某个人随意改变。刘知幾倡导史籍中名目的设置应师古、因俗，是"约定俗成"制名原则在史学中的具体运用。这说明史籍中的各种名称不仅要以客观事实为根据，而且要考虑到历史传统和史家在长期的史学实践中形成的习惯。刘知幾认识到史籍中的各种名称起初并没有固定，"夫历观自古，称谓不同，缘情而作，本无定准"[②]，而是在史学实践中逐渐固定下来的。如史书之名，"上古之书有三坟、五典、八索、九丘，其次有春秋、尚书、梼杌、志乘。自汉已下，其流渐繁，大抵史名多以书、记、纪、略为主。后生祖述，各从所好，沿革相因，循环递习。盖区域有限，莫逾于此焉"[③]。关于师古和因俗，刘知幾认为应兼顾二者，不可偏重于一方。他批评孙盛名其书为《魏氏春秋》，孔衍名其书为《汉魏尚书》，陈寿、王劭称其书为志，何之元、刘璠称其书为典，是"好奇厌俗，习旧捐新，虽得稽古之宜，未达从时之义"[④]。"榷而论之，其编年月者谓之纪，列纪传者谓之书，取顺于时，斯为最也。"[⑤]史家撰史遵循师古、因俗之法，不随心所欲地编造名目，可以防止史籍中出现异名同实、名目繁杂等现象从而给读史带来不便。

对史籍编撰中名副其实的做法，刘知幾予以充分的肯定。他赞扬从三代到两汉"祖宗"这一称号名实相符。他说："古者天子庙号，祖有功而宗有德，

①（唐）刘知幾撰，（清）浦起龙释：《史通通释》卷4《称谓》，上册，第109页。
②（唐）刘知幾撰，（清）浦起龙释：《史通通释》卷4《称谓》，上册，第108页。
③（唐）刘知幾撰，（清）浦起龙释：《史通通释》卷4《题目》，上册，第91页。
④（唐）刘知幾撰，（清）浦起龙释：《史通通释》卷4《题目》，上册，第91页。
⑤（唐）刘知幾撰，（清）浦起龙释：《史通通释》卷4《题目》，上册，第91页。

始自三代，迄于两汉，名实相允，今古共传。"[①]曹魏政权，虽祖名多滥，但陈寿撰《三国志》却能使之名副其实，"独呼武曰祖，至于文、明，但称帝而已"[②]。可惜的是自晋以后，不但败德之君、亡国之主被称为祖宗，而且史家撰史时也不加以分辨，每有所书，必存庙号，名不副实。刘知幾以"名以定体，为实之宾"的名实观批评史籍，深中其弊，得出了不少精辟之论。后人在评价他的史学成就时曾指出：观其议论，如老吏断狱，难更平反；如夷人嗅金，暗识高下；如神医眼，照垣一方，洞见五脏症结。[③]这个评价应包括刘知幾有关史体的精确论述。

二、以名衡实而拘泥于史体

人们在赞扬刘知幾远见卓识的同时，也批评他"间有过执己见，以裁量往古，泥定体而少变通"。刘知幾在评价史籍时之所以拘泥于一定体例而不知变通，是他以名为标准、以事实迁就概念的重名观在史学批评中的反映。刘知幾虽然认为名为实宾，但他仅将这种名实观运用于对史籍名称和史籍中各种称谓、名目的评价，而在考察史书体例与内容时却以名为标准，要求史籍内容合乎相应的体例，在此基础上达到名实相副，并且要求史家严格遵守既定体例，不能加以变通。这种观点是对孔子重名思想的继承。孔子面对当时名不符实的现象，要求以名为标准去纠正变化了的实，以周礼为尺度端正君臣父子等级名分。刘知幾则以他所界定的史体为标准纠正史籍中名不符实的现象，因此，其对史籍进行批评时，陷入了双重标准中。

刘知幾以史体为尺度衡量史籍，要求史籍内容符合史体之名，发现名实不符现象普遍存在，且《尚书》、司马迁《史记》中的《项羽本纪》和《陈涉世家》，尤为突出。他根据左史记言、右史记事、言为《尚书》、事为《春秋》说，认为《尚书》体为记言史体，"本于号令，所以宣王道之正义，发话言于臣下，故其所载，皆典、谟、训、诰、誓、命之文"，不应该记事。他据此以

---

①（唐）刘知幾撰，（清）浦起龙释：《史通通释》卷4《称谓》，上册，第108页。

②（唐）刘知幾撰，（清）浦起龙释：《史通通释》卷4《称谓》，上册，第108页。

③（清）黄叔琳：《史通训故补》序，（唐）刘知幾撰，（清）浦起龙释：《史通通释·别本序三首》，上册，第3页。

衡量孔子删定的《尚书》，认为其体例不纯。因为《尚书》中的“《尧》、《舜》二典直序人事，《禹贡》一篇唯言地理，《洪范》总述灾祥，《顾命》都陈丧礼”[①]，这些篇章不是记言，而是记事，“兹亦为例不纯者也”[②]。他根据本纪为按年月顺序编撰的帝王大事记，世家为开国承家的诸侯王传记，认为司马迁将项羽列入本纪，“求名责实，再三乖谬”[③]，将陈胜列入世家是“自我作故，而名实无准”[④]。在他看来，“项羽僭盗而死，未得成君”，“其名曰西楚，号止霸王”，而“霸王者，即当时诸侯”。[⑤]因此不应该将项羽列入专载天子行事的本纪。而“陈胜起自群盗，称王六月而死，子孙不嗣，社稷靡闻，无世可传，无家可宅，而以世家为称，岂当然乎？”[⑥]

众所周知，《尚书》是上古时期的历史文献汇编，虽以记言为主，但并不排斥记事。章学诚曾说：“《尚书》典谟之篇，记事而言亦具焉；训诰之篇，记言而事亦见焉。古人事见于言，言以为事，未尝分事言为二物也。刘知幾以二典、贡、范诸篇之错出，转讥《尚书》义例之不纯，毋乃因后世之空言，而疑古人之实事乎！”[⑦]这是批评刘知幾囿于记言记事分为二途之说而认为《尚书》体例不纯。章学诚对刘知幾的批评可谓切中要害。刘知幾正是以他自己所界定的《尚书》史体为标准来衡量孔子删定的《尚书》，从而得出其体例不纯的结论的。这是从名出发，要求实符合其名，否则就认为实有问题。司马迁将项羽列入本纪，陈胜列入世家，是以他们在历史发展进程中的贡献为根据的。项羽虽然没有称帝，只称西楚霸王，但在秦末到西汉王朝建立这段历史时期中，却是全国政治、军事活动的核心人物，名为霸王，实是天下共主，所以司马迁将他列入本纪。“秦失其道，豪桀并扰；项梁业之，子羽接之；杀庆救赵，诸侯立之；诛婴背怀，天下非之。作《项羽本纪》第七。”[⑧]陈胜虽称王六个月而死，但反秦大起义的熊熊烈火却是由他点燃的，将他列

---

①（唐）刘知幾撰，（清）浦起龙释：《史通通释》卷1《六家》，上册，第2页。

②（唐）刘知幾撰，（清）浦起龙释：《史通通释》卷1《六家》，上册，第2页。

③（唐）刘知幾撰，（清）浦起龙释：《史通通释》卷2《本纪》，上册，第37页。

④（唐）刘知幾撰，（清）浦起龙释：《史通通释》卷2《世家》，上册，第42页。

⑤（唐）刘知幾撰，（清）浦起龙释：《史通通释》卷2《本纪》，上册，第37页。

⑥（唐）刘知幾撰，（清）浦起龙释：《史通通释》卷2《世家》，上册，第42页。

⑦（清）章学诚著，叶瑛校注：《文史通义校注》卷1·内篇1《书教上》，上册，第31页。

⑧《史记》卷130《太史公自序》，第3302页。

入世家是表彰他反秦的首起之功。“桀、纣失其道而汤、武作，周失其道而《春秋》作。秦失其政，而陈涉发迹，诸侯作难，风起云蒸，卒亡秦族。天下之端，自涉发难。作《陈涉世家》第十八。”[①]刘知幾认为司马迁列项羽于本纪、陈胜于世家名实无准，名实舛谬，正说明司马迁唯实不唯名，不拘泥于定体而知变通，而刘知幾自己囿于史体之名，不知变通。

三、正名之旨趣

刘知幾研究史体，是为了规范史学编撰，同时也是为了使史学更好地发挥社会作用。他曾说，“史之为务，申以劝诫，树之风声”[②]，将维护名教、惩恶劝善作为史学的一项根本任务。他的史体论和其维护名教的思想紧密相关。从某种意义上说，他强调史学编撰中“名之折中”的重要性，实际上是为了维护封建等级制度。他从概念上界定史体，辨析各种称谓，是对各史体所代表的不同等级、各称谓所代表的不同名分进行确定，以达到惩恶劝善、维护名教的目的。刘知幾对纪传体中本纪、世家、列传记事范围的确定，实际上是对天子、诸侯、人臣名分的区别。他认为本纪记帝王行事，世家为诸侯传记，列传为人臣传记，而本纪和世家在编纂方法上并没有什么差别，“司马迁之记诸国也，其编次之体，与本纪不殊”[③]。之所以要将二者加以区别，是为了显示天子和诸侯尊卑地位的不同，崇天子而抑诸侯。“盖欲抑彼诸侯，异乎天子，故假以他称，名为世家。”[④]这说明本纪和世家的根本区别不在体例方面，而是等级名分之别。所以刘知幾坚持本纪只能记天子行事，大臣和其他杂事概不得入载，更不能将非天子者列入本纪，因此项羽被列入本纪受到他猛烈地批评。他反对项羽入本纪虽有体例方面的原因，但最根本的原因是为了维护名教。他说：“如项羽者，事起秦余，身终汉始，殊夏氏之后羿似黄帝之蚩尤。譬诸闰位，容可列纪；方之骈拇，难以成编。”[⑤]在他看来项羽只不过是如夏朝时的后羿、黄帝时的蚩尤一样的乱臣贼子，绝不可以将其列

①《史记》卷130《太史公自序》，第3310—3311页。
②（唐）刘知幾撰，（清）浦起龙释：《史通通释》卷7《直书》，上册，第192页。
③（唐）刘知幾撰，（清）浦起龙释：《史通通释》卷2《世家》，上册，第41页。
④（唐）刘知幾撰，（清）浦起龙释：《史通通释》卷2《世家》，上册，第42页。
⑤（唐）刘知幾撰，（清）浦起龙释：《史通通释》卷2《列传》，上册，第46页。

入本纪，与天子并列。他还认为，即使项羽当时不是称西楚霸王，而是称帝，也不能将他列入本纪，应按孔子修《春秋》时将自称为王的吴、楚贬之为子之例，将其列入传中。“假使羽窃帝名，正可抑同群盗”[①]，岂能称之为王，列入本纪？按照刘知幾对本纪记事范围的规定，如项羽称帝，名为天子，史家是可以将其列入其中的。他之所以认为项羽即使称帝、名为天子也不可以将其列入本纪，完全是出于维护名教的考虑，所以他批评司马迁将项羽列入本纪、称之为王，给后世带来了不利影响，有碍等级名分制度的维护。“马迁撰《史记》，项羽僭盗而纪之曰王，此则真伪莫分，为后来所惑者也。自兹已降，讹谬相因，名讳所施，轻重莫等。”[②]

刘知幾认为世家和列传的区别代表着君臣之别，只有开国承家之君才可以列入世家，人臣一律列入传记中。《史记》在记载韩、赵、魏及齐国历史时，没有将三家分晋前后的韩、赵、魏及为君前后的田氏加以区分，一概列入世家，他对此提出异议，认为这样撰史，没有体现出君臣的等级名分，难以起到维护君臣等级名分制度的作用。“诸侯、大夫，家国本别。三晋之与田氏，自未为君而前，齿列陪臣，屈身藩后，而前后一统，俱归世家。使君臣相杂，升降失序，何以责季孙之八佾舞庭，管氏之三归反坫？”[③]按周礼规定，只有天子才可以用八佾之舞，诸侯国君才可以拥有三归、反坫。季孙、管仲身为人臣，却僭用天子、国君才能拥有之物，显然是对君臣等级名分的破坏。刘知幾认为如果在史体结构上不能体现君臣之别，导致名分紊乱，“使君臣相杂，升降失序”[④]，那么史学就难以维护君臣等级名分制度。司马迁将陈胜列入世家，刘知幾也不赞成。因为陈胜称王六个月而死，社稷无闻，无世可传。但他并不反对司马迁将没有称过王，也没有立过国的孔子列入世家。如果以他所界定的世家标准来衡量陈胜和孔子这两个人，那么孔子更不应该列入世家。陈胜虽称王六个月而死，但毕竟称过王，立过国，影响天下，在西汉王朝建立后，仍然封户祭祀他，到司马迁时依然“血食”。而孔子在世时，虽做过鲁国的司寇，但更多的时候是处于落魄之中。他曾厄于陈蔡，困于匡人，逐于宋卫，戚戚惶惶，岂非社稷靡闻，无家可宅，无世可传者？所谓的

---

①（唐）刘知幾撰，（清）浦起龙释：《史通通释》卷2《本纪》，上册，第37页。

②（唐）刘知幾撰，（清）浦起龙释：《史通通释》卷4《称谓》，上册，第107页。

③（唐）刘知幾撰，（清）浦起龙释：《史通通释》卷2《世家》，上册，第42页。

④（唐）刘知幾撰，（清）浦起龙释：《史通通释》卷2《世家》，上册，第42页。

素王只不过是后人的追赠。司马迁因他是儒家学术的宗主，其学术思想对后世影响深远而为之作世家，以表彰他对文化发展的卓越贡献。“周室既衰，诸侯恣行。仲尼悼礼废乐崩，追修经术，以达王道，匡乱世反之于正，见其文辞，为天下制仪法，垂《六艺》之统纪于后世。作《孔子世家》第十七。”[①]陈胜和孔子都不是开国承家、世代相续的诸侯，司马迁将他们列入世家是考虑到他们的特殊贡献。所以后世之人称《陈涉世家》《孔子世家》是《史记》的变例。刘知幾赞成将孔子列入世家，却坚决反对将陈胜列入世家，他维护封建名教的正统史观显而易见。

经过刘知幾对纪传史体的规范、阐释，这种史体表现天子、诸侯、群臣等级名分的特点从理论上得到了说明。此后的纪传体史书基本上是沿着刘知幾的理论进行编撰的，由于其能突出皇帝的重要地位，体现封建社会中的等级名分关系，而被大力提倡，作为正史成为我国古代史学发展中的主流。刘知幾曾指出：“若《史通》之为书也，盖伤当时载笔之士，其义不纯。思欲辨其指归，殚其体统。”[②]因此阐明史学宗旨，规范史书体例，纠正史义不明，克服体例不纯之弊，是刘知幾从事史学批评的目的。而他对史学宗旨的阐述往往从考察史体开始，以史体为纲，对史籍进行研究，阐明其利弊得失，指明发展趋势。因此史体论不仅是其史学理论的重要组成部分，而且是其史学批评的基础。

刘知幾是以名实这一范畴来研究史书体例及其反映的内容的，因此其史体论系统而又严谨，并对后世产生了深远的影响。他的六家二体论是对唐以前史学的概括和总结，六家基本上概括了唐以前史体的主要形式，二体则揭示了史学发展的主流和趋势。六家二体论受到后代史家的高度重视，从为《史通》作注的浦起龙到现代学者，多以为六家二体是对唐以前史学的全面总结，《史通》中的《六家》篇为全书之纲。刘知幾在对史籍进行分类后，又对六家史体及纪传体的各个组成部分进行正名，界定其概念，确定其内涵与外延。这对规范史籍编撰，克服体例不纯之弊，促进历史编纂学的繁荣和完善有着重要的意义。刘知幾对各史体的规范，既是对人们有关史体认识的总结，又对后来的史书编撰具有指导意义。他对纪传体的阐述，是对自班固以来的封

①《史记》卷130《太史公自序》，第3310页。
②（唐）刘知幾撰，（清）浦起龙释：《史通通释》卷10《自叙》，上册，第291页。

建史家对这一史体认识的理论总结。此后史家基本上以他的理论为指导从事纪传体史的编撰，使这种史体进一步与封建制度相对应，成为封建帝王将相史。刘知幾对纪传体中的天文志、艺文志颇不以为意，认为可以去掉，若不得已而作二志，则只应记当代之天文和著作，这一建议也为部分后代史家所接受。如《明史》和《清史稿》的编撰者在艺文志中就只载当代学者著作，不记历代图书。

刘知幾以考名责实、求名责实法对唐以前史籍进行了系统的批评，揭示了史籍中名实不符之弊，并确立史籍立名应据师古、因俗的原则，为史学编撰中正确处理名与实、体例与内容的矛盾作出了贡献。但由于他的名实观相互矛盾，他对史籍的评价便既有高人之论，又不免迂腐之见。

史籍体例与内容是一对矛盾，在一定条件下史体的完善有助于史学的发展。刘知幾在我国史学史上第一次系统而又完整地对史书体例进行了研究，对唐以前之史体进行总结，有助于史学的繁荣。

第四章　文史分途与刘知幾的叙事理论

刘知幾认为，魏晋以来文与史已从“文之将史，其流一焉”[①]变为“文之与史，较然异辙”[②]，但史学家对此缺乏应有的认识，历史撰述效法文学，“或虚加练饰，轻事雕彩；或体兼赋颂，词类俳优”[③]，这严重损害了史学的品格。因此，他要求严格区分文士之文与史家之文，反对文人修史，呼吁史家叙事应质朴含蓄、文质相称。这是文史分途后自觉的史学意识的体现。

一、文史分途与刘知幾的认识

班固《汉书·艺文志》将史学书籍置于《六艺略》春秋家，《隋书·经籍志》则设立史部予以著录，使之与经、子、集部并列而为四部之一。这表明经过魏晋南北朝时期的发展，史学已从附庸蔚为大国。在这一历程中，史学摆脱了经学的束缚，也经历了文史合流与分途。逯耀东指出：“在史学脱离经学独立转变的过程中，又和当时脱离经学并已蓬勃发展的文学结合，形成文史的合流。所以，刘勰认为史学也是文学写作形式的一种，因而于《文心雕龙》立《史传》篇。文史合流至萧统编《文选》才作了新的划分。《文选序》说明选择文学作品的条件，将记事之书的史学著作摒于《文选》之外，却选择了表现作者个人意识，与文学作品性质相近的史书论赞，划清了文学与史学的界限。”[④]这是有关魏晋南北朝时期文史关系变迁的精确概述，并将《文

①（唐）刘知幾撰，（清）浦起龙释：《史通通释》卷5《载文》，上册，第123页。
②（唐）刘知幾撰，（清）浦起龙释：《史通通释》卷9《核才》，上册，第250页。
③（唐）刘知幾撰，（清）浦起龙释：《史通通释》卷6《叙事》，上册，第180页。
④ 逯耀东：《魏晋史学的思想与社会基础》，北京：中华书局，2006年，第219页。

心雕龙·史传》《文选序》作为文史合流与分途的代表。

《文心雕龙·史传》叙述了史学发展的源流，评论了自先秦到晋代的史家、史书，并对史学的功用、史书体裁体例、编纂方法与撰史态度进行了讨论，在此基础上提出历史撰述应“辞宗丘明，直归南董”[①]。史学研究者将其誉为较早的史学史专篇或史学批评专篇。但文学理论研究者却颇多微词，如著名文论家周振甫认为《史传》篇本应讨论历史散文，却论述史学发展流变、史书体裁体例，偏离了主旨。“作为论文章的书，《史传》有缺点：（一）过多地讲历史，对历史散文讲得不够。（二）过多地讨论历史书的各种体裁的优缺点，对纪传体历史书的传记文学没有认识。（三）在选文定篇上，没有突出《史记》的成就，对《史记》的认识不足。”[②]其所谓对《史记》的认识不足，是指刘勰没有对《史记》创立传记文学的成就进行分析、表彰。这是站在文学的角度对《史传》篇提出的批评，反映了文史分途后人们对文学评论著作的要求。殊不知，刘勰时代文史合流，他是将史传视为文学写作体裁之一种。因而，周振甫的批评很难说是做到了知人论世。《文选序》阐述了选文的标准，以及将经、史、子之文摒弃于《文选》之外的原因。论及史著时，其指出：“至于记事之史，击（系）年之书，所以褒贬是非，纪别异同，方之篇翰，亦已不同。若其赞论之综缉辞采，序述之错比文华，事出于深（沉）思，义归乎翰藻，故与夫篇什，杂而集之。”[③]萧统从文学的角度将缺乏文采、旨在“褒贬是非，纪别异同”的史书予以刊落，仅收录具有文学特色的序、论赞。这表明文与史已分途。文史分途也反映在目录分类中。“就在萧统编辑《文选》，将史传排出的同时，而有阮孝绪的《七录》出现。阮孝绪的《七录》第二是《纪传录》，《纪传录》所包含的内容都是史学著作，而且是后来《隋书·经籍志·史部》的蓝本。《文选》和《七录》两种极不同类型的著作，出现在同一个时代里，却共同划清文史的界限，当然不是偶然的。”[④]这说明，文史分途至迟在梁朝已成为事实。

应该指出的是，文史之分途与经史分离有异。“在经史分离中，史学是主

① （南朝梁）刘勰著，周振甫注：《文心雕龙注释·史传第十六》，第 172 页。

② 周振甫：《文心雕龙今译》，北京：中华书局，1986 年，第 139—140 页。

③ （南朝梁）萧统选，（唐）李善注：《昭明文选·序》，北京：京华出版社，2000 年，第 4 页。

④ 逯耀东：《魏晋史学的思想与社会基础》，第 37—38 页。

动的，它是伴随着今文经学的衰落而走向独立。在文史分离的南朝，文学正处于高涨阶段，史学处于被动的地位，当时并不是由于对史学的本质有了更多的认识而将文史分开，实际的情况正像前引萧统《文选》序中所说的那样，人们是因为越来越认识到文学的特性，所以才逐渐把‘史’从‘文’中排斥出去。换言之，是文学的进一步独立迫使史学不得不随之独立。”[①]正因为文史分离是文学自觉的体现，史学处于被动地位，故而史家对此缺乏自觉意识，仍亦步亦趋于文学之后。“而史臣撰录，亦同彼文章。”[②]较早对文史分途现象进行反思的史家是刘知幾，他从史学角度梳理文史关系，将文学与史学作了清晰的划分，并在此基础上阐述了历史叙事的理论与方法。

刘知幾认为，先秦至魏晋南北朝时期文史关系经历了“文之将史，其流一焉”到“文之与史，较然异辙”的变化。他指出：“夫观乎人文，以化成天下；观乎国风，以察兴亡。是知文之为用，远矣大矣。若乃宣、僖善政，其美载于周诗；怀、襄不道，其恶存乎楚赋。读者不以吉甫、奚斯为谄，屈平、宋玉为谤者，何也？盖不虚美，不隐恶故也。是则文之将史，其流一焉，固可以方驾南、董，俱称良直者矣。”[③]这是说诗赋这些文学作品与史学著作一样，皆能据实而书，惩恶劝善，故而“文之将史，其流一焉”。诚如论者所言，这是从文史的功用角度将其视为一致。但魏晋以来的文学作品向追求形式美方向发展，辞藻华丽，文风绮靡。“吟咏风谣，流连哀思者，谓之文。”“至如文者，惟须绮縠纷披，宫徵靡曼，唇吻遒会，情灵摇荡。”[④]这样的讲求词采、声律、性情之文与不虚美、不隐恶之史已渐行渐远。刘知幾指出：“爰洎中叶，文体大变，树理者多以诡妄为本，饰辞者务以淫丽为宗。譬如女工之有绮縠，音乐之有郑、卫。”[⑤]而“史氏所书，固当以正为主”[⑥]。故而在他看来，文之与史已判然两途。“昔尼父有言：‘文胜质则史。’盖史者当时之文也，然朴散淳销，时移世异，文之与史，较然异辙。”[⑦]然而，历史撰述者却没有觉察

① 胡宝国：《汉唐间史学的发展》，北京：商务印书馆，2003 年，第 71 页。
②（唐）刘知幾撰，（清）浦起龙释：《史通通释》卷 6《叙事》，上册，第 178 页。
③（唐）刘知幾撰，（清）浦起龙释：《史通通释》卷 5《载文》，上册，第 123 页。
④（南朝梁）萧绎撰，许逸民校笺：《金楼子校笺》，北京：中华书局，2011 年，第 966 页。
⑤（唐）刘知幾撰，（清）浦起龙释：《史通通释》卷 5《载文》，上册，第 123—124 页。
⑥（唐）刘知幾撰，（清）浦起龙释：《史通通释》卷 5《载文》，上册，第 124 页。
⑦（唐）刘知幾撰，（清）浦起龙释：《史通通释》卷 9《核才》，上册，第 250 页。

到这一变化，叙事行文深受绮靡文风的影响。“其立言也，或虚加练饰，轻事雕彩；或体兼赋颂，词类俳优。文非文，史非史，譬夫乌孙造室，杂以汉仪，而刻鹄不成，反类于鹜者也。”[1]所撰之史不伦不类，严重损害了史学品格。因此，刘知幾要求严格区分文士之文与史家之文，并坚决反对文人修史。如果说萧统从文学审美的角度将“褒贬是非，纪别异同”之史著排除在《文选》之外，反映了文学的自觉，那么刘知幾从史学特征出发要求将文学从历史叙事中分离出去，则是文史分途后史家自觉意识的体现。尽管与文学相比，这种自觉意识晚了许久。胡宝国论及史学的独立时曾指出：“通常以为史学与经学分离后即告独立。如果把标准定得再苛刻些，或许可以说，只有到史学与文学也划清界限后，史学才真正获得了独立。”[2]因此，他认为史学的独立应在南朝。但若从史学意识方面来考察，是否可以说，刘知幾在梳理文史关系的基础上建立起历史叙事理论，史学才真正与文学分离而独立出来。换言之，刘知幾的历史叙事理论在思想观念上确立了史学的独立意识。

二、文史之辨与历史叙事

刘知幾认为文与史既然已经易辙，那么文学与史学就应该分离。然而实际情形却如逯耀东所指出的，当经史分途史学获得独立后，又与文学结合，文藻华丽是魏晋史学家需具备的先决条件，所撰之史书大多出自第一流的文士手笔。[3]这种情况一直延续到唐初。“自世重文藻，词宗丽淫，于是沮诵失路，灵均当轴。每西省虚职，东观伫才，凡所拜授，必推文士。”[4]如“大唐修《晋书》，作者皆当代词人，远弃史、班，近宗徐、庾”[5]。针对文史分途后史学自觉意识的缺乏，刘知幾首先对史家之文与文士之文进行了厘定，其次考辨史才与文才之异，以期由此确立历史叙事的自主性。他指出：“夫史之叙事也，当辩而不华，质而不俚，其文直，其事核，若斯而已可也。必令同文举之含异，等公幹之有逸，如子云之含章，类长卿之飞藻，此乃绮扬绣合，

①（唐）刘知幾撰，（清）浦起龙释：《史通通释》卷6《叙事》，上册，第180页。
② 胡宝国：《汉唐间史学的发展》，第68页。
③ 逯耀东：《魏晋史学的思想与社会基础》，第37页。
④（唐）刘知幾撰，（清）浦起龙释：《史通通释》卷9《核才》，上册，第250—251页。
⑤（唐）刘知幾撰，（清）浦起龙释：《史通通释》卷4《论赞》，上册，第82页。

雕章缛彩，欲称实录，其可得乎？”[①]这里所说的“辩而不华，质而不俚，其文直，其事核”，是沿用刘向、扬雄、班固等赞美司马迁《史记》善叙事之词。《汉书·司马迁传》记载：“刘向、扬雄博极群书，皆称迁有良史之材，服其善序事理，辨而不华，质而不俚，其文直，其事核，不虚美，不隐恶，故谓之实录。”[②]所谓“辩而不华，质而不俚”是指长于说理但不浮华、质朴而不浅俗。文直事核则是指以“辩而不华，质而不俚”笔调所撰写的历史著作文风端正、真实可信。刘知幾认为这是史家叙事应取法之文。至于“绮扬绣合，雕章缛彩”乃是文士之文。“以徐公文体，而施诸史传，亦犹灞上儿戏，异乎真将军。”[③]这里的“徐公”指的是南朝著名的文学家徐陵，“徐公文体”代表文人之文。刘知幾认为若以此撰史，必定损害史书的真实性。因此，他要求史家叙事摒弃那种“喻过其体，词没其义，繁华而失实，流宕而忘返，无裨劝奖，有长奸诈”[④]的文士文风。

刘知幾有关文才、史才之辨，旨在说明文人难以胜任史职。他认为，能文者未必擅长于史，撰史者也不一定善于为文，兼而有之者凤毛麟角。“故以张衡之文，而不闲于史；以陈寿之史，而不习于文。其有赋述《两都》，诗裁《八咏》，而能编次汉册，勒成宋典。若斯人者，其流几何？”[⑤]在回答郑惟忠提出的“自古文士多而史才少”的问题时，刘知幾提出史才须具备才、学、识三长。[⑥]至于文士，在刘知幾看来其根本不懂史学，既不“知史书之大体，载削之指归”[⑦]，又“多无铨综之识”“罕逢微婉之言”[⑧]，其必以靡丽文辞从事历史撰述，史著则成了文学作品。“是以略观近代，有齿迹文章而兼修史传。其为式也，罗含、谢客宛为歌颂之文，萧绎、江淹直成铭赞之序，温子昇尤工复语，卢思道雅好丽词，江总猖獗以沇（沉）迷，庾信轻薄而流宕。此其大较也。”[⑨]通过对萧绎、江淹等文人撰史活动的考察，刘知幾断定文士缺乏史才，没有撰写国史的能力。“然向之数子所撰者，盖不过偏记杂说，小卷短书而已，犹且乖滥踳驳，一至于斯。而况责之以刊勒一家，弥纶一代，

① （唐）刘知幾撰，（清）浦起龙释：《史通通释》卷 7《鉴识》，上册，第 205 页。
② 《汉书》卷 62《司马迁传》，北京：中华书局，1962 年，第 2738 页。
③ （唐）刘知幾撰，（清）浦起龙释：《史通通释》卷 9《核才》，上册，第 250 页。
④ （唐）刘知幾撰，（清）浦起龙释：《史通通释》卷 5《载文》，上册，第 124 页。
⑤ （唐）刘知幾撰，（清）浦起龙释：《史通通释》卷 9《核才》，上册，第 250 页。
⑥ （宋）王溥撰：《唐会要》卷 63《史馆上》，中册，北京：中华书局，1955 年，第 1101 页。
⑦ （唐）刘知幾撰，（清）浦起龙释：《史通通释》卷 4《论赞》，上册，第 82 页。
⑧ （唐）刘知幾撰，（清）浦起龙释：《史通通释》卷 9《核才》，上册，第 251 页。
⑨ （唐）刘知幾撰，（清）浦起龙释：《史通通释》卷 9《核才》，上册，第 250 页。

使其始末圆备，表里无咎，盖亦难矣。”[1]因此，若以文士修史，则必定以文害史。“斯皆以元瑜、孔璋之才，而处丘明、子长之任。文之与史，何相乱之甚乎？”[2]元瑜、孔璋是汉魏著名文学家阮瑀、陈琳的字。在此，刘知幾以其代表文士，认为以文士担任史职，必定引起文史混乱。不难看出，刘知幾辨别史才、文才，意在从根本上摒弃以“绮扬绣合，雕章缛彩”之文撰写史著，清除历史叙事中绮靡文学的不良影响。

在辨析文史的基础上，刘知幾对文史分途以后史学受文学影响出现的浮华之风进行了清算。魏晋以来史家刻意文辞，在史书之“序”“论赞”中表现得尤为突出。范晔曾说：“吾杂传论，皆有精意深旨，既有裁味，故约其词句。至于《循吏》以下及《六夷》诸序论，笔势纵放，实天下之奇作。”“赞自是吾文之杰思，殆无一字空设，奇变不穷，同合异体，乃自不知所以称之。此书行，故应有赏音者。”[3]这是范晔自我陶醉于《后汉书》序、论赞之文采绚烂。这里提到的“精意深旨”“笔势纵放”，一指具有深刻的思想，二指文采飞扬，与萧统《昭明文选·序》所说的“事出于深（沉）思，义归乎翰藻”之意近似，故而《文选》将《后汉书》之皇后纪论、二十八将传论、宦者列传论、逸民列传论、光武帝赞等收入其中。刘知幾则认为“序者，所以叙作者之意也”[4]，对范晔抛弃序之本义而炫耀文采予以抨击。他指出：“爰洎范晔，始革其流，遗弃史才，矜炫文彩。后来所作，他皆若斯。于是迁、固之道忽诸，微婉之风替矣。”[5]这是将范晔视为败坏史书之序的始作俑者。关于史书之论，刘知幾认为，一是为了商讨问题，二是为了使史文简洁。“夫论者所以辩疑惑，释凝滞。若愚智共了，固无俟商榷。”[6]“史之有论也，盖欲事无重出，文省可知。”[7]若不存在需要商榷的问题，仅仅是为了炫耀文采而作史论，则是根本不懂史学。“其有本无疑事，辄设论以裁之，此皆私徇笔端，苟炫文彩，嘉辞美句，寄诸简册，岂知史书之大体，载削之指归者哉？”[8]这样的史论有损于史著的特性与尊严。“夫以饰彼轻薄之句，而编为史籍之文，

---

①（唐）刘知幾撰，（清）浦起龙释：《史通通释》卷9《核才》，上册，第250页。

②（唐）刘知幾撰，（清）浦起龙释：《史通通释》卷18《杂说下》，下册，第529页。

③《宋书》卷69《范晔传》，北京：中华书局，1974年，第1830—1831页。

④（唐）刘知幾撰，（清）浦起龙释：《史通通释》卷4《序例》，上册，第87页。

⑤（唐）刘知幾撰，（清）浦起龙释：《史通通释》卷4《序例》，上册，第87页。

⑥（唐）刘知幾撰，（清）浦起龙释：《史通通释》卷4《论赞》，上册，第81页。

⑦（唐）刘知幾撰，（清）浦起龙释：《史通通释》卷4《论赞》，上册，第82页。

⑧（唐）刘知幾撰，（清）浦起龙释：《史通通释》卷4《论赞》，上册，第81—82页。

无异加粉黛于壮夫，服绮纨于高士者矣。”[①]至于赞，刘知幾认为纯属多余。“夫每卷立论，其烦已多，而嗣论以赞，为黩弥甚。亦犹文士制碑，序终而续以铭曰；释氏演法，义尽而宣以偈言。苟撰史若斯，难以议夫简要者矣。”[②]基于对论赞的这种认识，刘知幾甚至认为应将沈约《宋书》中的《谢灵运传论》删掉。“又沈侯《谢灵运传论》，全说文体，备言音律，此正可为《翰林》之补亡，《流别》之总说耳。如次诸史传，实为乖越。陆士衡有云：‘离之则双美，合之则两伤’，信矣哉！”[③]在他看来《谢灵运传论》讨论的是文学理论，与史学无涉，置于史传中，实属疣赘。值得注意的是，刘知幾试图摒弃于史书之外的《谢灵运传论》，恰巧被萧统《文选》收入“史论”类中。刘知幾因序、论赞“综缉辞采”“错比文华”，意欲将其排除于史著之外，而萧统认为序、论赞不同于“褒贬是非，纪别异同”之记事之史、系年之书，具有文学特性，故在《文选》中特立“史论”类目予以收录。虽然他们对序、论赞的态度不一样，但都认为其属于文学范围，应该与史学分离。

刘知幾要求文学与史学分离，还表现在对历史撰述中“载文”的处理上。他认为魏晋以来文章华而不实，“其失有五：一曰虚设，二曰厚颜，三曰假手，四曰自戾，五曰一概”[④]。所谓虚设是指徒有其文，竟无其事，如禅书、让表之类；厚颜指诰誓移檄之文饰辞矫说；假手是指由文人代笔的诏敕之文，言行相悖；自戾指所言自相矛盾；一概是指不论所述对象，其说不殊。“于是考兹五失，以寻文义，虽事皆形似，而言必凭虚。”[⑤]这样的文章与不虚美、不隐恶之史学已分道扬镳，若载入史书之中，必定损害其真实性。“是以行之于世，则上下相蒙；传之于后，则示人不信。”[⑥]因此应弃之不取。他批评撰史者不知鉴别，多载凭虚之文，将史著变成了文集。“而世之作者，恒不之察，聚彼虚说，编而次之，创自起居，成于国史，连章疏录，一字无废，非复史书，更成文集。”[⑦]因此，他提出史之载文应去邪从正、捐华摭实，选择那些“文皆诣实，理多可信”[⑧]，“言成轨则，为世龟镜”[⑨]的文章，“至于悠悠饰

①（唐）刘知幾撰，（清）浦起龙释：《史通通释》卷4《论赞》，上册，第82页。
②（唐）刘知幾撰，（清）浦起龙释：《史通通释》卷4《论赞》，上册，第83页。
③（唐）刘知幾撰，（清）浦起龙释：《史通通释》卷18《杂说下》，下册，第507—508页。
④（唐）刘知幾撰，（清）浦起龙释：《史通通释》卷5《载文》，上册，第124页。
⑤（唐）刘知幾撰，（清）浦起龙释：《史通通释》卷5《载文》，上册，第126页。
⑥（唐）刘知幾撰，（清）浦起龙释：《史通通释》卷5《载文》，上册，第126页。
⑦（唐）刘知幾撰，（清）浦起龙释：《史通通释》卷5《载文》，上册，第126页。
⑧（唐）刘知幾撰，（清）浦起龙释：《史通通释》卷5《载文》，上册，第126页。
⑨（唐）刘知幾撰，（清）浦起龙释：《史通通释》卷5《载文》，上册，第127页。

词，皆不之取”，希望以此纠正不良文风。“凡今之为史而载文也，苟能拨浮华，采贞实，亦可使夫雕虫小技者，闻义而知徙矣。”[①]

魏晋以来，文士撰史蔚然成风，因而形成了以文衡量史学的风气。如裴子野撰《宋略》被讥笑文采不足。“裴氏乃是良史之才，了无篇什之美。”[②]王隐锐意撰晋史，被认为“虽好著述，而文辞鄙拙，芜舛不伦”[③]。刘知幾对这种风气予以尖锐的批评。在他看来，这显然是以文学标准来要求史家撰述，即“以徐公文体，而施诸史传”，偏离了史家叙事之道。刘祥《宋书·序录》曾指责何法盛、王隐、徐广所撰之晋史未能做到文采飞扬：“法盛《中兴》，荒庄少气，王隐、徐广，沦溺罕华。” 刘知幾斥之为鉴识不明：“以此诋诃，知其妄施弹射矣。”[④]

刘知幾有关文史分途的认识，深刻地影响了后世学者。清代史学理论家章学诚在其基础上进一步对二者进行区分，指出“文人之文，与著述之文不可同日语也。著述必有立于文辞之先者，假文辞以达之而已”[⑤]。“文士撰文，惟恐不自己出。史家之文，惟恐出之于己，其大本先不同矣。”[⑥]基于这种认识，他明确提出文人不能修史。

刘知幾力辨文人之文与史家之文，反对文人修史，旨在清除魏晋以来史学因模仿文学而出现的“国史之文，日伤烦富”的浮华风气。他指出，两汉以后，“史道陵夷，作者芜音累句，云蒸泉涌。其为文也，大抵编字不只，捶句皆双，修短取均，奇偶相配。故应以一言蔽之者，辄足为二言；应以三句成文者，必分为四句。弥漫重沓，不知所裁”[⑦]。而盛于梁朝的骈体文也为史家所效仿。“自梁室云季，雕虫道长。平头上尾，尤忌于时；对语俪辞，盛行于俗。始自江外，被于洛中。而史之载言，亦同于此。”[⑧]他认为，这种叙事“华多于实，理少于文，鼓其雄辞，夸其俪事”[⑨]，以文害义，必须正

①（唐）刘知幾撰，（清）浦起龙释：《史通通释》卷5《载文》，上册，第126—127页。
②《梁书》卷49《庾于陵传》，北京：中华书局，1973年，第691页。
③《晋书》卷82《王隐传》，北京：中华书局，1974年，第2143页。
④（唐）刘知幾撰，（清）浦起龙释：《史通通释》卷7《鉴识》，上册，第205页。
⑤（清）章学诚撰：《章氏遗书》卷6《文史通义内篇六·答问》，北京：文物出版社，1985年影印，第50页。
⑥（清）章学诚撰：《章学诚遗书》卷14《方志略例一·与陈观民工部论史学》，北京：文物出版社，1985年影印，125页。
⑦（唐）刘知幾撰，（清）浦起龙释：《史通通释》卷6《叙事》，上册，第174页。
⑧（唐）刘知幾撰，（清）浦起龙释：《史通通释》卷18《杂说下》，下册，第512页。
⑨（唐）刘知幾撰，（清）浦起龙释：《史通通释》卷4《论赞》，上册，第82页。

本清源。刘知幾不赞成以文士之文写史，并不意味着他认为历史撰述不需要讲求叙事之美，而是强调文史分途以后史家叙事有别于文章写作，如“假托古词，翻易今语”、“持彼往事，用为今说”等。他认为“置于文章则可，施于简册则否矣”[①]，也就是说，文学的修辞并不适合历史叙事。

刘知幾深知“言之不文，行之不远”，故而认为史家叙事也要注意修辞。他指出：“古者行人出境，以词令为宗；大夫应对，以言文为主。况乎列以章句，刊之竹帛，安可不励精雕饰，传诸讽诵者哉？”[②]他心中理想的叙事方式是文而不丽、质而非野、隽永含蓄。“夫史之称美者，以叙事为先。至若书功过，记善恶，文而不丽，质而非野，使人味其滋旨，怀其德音，三复忘疲，百遍无斁。”[③]这是要求史学叙事要富有文采却不绮靡、朴素而不粗俗、余音缭绕、回味无穷。刘知幾认为孔子所撰的《春秋》《尚书》达到了这种境界。“昔圣人之述作也，上自《尧典》，下终获麟，是为属词比事之言，疏通知远之旨。子夏曰：‘《书》之论事也，昭昭然若日月之代明。’扬雄有云：‘说事者莫辨乎《书》，说理者莫辨乎《春秋》。’然则意指深奥，诰训成义，微显阐幽，婉而成章，虽殊途异辙，亦各有差焉。谅以师范亿载，规模万古，为述者之冠冕，实后来之龟镜。”[④]所谓“微显阐幽，婉而成章”出自《左传》对《春秋》的赞美：“《春秋》之称，微而显，志而晦，婉而成章，尽而不污，惩恶而劝善，非圣人，谁能修之？”[⑤]史学叙事要达到这种理想的境界，则需“尚简”“用晦”，杜绝妄加文饰。刘知幾指出：“夫国史之美者，以叙事为工，而叙事之工者，以简要为主。简之时义大矣哉！”[⑥]所谓“尚简”是要求以简洁的文字记述丰富的内容，即“文约而事丰”。因此，史家叙事在方法上或直纪其才行者，或唯书其事迹者，或因言语而可知者，或假赞论而自见者，不必重复；在文字上需省字、省句，删去浮词、赘文。“用晦”则要求叙事委婉、言已尽而意无穷，旨在使简洁的叙事具有含蓄之美。刘知幾指出：“晦也者，省字约文，事溢于句外。”主要是通过“略小存大，举重明轻，一言而

①（唐）刘知幾撰，（清）浦起龙释：《史通通释》卷6《叙事》，上册，第178页。
②（唐）刘知幾撰，（清）浦起龙释：《史通通释》卷6《叙事》，上册，第173页。
③（唐）刘知幾撰，（清）浦起龙释：《史通通释》卷6《叙事》，上册，第165页。
④（唐）刘知幾撰，（清）浦起龙释：《史通通释》卷6《叙事》，上册，第165页。
⑤ 杨伯峻编著：《春秋左传注》（修订本），第2册，第870页。
⑥（唐）刘知幾撰，（清）浦起龙释：《史通通释》卷6《叙事》，上册，第168页。

巨细咸该，片语而洪纤靡漏”的“用晦之道”[①]，以达到“言近而旨远，辞浅而义深，虽发语已殚，而含意未尽。使夫读者望表而知里，扪毛而辨骨，睹一事于句中，反三隅于字外”[②]。如《尚书》中的《虞书》记帝尧之盛德，云“帝乃殂落，百姓如丧考妣”；《夏书》记夏禹忘家忧国，云“启呱呱而泣，予不子”；《周书》记商纣王之暴虐、百姓对其的憎恶，则称“‘前徒倒戈’，‘血流漂杵’”。[③]凡此等等，其言近辞浅但旨远义深，远非志在炫耀文采之文士之文所能达到。“此皆文如阔略，而语实周赡。故览之者初疑其易，而为之者方觉其难，固非雕虫小技所能斥苦其说也。”[④]通过“尚简”“用晦”使“骈枝尽去”“尘垢都捐”，史书叙事才能典雅而不华丽、质朴而不粗野、含蓄隽永。因此，刘知幾的叙事理论不仅体现了文史分途后史家自觉的史学意识，同时也是对历史叙事的要求与规范。

三、史文风格与实录旨趣

刘知幾曾指出：“若《史通》之为书也，盖伤当时载笔之士，其义不纯。思欲辨其指归，殚其体统。”[⑤]这表明《史通》之宗旨在辨史著之指归与体统，从而规范历史撰述。乔治忠指出：“史之指归，即著史的宗旨、目的，《史通》各篇，反复倡言史书应以劝善惩恶为务，强调必当直书实录，亦即所谓的‘辨其指归’。而‘体统’一语，乃指史书体例上的裁制与史文风格、编写手法、语义、称谓等在全书的统摄划一，即清代学者汪之昌所指出的：‘体言乎体裁，统言乎统摄。’史书的‘指归’和‘体统’的问题，也正是《史通》全书论述的主要内容。”[⑥]这是说直书实录、劝善惩恶是刘知幾撰《史通》之旨趣。就历史叙事而言，其所谓“辨其指归，殚其体统”，则是有感于文史分途之后，历史撰述深受靡丽文风影响而妄加修饰，损害了史学实录精神，刘知幾试图通过对文史源流的考辨，厘清史家之文与文人之文、史才与文士之别，将文

---

① （唐）刘知幾撰，（清）浦起龙释：《史通通释》卷 6《叙事》，上册，第 173 页。
② （唐）刘知幾撰，（清）浦起龙释：《史通通释》卷 6《叙事》，上册，第 174 页。
③ （唐）刘知幾撰，（清）浦起龙释：《史通通释》卷 6《叙事》，上册，第 173—174 页。
④ （唐）刘知幾撰，（清）浦起龙释：《史通通释》卷 6《叙事》，上册，第 174 页。
⑤ （唐）刘知幾撰，（清）浦起龙释：《史通通释》卷 10《自叙》，上册，第 291 页。
⑥ 乔治忠：《中国官方史学与私家史学》，北京：北京图书馆出版社，2008 年，第 375 页。

学驱逐出史学领域，在此基础上确立史家叙事文风，以期历史撰述能够文直事核，不虚美、不隐恶，从而实现史学劝善惩恶之目标。

在刘知幾看来，史家之叙事行文风格与撰史态度、史料的采撰一样，都会影响史著之直书实录。简洁含蓄、文质相称的叙事风格能够反映历史真实，而妄加修饰、华而不实的史文，必定妨碍历史撰述之真实。他强调区别文人之文与史家之文，反对文人修史，是因为魏晋以来文史已经分途，文人抛弃了周诗楚赋“不虚美，不隐恶”之文风，追求辞藻华美，文采飘逸。这种文辞“无裨劝奖，有长奸诈”，史家若以之撰史，则难以为实录。“必令同文举之含异，等公幹之有逸，如子云之含章，类长卿之飞藻，此乃绮扬绣合，雕章缛彩，欲称实录，其可得乎？”[①]他猛烈抨击魏晋以来史家叙事模仿文学，也是着眼于此。萧梁时期骈体文兴盛，史书载言，加以效仿，忌讳“平头上尾”，讲求“对语俪辞”，因而所记之言千篇一律。在刘知幾看来，如此撰史，难以反映出不同人物言语的特色和真实性。“假有辨如郦叟，吃若周昌，子羽修饰而言，仲由率尔而对，莫不拘以文禁，一概而书，必求实录，多见其妄矣。”[②]史书载言，无论是善辩者、讲求文辞修饰者，还是口吃者、率尔而对者，都一概而书，必定难以反映历史实际。

刘知幾有关史著叙事文风的评价，也是以直书实录为准绳的。令狐德棻主持编纂的《周书》因刻意于文辞的修饰而为时人所赞美，“世之议者，咸以北朝众作，《周史》为工”[③]。刘知幾则认为《周书》虽文辞雅正，但所叙之事缺乏真实性，违背了撰史直书实录的原则。“其书文而不实，雅而无检，真迹甚寡，客气尤烦……遂使周氏一代之史，多非实录者焉。”[④]裴政所撰《梁太清实录》记宇文泰之言不加文饰，如出其口，刘知幾称赞其无愧实录。“裴政《梁太清实录》称元帝使王琛聘魏，长孙俭谓宇文曰：‘王琛眼睛全不转。’公曰：‘瞎奴使痴人来，岂得怨我？’此言与王、宋所载相类，可谓真宇文之言，无愧于实录矣。”[⑤]《尚书》《春秋》之外，刘知幾所推崇的史书是《左传》，誉之为“圣人之羽翮”“述者之冠冕”。许冠三认为《左传》为

---

①（唐）刘知幾撰，（清）浦起龙释：《史通通释》卷7《鉴识》，上册，第205页。
②（唐）刘知幾撰，（清）浦起龙释：《史通通释》卷18《杂说下》，下册，第513页。
③（唐）刘知幾撰，（清）浦起龙释：《史通通释》卷6《言语》，上册，第152页。
④（唐）刘知幾撰，（清）浦起龙释：《史通通释》卷17《杂说中》，下册，第500—501页。
⑤（唐）刘知幾撰，（清）浦起龙释：《史通通释》卷18《杂说下》原注，下册，第510—511页。

刘知幾实录史学提供了重要的思想资源："知幾所向往之实录史学，实以《左传》为首要之经验范型。他持以讥往哲述前非之若干义理准则，本质上原是《左传》先例之引申与扩大，或者理想化。"[①]其"叙事工美之准则原于《左传》"[②]。这说明，刘知幾既以《左传》为其所倡导的实录史学之典范，又以《左传》为理想中史家叙事之楷模。刘知幾曾指出《左传》"其言简而要，其事详而博"[③]。这是称赞《左传》叙事"尚简""文约而事丰"。他还认为左氏师范孔子，叙事委婉。《左传》与《春秋》"虽繁约有殊，而隐晦无异"[④]，如"其纲纪而言邦俗也，则有士会为政，晋国之盗奔秦；邢迁如归，卫国忘亡。其款曲而言人事也，则有犀革裹之，比及宋，手足皆见；三军之士，皆如挟纩"[⑤]。这是说《左传》善于"用晦"，其言辞虽近浅却义旨深远，含蓄隽永，回味无穷。在《申左》篇中，他指出："《左氏》之叙事也，述行师则簿领盈视，哤聒沸腾，论备火则区分在目，修饰峻整；言胜捷则收获都尽，记奔败则披靡横前；申盟誓则慷慨有余，称谲诈则欺诬可见；谈恩惠则煦如春日，纪严切则凛若秋霜；叙兴邦则滋味无量，陈亡国则凄凉可悯。或腴辞润简牍，或美句入咏歌，跌宕而不群，纵横而自得。若斯才者，殆将工侔造化，思涉鬼神，著述罕闻，古今卓绝。"[⑥]这是赞赏《左传》叙事美妙。可以看出，被刘知幾视为实录的《左传》，其"书功过，记善恶，文而不丽，质而非野，使人味其滋旨，怀其德音，三复忘疲，百遍无斁"[⑦]，史文与实录之旨趣相得无间。

从以上的论述中不难看出，刘知幾是将史家叙事文风视为历史撰述能否直书实录的一个重要方面，认为史家以直书实录为务，则其叙事应当"文而不丽，质而非野""辩而不华，质而不俚"，言浅义深，余音缭绕。他在文史分途以后，力辨文史之别，反对史家仿效文士妄加修饰，旨在规范史文风格，维护史学之实录品格。

---

① 许冠三：《刘知幾的实录史学》，香港：香港中文大学出版社，1983年，第22页。
② 许冠三：《刘知幾的实录史学》，第27页。
③（唐）刘知幾撰，（清）浦起龙释：《史通通释》卷1《六家》，上册，第11页。
④（唐）刘知幾撰，（清）浦起龙释：《史通通释》卷6《叙事》，上册，第174页。
⑤（唐）刘知幾撰，（清）浦起龙释：《史通通释》卷6《叙事》，上册，第174页。
⑥（唐）刘知幾撰，（清）浦起龙释：《史通通释》卷16《杂说上》，下册，第451页。
⑦（唐）刘知幾撰，（清）浦起龙释：《史通通释》卷6《叙事》，上册，第165页。

第五章　刘知幾论叙事与信史

叙事是中国古代史学的基本特征，所以章学诚说“叙事实出史学”[①]。史书之叙事历来为史家所重视。刘向、扬雄、班彪、班固等推崇司马迁“善序事理，辨而不华，质而不俚，其文直，其事核，不虚美，不隐恶”，有良史之才。[②]范晔论及司马迁、班固时指出：“议者咸称二子有良史之才。迁文直而事核，固文赡而事详。”[③]可见，“善叙事”是良史必备的能力与素质。刘知幾《史通》是一部划时代的史学理论著作，对历史撰述的理论、方法进行了系统的阐述。就史家叙事而言，刘知幾在刘向、扬雄、班氏父子等“善叙事”说的基础上，批判地总结了以往史家的书事之道、行文之方，形成了系统的历史叙事理论，而叙事风格与史书如实传真之关系，则是其所探讨的核心问题。[④]许冠三曾指出：“（刘）知幾史学理论之本核，端在实录直书四字”[⑤]，并从史料学、撰述论、史评说等方面对其实录史学进行阐发。施丁则认为，许冠三有关刘知幾实录史学的认识尚有不足，刘知幾的实录论不仅表现在史料采撰、史书撰述、史学批评这些方面，还反映在文史用笔、史义申明、史家修养等方面。[⑥]这里所说的文史用笔，就是关于历史撰述的文字表述。施丁将其从历史撰述论中独立出来，说明他充分认识到了史笔论在刘知幾实录史学中的重要意义。只是施丁仅阐述了在文史分途的情况下刘知幾对史家叙

① （清）章学诚撰：《章学诚遗书·章氏遗书补遗》，第612页。

②《汉书》卷62《司马迁传》，第2738页。

③《后汉书》卷40下《班彪列传》，北京：中华书局，1965年，第1386页。

④ 刘知幾的文史观、文辞观或叙事理论，不少学者进行过讨论。但对于其有关叙事与信史关系的认识，则只有许冠三《刘知幾的实录史学》一书略有涉及，本文拟在其基础上对这一问题作进一步探讨。

⑤ 许冠三：《刘知幾的实录史学》，第3页。

⑥ 施丁：《刘知幾“实录”论》，《史学理论研究》2003年第4期，第67—71页。

事行文的要求，并未深究史笔论与其追求的信史之关系。我们认为，刘知幾的实录史学包括两方面的内容：一是求历史之真，二是传历史之真。只有具备这两个方面的史学著作，才是他孜孜以求的信史。其有关史料采撰、史书撰述原则、史家修养等方面的探讨，旨在求历史之真；而有关书事行文方面的要求，意在传历史之真。在他看来，简洁含蓄、文质相称的叙事风格能够恰当地反映历史真实，而妄加修饰、华而不实的叙事，则会造成记载失实，难以为实录。因此，历史撰述讲求叙事之美，应以传历史之真为指归。从信史的角度探讨叙事问题，这是刘知幾对以往历史叙事理论的发展与贡献。

一、叙事之美与如实传真

刘知幾曾指出："夫史之称美者，以叙事为先。"[①]这是在理论上明确提出国史之美在于叙事恰当、精到。在他看来，理想的叙事应是文约事丰，所谓"文约而事丰，此述作之尤美者也"[②]。他曾推崇《左传》为历史叙事之典范、楷模，这是因为"其言简而要，其事详而博，信圣人之羽翮，而述者之冠冕也"[③]。所谓"简而要"是指《左传》善于表述，做到了"文约"；"详而博"则表明《左传》善于书事，在"文约"的基础上达到了"事丰"，所以他说："盖文虽缺略，理甚昭著，此丘明之体也。"[④]刘知幾强调叙事之美在于文约事丰，主要是针对魏晋以来"世重文藻，词宗丽淫，于是沮诵失路，灵均当轴"[⑤]这种文人修史的风气。在他看来，文士既不达史体，又无铨综之识，他们撰史"远弃史、班，近宗徐、庾"[⑥]，唯以文饰是务。"其立言也，或虚加练饰，轻事雕彩；或体兼赋颂，词类俳优。文非文，史非史"[⑦]，这严重地损害了史学的实录品格。因此，有必要对文人之文与史家之文予以

① （唐）刘知幾撰，（清）浦起龙释：《史通通释》卷6《叙事》，上册，第165页。
② （唐）刘知幾撰，（清）浦起龙释：《史通通释》卷6《叙事》，上册，第168页。
③ （唐）刘知幾撰，（清）浦起龙释：《史通通释》卷1《六家》，上册，第11页。
④ （唐）刘知幾撰，（清）浦起龙释：《史通通释》卷8《摸拟》，上册，第223页。
⑤ （唐）刘知幾撰，（清）浦起龙释：《史通通释》卷9《核才》，上册，第250页。
⑥ （唐）刘知幾撰，（清）浦起龙释：《史通通释》卷4《论赞》，上册，第82页。
⑦ （唐）刘知幾撰，（清）浦起龙释：《史通通释》卷6《叙事》，上册，第180页。

区分。他指出，上古之时诗歌、文章皆不虚美、不隐恶，与史无别，因而“文之将史，其流一焉，固可以方驾南、董，俱称良直者矣”，但“爰洎中叶，文体大变，树理者多以诡妄为本，饰辞者务以淫丽为宗”。[①]从此“文之与史，较然异辙”[②]，即文士之文（文笔）与史家之文（史笔）截然两途。在这种情况下，若以文士之文撰述历史，难以成为信史。“夫史之叙事也，当辩而不华，质而不俚，其文直，其事核，若斯而已可也。必令同文举之含异，等公幹之有逸，如子云之含章，类长卿之飞藻，此乃绮扬绣合，雕章缛彩，欲称实录，其可得乎？”[③]这里所说的“辩而不华，质而不俚”，是沿用刘向、班固等赞美司马迁《史记》善叙事之词。刘知幾认为这是史家之文，以之叙事能真实地反映历史实际。而“绮扬绣合，雕章缛彩”，乃是文士之文。“以徐公文体，而施诸史传，亦犹灞上儿戏，异乎真将军。”[④]这是说用以徐陵、庾信为代表的浮华之文撰述历史，难以做到如实传真。基于这种认识，刘知幾要求史家叙事做到“文约而事丰”，摒弃那种“喻过其体，词没其义，繁华而失实，流宕而忘返”[⑤]的文士文风。刘祥《宋书·序录》曾指责何法盛、王隐、徐广所撰之晋史缺乏飞扬的文采，被刘知幾讥讽为鉴识不明，他说：“刘祥撰《宋书·序录》，历说诸家晋史，其略云：‘法盛《中兴》，荒庄少气，王隐、徐广，沦溺罕华。’”“以此诋诃，知其妄施弹射矣。”[⑥]不难看出，刘祥之所以被刘知幾批评，是因为他以“徐公文体”为标准来要求史家，偏离了“文约而事丰”这一史家叙事之道。

刘知幾认为，史家叙事要做到“文约而事丰”，则在文字表述上应当“尚简”与“用晦”。所谓“尚简”，就是推崇严简峻洁，反对繁琐，以体现国史简洁之美。刘知幾指出：“夫国史之美者，以叙事为工，而叙事之工者，以简要为主。简之时义大矣哉！”[⑦]而简洁之法，在于扼要。“夫叙事者，或虚益

---

①（唐）刘知幾撰，（清）浦起龙释：《史通通释》卷5《载文》，上册，第123页。
②（唐）刘知幾撰，（清）浦起龙释：《史通通释》卷9《核才》，上册，第250页。
③（唐）刘知幾撰，（清）浦起龙释：《史通通释》卷7《鉴识》，上册，第205页。
④（唐）刘知幾撰，（清）浦起龙释：《史通通释》卷9《核才》，上册，第250页。
⑤（唐）刘知幾撰，（清）浦起龙释：《史通通释》卷5《载文》，上册，第124页。
⑥（唐）刘知幾撰，（清）浦起龙释：《史通通释》卷7《鉴识》，上册，第205页。
⑦（唐）刘知幾撰，（清）浦起龙释：《史通通释》卷6《叙事》，上册，第168页。

散辞，广加闲说，必取其所要，不过一言一句耳。”[①]故而，史家叙事一要讲求叙事的表现方法，二要省字、省句。在刘知幾看来，“叙事之体，其别有四：有直纪其才行者，有唯书其事迹者，有因言语而可知者，有假赞论而自见者”[②]。但记述一事，只需根据具体情况，选择最合适的一种方法即可，若兼而用之则违背了“尚简”原则。“然则才行、事迹、言语、赞论，凡此四者，皆不相须。若兼而毕书，则其费尤广。”[③]可是，从司马迁《史记》到唐初所撰诸史，多兼书之弊，或既述才行又彰事迹，或既书事迹又载言语，或纪传已书又以论赞重述前事。如“假赞论而自见”，本是为了使叙事简洁。“史之有论也，盖欲事无重出，文省可知。”[④]然而自范晔以来，史家所撰，每卷有论，论后续以赞，颇为繁琐。刘知幾批评道：“苟撰史若斯，难以议夫简要者矣。”[⑤]可见，刘知幾关注叙事表现方法，旨在避免史书记事繁琐重复。而他倡导省字、省句，则是要求删除烦字、冗句，以求史文峻洁。如他指出，《汉书·张苍传》所载“年老，口中无齿”之“年”与“口中”等为烦字，需删去；《公羊传》所载“郄克眇，季孙行父秃，孙良夫跛，齐使跛者逆跛者，秃者逆秃者，眇者逆眇者”，则是烦句，应删去“跛者”以下句，以“各以其类逆”代之。[⑥]对于省字，他要求做到“加以一字太详，减其一字太略，求诸折中，简要合理”[⑦]。这是试图通过修辞技巧达到“尚简”目的。所谓“用晦”，是指叙事婉约，言已尽而意无穷，以别于繁词缛说，理尽于篇中。一是“省字约文，事溢于句外”[⑧]。如《尚书》以“帝乃殂落，百姓如丧考妣”一句话，就写出了帝舜的盛德与民众对他的爱戴之情，其“文如阔略，而语实周赡”[⑨]。二是“言近而旨远，辞浅而义深，虽发语已殚，而含意未尽。使夫读者望表而知里，扪毛而辨骨，睹一事于句中，反三隅于

---

① (唐)刘知幾撰，(清)浦起龙释：《史通通释》卷6《叙事》，上册，第170页。
② (唐)刘知幾撰，(清)浦起龙释：《史通通释》卷6《叙事》，上册，第168页。
③ (唐)刘知幾撰，(清)浦起龙释：《史通通释》卷6《叙事》，上册，第169页。
④ (唐)刘知幾撰，(清)浦起龙释：《史通通释》卷4《论赞》，上册，第82页。
⑤ (唐)刘知幾撰，(清)浦起龙释：《史通通释》卷4《论赞》，上册，第83页。
⑥ (唐)刘知幾撰，(清)浦起龙释：《史通通释》卷6《叙事》，上册，第170页。
⑦ (唐)刘知幾撰，(清)浦起龙释：《史通通释》卷6《叙事》，上册，第170页。
⑧ (唐)刘知幾撰，(清)浦起龙释：《史通通释》卷6《叙事》，上册，第173页。
⑨ (唐)刘知幾撰，(清)浦起龙释：《史通通释》卷6《叙事》，上册，第173—174页。

字外”。这是对用晦的更高要求，主要通过“略小存大，举重明轻，一言而巨细咸该，片语而洪纤靡漏”这种“用晦之道”[1]，以达到这一目标。如《史记》记楚汉之争，云“汉兵败绩，睢水为之不流”。虽未细述汉兵之败，但“睢水为之不流”一言已将其溃逃败亡之惨状显露无遗。记翟公失势时，云“翟公之门，可张雀罗”，只言片语尽显世态炎凉，人情冷暖。[2]凡此等等，皆辞浅而旨深，文约而义富，意在言外。可见，刘知幾主张“用晦”，意在使简洁的叙事具有深沉感、含蓄美，避免浅俗、鄙野。在他看来，史家行文若能“尚简”“用晦”，则所撰之史典雅而不华丽，质朴而不粗野，以简驭繁，含蓄隽永。“至若书功过，记善恶，文而不丽，质而非野，使人味其滋旨，怀其德音，三复忘疲，百遍无斁。”[3]

刘知幾倡导“尚简”“用晦”，旨在使史家叙事具有简洁含蓄之美，即“其言简而要”，但历史叙事要达到理想的境界，还应在此基础上做到“其事详而博”。所以，在“尚简”“用晦”的同时，还需讲求书事之道。为此，刘知幾对史家在书事方面也提出了要求：第一，举宏纲存大体，不必丝毫必录，琐细无遗；第二，折中均平，繁简得当；第三，首尾完备，前后呼应，融贯圆通。所谓举宏纲存大体，是对史书叙事在内容方面的要求。在刘知幾看来，荀悦所说的著功勋、表贤能、彰法式、达道义、通古今等五志，加上叙沿革、明罪恶、旌怪异等三科，“则史氏所载，庶几无阙。求诸笔削，何莫由斯？”[4]这里所说的五志、三科就是书事之宏纲、大体。凡与此有关的应予以记述，其余的则可略而不载。而折中均平则是就叙事之详略、取舍方面而言的。刘知幾指出：“夫记事之体，欲简而且详，疏而不漏。若烦则尽取，省则多捐，此乃忘折中之宜，失均平之理。”[5]学者曾以文字的多寡论《左传》《史记》《汉书》之优劣。有感于此，刘知幾指出：“夫论史之烦省者，但当要其事有妄载，苦于榛芜，言有阙书，伤于简略，斯则可矣。必

①（唐）刘知幾撰，（清）浦起龙释：《史通通释》卷6《叙事》，上册，第173—174页。
②（唐）刘知幾撰，（清）浦起龙释：《史通通释》卷6《叙事》，上册，第174页。
③（唐）刘知幾撰，（清）浦起龙释：《史通通释》卷6《叙事》，上册，第165页。
④（唐）刘知幾撰，（清）浦起龙释：《史通通释》卷8《书事》，上册，第229页。
⑤（唐）刘知幾撰，（清）浦起龙释：《史通通释》卷8《书事》，上册，第233页。

量世事之厚薄，限篇第以多少，理则不然。”[①]可见，在刘知幾看来，判断史书繁简的标准是剪裁是否合理，记事是否完备，只要不妄载，不缺漏，就是繁简适宜。首尾完备，是对叙事在完整性、系统性方面的要求。刘知幾指出：“书事之法，其理宜明。使读者求一家之废兴，则前后相会；讨一人之出入，则始末可寻。”[②]因此，他提出，史家记事“或先经张本，或后传终言，分布虽疏，错综逾密”，不能“隔卷异篇，遽相矛盾”“连行接句，顿成乖角”。[③]

在刘知幾看来，史家若能在“尚简”“用晦”的基础上达到书事之道的要求，则其叙事“言虽简略，理皆要害，故能疏而不遗，俭而无阙”[④]。而所撰之史必定“文约而事丰”，从而真实地将客观历史表述出来。当然，能否达到这一目标，后来的史家有不同的认识。顾炎武就不赞成“尚简”说，他提出“辞主乎达，不论其繁与简也”[⑤]。“辞主乎达，不主乎简。”[⑥]但从知人论世的角度来看，刘知幾倡导“尚简”，主要是针对那种严重影响了历史著作真实性的繁琐叙事风格，旨在救弊纠偏。魏晋以来，受绮靡文风的影响，史家叙事也形成了堆砌辞藻的不良风气。“其为文也，大抵编字不只，捶句皆双，修短取均，奇偶相配。故应以一言蔽之者，辄足为二言；应以三句成文者，必分为四句。弥漫重沓，不知所裁。”[⑦]有感于此，刘知幾才要求史家叙事“尚简”“用晦”。在他看来，只有“骈枝尽去”“尘垢都捐”，史书叙事才能彰显简洁含蓄之美，从而真实地反映出客观历史。[⑧]尽管刘知幾对“尚简”的要求在某些地方近乎苛刻，但其总的来说还是主张繁简适中、烦省合理。

---

①（唐）刘知幾撰，（清）浦起龙释：《史通通释》卷9《烦省》，上册，第265页。
②（唐）刘知幾撰，（清）浦起龙释：《史通通释》卷14《惑经》，下册，第408页。
③（唐）刘知幾撰，（清）浦起龙释：《史通通释》卷6《浮词》，上册，第159页。
④（唐）刘知幾撰，（清）浦起龙释：《史通通释》卷6《叙事》，上册，第175页。
⑤（清）顾炎武著，（清）黄汝成集释：《日知录集释》卷4《文章繁简》，第686页。
⑥（清）顾炎武著，（清）黄汝成集释：《日知录集释》卷4《文章繁简》，第687页。
⑦（唐）刘知幾撰，（清）浦起龙释：《史通通释》卷6《叙事》，上册，第174页。
⑧（唐）刘知幾撰，（清）浦起龙释：《史通通释》卷6《叙事》，上册，第170—171页。

二、力戒妄饰与从实而书

刘知幾深知“言之无文，行之不远”，因此赞同史家修史讲求文辞修饰。如赞美《左传》之叙事“或腴辞润简牍，或美句入咏歌，跌宕而不群，纵横而自得”[①]。但他认为若因此“私徇笔端，苟炫文彩，嘉辞美句，寄诸简册”，则是不知“史书之大体，载削之指归”。[②]然而，自文史分途以来，史家撰述一味地模仿文士绮丽文风，对史文曲加粉饰，所撰之史难以传信示后。“溺于烦富，则有发言失中，加字不惬，遂令后之览者，难以取信。”[③]故而，刘知幾要求史家撰述在“尚简”“用晦”的同时，力戒妄饰。

魏晋以来，史家撰述深受绮靡文风的影响，刻意追求文雅，华而不实。“自梁室云季，雕虫道长。平头上尾，尤忌于时；对语俪辞，盛行于俗。始自江外，被于洛中。而史之载言，亦同于此。”[④]在刘知幾看来，这种意在雕饰辞藻的叙事风格严重影响了历史记述的真实性。他指出：“假有辨如郦叟，吃若周昌，子羽修饰而言，仲由率尔而对，莫不拘以文禁，一概而书，必求实录，多见其妄矣。”[⑤]崔鸿、魏收、牛弘等所撰之史，“妄益文彩，虚加风物，援引《诗》、《书》，宪章《史》、《汉》。遂使沮渠、乞伏，儒雅比于元封，拓跋、宇文，德音同于正始”，刘知幾斥之为“华而失实，过莫大焉”。[⑥]令狐德棻《北周书》变俚语为雅言，刻意修饰，多为论者所称赞。“世之议者，咸以北朝众作，《周史》为工。”刘知幾却批评道：“夫以枉饰虚言，都捐实事，便号以良直，师其模楷，是则董狐、南史，举目可求，班固、华峤，比肩皆是者矣。”[⑦]他指出，《北周书》博采古文，以成今说，虽文皆雅正，而事悉虚无，历史真实性受到严重的损害。“其书文而不实，雅而无检，真迹甚寡，

①（唐）刘知幾撰，（清）浦起龙释：《史通通释》卷16《杂说上》，下册，第451页。
②（唐）刘知幾撰，（清）浦起龙释：《史通通释》卷4《论赞》，上册，第81—82页。
③（唐）刘知幾撰，（清）浦起龙释：《史通通释》卷6《浮词》，上册，第158—159页。
④（唐）刘知幾撰，（清）浦起龙释：《史通通释》卷18《杂说下》，下册，第512页。
⑤（唐）刘知幾撰，（清）浦起龙释：《史通通释》卷18《杂说下》，下册，第513页。
⑥（唐）刘知幾撰，（清）浦起龙释：《史通通释》卷6《言语》，上册，第151页。
⑦（唐）刘知幾撰，（清）浦起龙释：《史通通释》卷6《言语》，上册，第152页。

客气尤烦……遂使周氏一代之史，多非实录者焉。”[①]

史家追逐浮华文风、妄加修饰还表现为书事多比拟古代，行文好模仿五经、三史。刘知幾指出：“史臣撰录，亦同彼文章，假托古词，翻易今语。润色之滥，萌于此矣。”[②]对这种叙事倾向，他坚决反对，指出：“持彼往事，用为今说，置于文章则可，施于简册则否矣。”[③]牛弘撰《周史》，“记宇文之言，而动遵经典，多依《史》、《汉》”，他用讽刺的口吻写道：“此何异庄子述鲋鱼之对而辩类苏、张，贾生叙鵩鸟之辞而文同屈、宋，施于寓言则可，求诸实录则否矣。”[④]他还指出如此记言难以为信史。如牛弘“《周史》述太祖论梁元帝曰：‘萧绎可谓天之所废，谁能兴之者乎？’又宇文测为汾州，或谮之，太祖怒曰：‘何为间我骨肉，生此贝锦？’此并《六经》之言也。又曰：‘荣权吉士也，寡人与之言无二。’此则《三国志》之辞也”。他质问道：“岂是宇文之语耶？”[⑤]刘知幾还批评崔鸿、李百药等为求古雅妄改前史之文，违背历史真实。他指出：“裴景仁《秦记》称符（苻）坚方食，抚盘而诟；王劭《齐志》述洛干感恩，脱帽而谢。及彦鸾撰以新史，重规删其旧录，乃易‘抚盘’以‘推案’，变‘脱帽’为‘免冠’。夫近世通无案食，胡俗不施冠冕，直以事不类古，改从雅言，欲令学者何以考时俗之不同，察古今之有异？”[⑥]刘知幾并不反对师范前人，但他要求效法先哲时应貌异心同，即从精神实质上予以模拟，以提高史文的表现力，而不是貌同心异，在形式上亦步亦趋。在他看来，“假托古词，翻易今语”，则今语与古词貌同而心异，这是无识的表现。“世之述者，锐志于奇，喜编次古文，撰叙今事，而巍然自谓《五经》再生，《三史》重出，多见其无识者矣。”[⑦]

从撰写信史角度出发，刘知幾要求史家叙事在言语记述方面应从实而书，做到言必近真，因俗随时。所谓言必近真，一是对方言世语不可妄加文饰或遗弃；二是记人之言，应若出其口。王劭《齐志》多记方言、世语，当时学

① （唐）刘知幾撰，（清）浦起龙释：《史通通释》卷17《杂说中》，下册，第500—501页。
② （唐）刘知幾撰，（清）浦起龙释：《史通通释》卷6《叙事》，上册，第178页。
③ （唐）刘知幾撰，（清）浦起龙释：《史通通释》卷6《叙事》，上册，第178页。
④ （唐）刘知幾撰，（清）浦起龙释：《史通通释》卷18《杂说下》，下册，第510—511页。
⑤ （唐）刘知幾撰，（清）浦起龙释：《史通通释》卷18《杂说下》原注，下册，第510页。
⑥ （唐）刘知幾撰，（清）浦起龙释：《史通通释》卷6《叙事》，上册，第179页。
⑦ （唐）刘知幾撰，（清）浦起龙释：《史通通释》卷8《摸拟》，上册，第221页。

者指责其鄙陋无文，刘知幾则大加赞赏。他表彰王劭黜饰崇真，志存实录，“足以知甿俗之有殊，验土风之不类”，反映了历史真实。[①]北朝史家将少数民族质朴无文的语言，不是改为华语，就是遗弃。如崔鸿《十六国春秋》、魏收《魏书》、牛弘《周史》等“必讳彼夷音，变成华语”，而令狐德棻《北周书》则“阙而不载”。对此，刘知幾提出尖锐的批评。他指出：“自二京失守，四夷称制，夷夏相杂，音句尤媸。而彦鸾、伯起，务存隐讳；重规、德棻，志在文饰。遂使中国数百年内，其俗无得而言。”[②]这是指责崔鸿、魏收、李百药、令狐德棻等对少数民族语言不能从实而书，以致人们难以真切地了解中原地区数百年历史特点和社会变化。他还指出：“自杂种称制，充牣神州，事异诸华，言多丑俗。至如翼犍，道武原讳；黑獭，周文本名。而伯起革以他语，德棻阙而不载……此而不书，何以示后？”[③]在这里，他批评魏收、令狐德棻等不以质朴的少数民族语言入史，难以取信后世。刘知幾要求记人之言如出其口，也是为了避免因妄加文饰而使记载失真。如“裴政《梁太清实录》称元帝使王琛聘魏，长孙俭谓宇文曰：‘王琛眼睛全不转。’公曰：‘瞎奴使痴人来，岂得怨我？’”他称赞道：“可谓真宇文之言，无愧于实录矣。”[④]而“《宋书》称武帝入关，以镇恶不伐，远方冯异；于渭滨游览，追思太公”，他则予以尖锐地批评：“夫以宋祖无学，愚智所委，安能援引古事，以酬答群臣者乎？斯不然矣。”[⑤]他肯定《梁太清实录》而斥责《宋书》，是因为前者所记之言符合宇文氏文明未化之实际，若出其口，而后者将粗鄙无文的宋武帝酬答群臣之言虚加粉饰，失其真实。很明显，刘知幾提出记人之言若出其口，是要求史家撰述应从言语方面反映历史真实。

所谓因俗随时，则是要求史家以反映时代特色的语言叙事，切忌盲目崇古。刘知幾指出：“三王各异礼，五帝不同乐，故传称因俗，《易》贵随时。况史书者，记事之言耳。夫事有贸迁，而言无变革，此所谓胶柱而调瑟，刻

---

①（唐）刘知幾撰，（清）浦起龙释：《史通通释》卷17《杂说中》，下册，第495页。
②（唐）刘知幾撰，（清）浦起龙释：《史通通释》卷17《杂说中》，下册，第495—496页。
③（唐）刘知幾撰，（清）浦起龙释：《史通通释》卷6《叙事》，上册，第179—180页。
④（唐）刘知幾撰，（清）浦起龙释：《史通通释》卷18《杂说下》原注，下册，第510—511页。
⑤（唐）刘知幾撰，（清）浦起龙释：《史通通释》卷18《杂说下》，下册，第510页。

船以求剑也。”[①]故而，书事记言应因俗随时。否则，必定会出现“周、秦言辞见于魏、晋之代，楚、汉应对行乎宋、齐之日”的现象，以致“伪修混沌，失彼天然，今古以之不纯，真伪由其相乱”[②]。这是说，历史是不断变化的，记述历史之文也应随之变化，若机械地模拟古代，必定造成记载失真。此外，刘知幾还认为，语言的变化反映了时代的变迁、社会风俗的变革。“夫《三传》之说，既不习于《尚书》；两汉之词，又多违于《战策》。足以验氓俗之递改，知岁时之不同。”[③]史家若一味地追效昔人，示其稽古，则不仅有碍于真实地反映历史，而且将使后世之人无从了解社会历史的变化发展。“苟记言则约附《五经》，载语则依凭《三史》，是春秋之俗，战国之风，亘两仪而并存，经千载其如一，奚以今来古往，质文之屡变者哉？”[④]因此，他坚决反对“怯书今语，勇效昔言”，及刻意模拟五经、三史的叙事方法。

论及《史通》之撰述宗旨时，刘知幾指出：“若《史通》之为书也，盖伤当时载笔之士，其义不纯。思欲辨其指归，殚其体统。”[⑤]从叙事方面来看，所谓“辨其指归，殚其体统”主要是慎辨文士之文与史家之文之别，倡导“其言简而要，其事详而博”这种文质相称的叙事风格，摒弃妄加文饰的浮华文风，从而使史家叙事做到如实传真。刘知幾对史家之文的强调，也彰显了文史分途之后史家自觉的史学意识。

三、余　　论

刘知幾要求慎辨文人之文与史家之文，其实质是如何处理历史著作的文学性问题。而这一问题在当代西方的后现代主义史学中，则被作为历史哲学问题来讨论。海登·怀特指出：“只要史学家继续使用基于日常经验的言说和写作，他们对于过去现象的表现以及对这些现象所作的思考就仍然会是‘文学性的’，即‘诗性的’和‘修辞性的’，其方式完全不同于任何公认的明显

① （唐）刘知幾撰，（清）浦起龙释：《史通通释》卷5《因习》，上册，第136页。
② （唐）刘知幾撰，（清）浦起龙释：《史通通释》卷6《言语》，上册，第150—151页。
③ （唐）刘知幾撰，（清）浦起龙释：《史通通释》卷6《言语》，上册，第150页。
④ （唐）刘知幾撰，（清）浦起龙释：《史通通释》卷6《言语》，上册，第153页。
⑤ （唐）刘知幾撰，（清）浦起龙释：《史通通释》卷10《自叙》，上册，第291页。

是‘科学的’话语。”[①]于是，历史叙述的“诗性”，即历史著作的撰述风格和语言模式成为其史学理论研究的核心。这种讨论历史写作风格的理论被称为叙事主义历史哲学。后现代主义史家认为，史家在撰写历史著作时，与文学创作一样使用日常语言，而这种语言不是透明的中介。为使历史著作从陌生的变为熟悉的，深奥的变成易懂的，史家必定要采用隐喻、转喻、提喻、反讽等修辞技巧，这也是史家叙事所使用的唯一手段。而为了使叙述的故事具有完整性，史家还需要进行情节设置，即根据自己的性格偏好将历史事实按照浪漫剧、喜剧、悲剧、讽刺剧等不同模式编织出不同类型的故事。因此，历史叙事的特征是一种以叙事性散文为形式的言辞结构，与文学创作无别，历史著作则是一种文学作品。海登·怀特的《元史学：19 世纪欧洲的历史想象》就是以会通史学与文学为目标。基于对历史撰述“诗性”的这种认识，后现代主义史家认为，历史实在本是混沌一片，是历史学家将叙事的结构、故事、意义施加于过去之上，因而历史叙事是虚构的，不可能如实直书，历史著作只能像文学作品一样隐喻地反映过去。[②]

在后现代主义史家看来，诗性比喻是历史叙事的深层结构，无此，历史撰述无法进行或达到目的。因此，历史学家只能书写文学文本，难以再现历史真实。从“史学即文学”这一观念出发，他们否定历史知识具有客观性，从而动摇了历史学存在的基础。若将刘知幾与后现代主义史家在历史叙事的文学性这个问题上的有关认识作一比较，可以发现，他们的认识虽有相似之处，但更多的是差异。二者都注意到历史叙事行文风格不仅仅是历史著作的表现形式，还影响到其内容。但刘知幾并没有像后现代主义史家那样将历史著作视为文学作品，从而否认历史著作的客观性，而是认为只要对历史叙事的文学性加以适当的约束，力戒妄加修饰，历史著作就能如实传真。他坚决反对文人修史，就是因为文人过分追求历史叙事的文学性，从而损害了历史著作的真实性。从刘知幾的有关认识来看，后现代主义史家因历史叙事的文学性而将历史撰述等同于文学创作，从而否定历史著作的客观性，是极为偏颇的。同时，刘知幾的有关认识，为史家在后现代主义历史叙事学的笼罩之下深入理解与研究历史叙事提供了思想资源。

---

① 〔美〕海登·怀特：《元史学：19 世纪欧洲的历史想象》（中译本）前言，陈新译，南京：译林出版社，2004 年，第 1 页。

② 参考彭刚：《叙事的转向——当代西方史学理论的考察》，北京：北京大学出版社，2009 年。

第六章　“离之则双美，合之则两伤”
——刘知幾文史观再认识

章学诚曾指出：“叙事实出史学，其源本于《春秋》比事属辞。”[①]这表明叙事是历史撰述的基本特征。在中国史学发展史上，较早对史学叙事理论进行系统研究的史家是刘知幾，其所撰《史通》之《叙事》《言语》《浮词》《书事》《摸拟》《烦省》等篇章，对历史叙事之原则、方法、风格等进行了讨论。魏晋以来，受绮靡文风影响，史家叙事也追逐浮华，雕饰辞藻，严重影响了史学的实录品格。刘知幾通过对文史关系演变的考察，分析了文士之文与史家之文、文士与史才之别，既对魏晋以来之历史叙事进行救弊纠偏，又指示了今后史家叙事的发展方向。他指出，史家叙事应“尚简”“用晦”，力戒妄加修饰，文人不明史书之大体、载削之指归，难以胜任修史之职。因此，研究刘知幾的叙事理论，不能不涉及其文史观。文学理论研究者已从文学批评尤其是文论的角度对刘知幾的文史观进行了多方面的探讨，这些研究不乏真知灼见，但因研究视野的限制，偏颇之论也在所难免。[②]刘知幾虽“幼

---

① (清) 章学诚撰：《章学诚遗书》，第 612 页。

② 张玉璞《刘知幾文史观简论》(《江西社会科学》1993 年第 12 期)、李少雍《中国古代的文史关系——史传文学概论》(《文学遗产》1996 年第 2 期)、邹旭光《刘知幾文史关系论指要》(《南京社会科学》2000 年第 6 期)、周征硕士学位论文《刘知幾〈史通〉叙事理论研究》(山东大学，2006 年)、吕海龙《“文史分合”轨迹述论——兼评萧统、刘知幾文史观》(《上海大学学报 (社会科学版)》2011 年第 3 期)、吕海龙博士学位论文《〈史通〉与刘知幾文史观研究》(上海大学，2011 年)、吕海龙《论刘知幾的圆融文史观——兼论其对韩愈、柳宗元等古文家的影响》(《文艺评论》2012 年第 4 期)、陈千里硕士学位论文《〈史通〉的文学研究》(东北师范大学，2015 年) 等，都对刘知幾的文史观进行了论述，指出刘知幾认为文与史经历了从“文之将史，其流一焉”到“文之与史，较然异辙”的变化。但论及刘知幾对文、史关系的处理时，一些学者就显示出研究视角的局限性。如张玉璞指出：刘知幾认为之所以会出现以文为史、文风华靡的现象，是由于文、史分途。挽救的方法只有一个，就是重新提倡、推崇汉以前的文史合一。这种认识，与刘知幾的主张相去甚远。邹旭光着重阐述了刘知幾“文之将史，其流一焉”观，对刘知幾主张的“文之与史，较然异辙”观点未能涉及。

奉庭训，早游文学”[①]，但对史学却情有独钟。他曾说：“仆幼闻《诗》、《礼》，长涉艺文，至于史传之言，尤所耽悦。”[②]他曾试图效法孔子删定六经刊正群史。“其于史传也，尝欲自班、马已降，讫于姚、李、令狐、颜、孔诸书，莫不因其旧义，普加厘革。”所撰《史通》虽“余波所及，上穷王道，下掞人伦，总括万殊，包吞千有”，却是“以史为主”[③]，旨在辨史学之宗旨与流别。“若《史通》之为书也，盖伤当时载笔之士，其义不纯。思欲辨其指归，殚其体统。”[④]因此，刘知幾的叙事理论虽与文学有关，但正如文学理论家郭绍虞所言，《史通》不同于刘勰《文心雕龙》，所论只指史籍的文词。[⑤]故而，从史学方面探讨刘知幾的文史观，将有助于我们更深刻地理解其叙事理论。[⑥]

一、有关文史关系演变的考察与文史边界的认识

逯耀东论及魏晋时期史学脱离经学独立之后的发展时，曾指出：“在史学脱离经学独立转变过程中，又和当时脱离经学并已蓬勃发展的文学结合，形成文史的合流。所以，刘勰认为史学也是文学写作形式的一种，因而于《文心雕龙》立《史传》篇。文史合流至萧统编《文选》，才作了新的划分。《文选序》说明选择文学作品的条件，将记事之书的史学著作摒于《文选》之外，却选择了表现作者个人意识，与文学作品性质相近的史书论赞，划清了文学与史学的界限。”[⑦]在这里，他将《文心雕龙·史传》《文选序》分别作为史学脱离经学后与文学合流、分途的标志。萧统在《文选》序中阐述了其选文的标准以及将经、史、子之文摒弃于《文选》之外的原因。论及史著时，他

①（唐）刘知幾撰，（清）浦起龙释：《史通通释》卷10《自叙》，上册，第288页。
②（唐）刘知幾撰，（清）浦起龙释：《史通通释》卷20《忤时》，下册，第589页。
③（唐）刘知幾撰，（清）浦起龙释：《史通通释》卷10《自叙》，上册，第292页。
④（唐）刘知幾撰，（清）浦起龙释：《史通通释》卷10《自叙》，上册，第291页。
⑤ 郭绍虞：《中国文学批评史》，北京：商务印书馆，2010年，第120页。
⑥ 许凌云《刘知幾评传》（南京：南京大学出版社，1994年）从文辞与史文的角度讨论刘知幾之文史之辨。应该指出的是，刘知幾所说的从先秦到魏晋，文史经历了“其流一焉”到“较然异辙”的变化，不仅仅是指文辞与史文，应包括文学与史学。正如萧统从文学特性出发，要将史学从文学中摒弃出去一样，刘知幾从史学品格出发，要将文学从史学中排挤出去，所以他要辨文士之文与史家之文、文士与史才之异。文论研究者将文史之辨理解为文学、史学之辨较符合刘知幾之意。
⑦ 逯耀东：《魏晋史学的思想与社会基础》，第219页。

指出："至于记事之史，击（系）年之书，所以褒贬是非，纪别异同，方之篇翰，亦已不同。若其赞论之综缉辞采，序述之错比文华，事出于深（沉）思，义归乎翰藻，故与夫篇什，杂而集之。"①这是从文学的角度要求将缺乏文采、旨在"褒贬是非，纪别异同"的史书予以刊落，仅收录具有文学特色的序、论赞。这表明萧梁时期文学家对文史分途已具有自觉意识。文史分途反映在学术分科中则是宋文帝元嘉十五年（438 年）儒、玄、文、史四科的设立，表现在图书分类上则是史部的形成。对于文史分途，胡宝国指出："文史分离与经史分离不同。在经史分离中，史学是主动的，它是伴随着今文经学的衰落而走向独立。在文史分离的南朝，文学正处于高涨阶段，史学处于被动的地位，当时并不是由于对史学的本质有了更多的认识而将文史分开，实际的情况正像前引萧统《文选》序中所说的那样，人们是因为越来越认识到文学的特性，所以才逐渐把'史'从'文'中排斥出去。换言之，是文学的进一步独立迫使史学不得不随之独立。"②正因为如此，魏晋南北朝时期的史学深受文学的影响，"史臣撰录，亦同彼文章"③，史家对文史分途缺乏自觉意识。与此相关联的是，文人修史成为普遍现象，当时著名的文学家，如萧绎、江淹、徐陵、庾信、温子昇等都从事过历史撰述。

从史学方面来看，刘知幾是较早地对文史关系进行反思并要求厘清史学与文学界限的史家。他认为从先秦到魏晋南北朝，文、史经历了"文之将史，其流一焉"到"文之与史，较然异辙"的变化。他指出："夫观乎人文，以化成天下；观乎国风，以察兴亡。是知文之为用，远矣大矣。若乃宣、僖善政，其美载于周诗；怀、襄不道，其恶存乎楚赋。读者不以吉甫、奚斯为谄，屈平、宋玉为谤者，何也？盖不虚美，不隐恶故也。是则文之将史，其流一焉，固可以方驾南、董，俱称良直者矣。"④这是说，像吉甫、奚斯称赞周宣王、鲁僖公善政那样的赞美诗，屈原、宋玉讥刺楚怀王、襄王不道之楚辞，因其不虚美、不隐恶，故而与史著无别，其作者也能与良史董狐、南史媲美，此时文、史一流。但自汉代开始，文风转变，辞赋趋向虚矫。"爰洎中叶，文体

---

①（南朝梁）萧统选，（唐）李善注：《昭明文选·序》，第 4 页。

② 胡宝国：《汉唐间史学的发展》，第 71 页。

③（唐）刘知幾撰，（清）浦起龙释：《史通通释》卷 6《叙事》，上册，第 178 页。

④（唐）刘知幾撰，（清）浦起龙释：《史通通释》卷 5《载文》，上册，第 123 页。

大变，树理者多以诡妄为本，饰辞者务以淫丽为宗。”[①]魏晋南北朝时期，文学更流于绮靡。陆机《文赋》论及文体时指出：“诗缘情而绮靡，赋体物而浏亮；碑披文以相质，诔缠绵而悽怆；铭博约而温润，箴顿挫而清壮；颂优游以彬蔚，论精微而朗畅；奏平徹以闲雅，说炜晔而谲诳。”[②]在刘知幾看来，这种讲求词采、声律、性情之文与“其理谠而切，其文简而要，足以惩恶劝善，观风察俗”[③]之史已分道扬镳。“昔尼父有言：‘文胜质则史。’盖史者当时之文也，然朴散淳销，时移世异，文之与史，较然异辙。”[④]基于这种认识，刘知幾要求将文学从史学中摒弃出去，并划清文、史界限。论及沈约《宋书·谢灵运传论》时，他指出：“沈侯《谢灵运传论》，全说文体，备言音律，此正可为《翰林》之补亡，《流别》之总说耳。如次诸史传，实为乖越。陆士衡有云：‘离之则双美，合之则两伤’，信矣哉！”[⑤]这里所说的“离之则双美，合之则两伤”，出自陆机《文赋》。陆机论及文学作品的剪裁时曾指出：“或仰逼于先条，或俯侵于后章；或辞害而理比，或言顺而义妨。离之则双美，合之则两伤。考殿最于锱铢，定去留于毫芒。苟铨衡之所裁，固应绳其必当。”[⑥]这是说，在文学创作中，相互妨碍的文辞应分开，以辞害义者或理不胜辞者应分离，或去其所害之辞，另撰文辞述其理，或去其所害之义，另取义以全其辞。这样，文辞与文辞之间、文辞与义理之间双美，否则两伤。因此，须慎重对待文章的写作，绝不能掉以轻心。在刘知幾看来，《谢灵运传论》讨论的是文学理论，与史学无涉，纳入史传之中，不合体统，而将其置于《翰林》《流别》等文论之列，适得其所。因此，他借用陆机论文辞之言，说明文与史各有其特点，亦各有其适用范围，二者并行不悖却不能互相混淆，分离有利于各自的健康发展，合在一起则对二者都会造成损害，即“离之则双美，合之则两伤”。在此，刘知幾实际上是指出了文史分途后应如何对待二者的关系。值得注意的是，被刘知幾摒弃于史书之外的《谢灵运传论》，萧统则将其收入《文选》“史论”类中。在萧统看来，《谢灵运传论》“综缉辞采”“错比文华”，“事出于深（沉）思，义归乎翰藻”，不同于“褒贬是非，纪别异同”

① （唐）刘知幾撰，（清）浦起龙释：《史通通释》卷 5《载文》，上册，第 123 页。
② 张怀谨：《文赋译注》，北京：北京出版社，1984 年，第 29 页。
③ （唐）刘知幾撰，（清）浦起龙释：《史通通释》卷 5《载文》，上册，第 124 页。
④ （唐）刘知幾撰，（清）浦起龙释：《史通通释》卷 9《核才》，上册，第 250 页。
⑤ （唐）刘知幾撰，（清）浦起龙释：《史通通释》卷 18《杂说下》，下册，第 507—508 页。
⑥ 张怀谨：《文赋译注》，第 34 页。

之记事之史、系年之书，“故与夫篇什”。[①]刘知幾因《谢灵运传论》的文学性将其排除于史书之外，而萧统则恰因其具有文学性而将其录入《文选》之中。尽管他们对待《谢灵运传论》的态度不同，但都认为其属于文学范围，应该与史学分离。

刘知幾要求文史分离，主要是针对魏晋以来史学受文学影响，偏离了史家著史正道这种状况而言的。刘知幾认为，魏晋时期文史已经分途，但史学对此缺乏自觉的意识，步趋于文学之后。“史道陵夷，作者芜音累句，云蒸泉涌。其为文也，大抵编字不只，捶句皆双，修短取均，奇偶相配。故应以一言蔽之者，辄足为二言；应以三句成文者，必分为四句。弥漫重沓，不知所裁。”[②]而盛于梁朝的骈体文亦为史家所效仿。“自梁室云季，雕虫道长。平头上尾，尤忌于时；对语俪辞，盛行于俗。始自江外，被于洛中。而史之载言，亦同于此。”[③]结果是，“其立言也，或虚加练饰，轻事雕彩；或体兼赋颂，词类俳优。文非文，史非史，譬夫乌孙造室，杂以汉仪，而刻鹄不成，反类于鹜者也”[④]。这说明，文史不分严重影响了史学的品格。同时，从文学的角度看这种“文非文”之作，对文学也是一种伤害。

要对文史进行分离，确定二者的边界是其前提。萧统、刘知幾分别从文学、史学各自的特征出发来确立文史界限，将其进行分离。如前所述，萧统以是否具有文学特性，即“综缉辞采”“错比文华”作为区分文史的分界线，刘知幾则以能否做到“不虚美、不隐恶”作为二者的边界。刘知幾是从文学创作进入史学领域，由文士转为史家的。他曾说：“余初好文笔，颇获誉于当时。晚谈史传，遂减价于知己。”[⑤]《旧唐书·刘子玄传》记载：“少与兄知柔俱以词学知名。”[⑥]这表明他文学方面的造诣很深。只因喜爱史学，且“耻以文士得名，期以述者自命”[⑦]，才弃文从史。因此，他对文学、史学各自的特征与差异有深刻的了解和认识。在刘知幾看来，史家撰述必须遵守文直事核、不虚美、不隐恶这一实录原则。先秦的文学作品之所以与史学“其流

① (南朝梁) 萧统选，(唐) 李善注：《昭明文选·序》，第 4 页。
② (唐) 刘知幾撰，(清) 浦起龙释：《史通通释》卷 6《叙事》，上册，第 174 页。
③ (唐) 刘知幾撰，(清) 浦起龙释：《史通通释》卷 18《杂说下》，下册，第 512 页。
④ (唐) 刘知幾撰，(清) 浦起龙释：《史通通释》卷 6《叙事》，上册，第 180 页。
⑤ (唐) 刘知幾撰，(清) 浦起龙释：《史通通释》卷 10《自叙》，上册，第 293 页。
⑥《旧唐书》卷 102《刘子玄传》，第 3168 页。
⑦ (唐) 刘知幾撰，(清) 浦起龙释：《史通通释》卷 10《自叙》，上册，第 292 页。

一焉”，是因为无论是歌颂善政，还是抨击邪恶，都能不虚美、不隐恶。有学者认为，刘知幾文史一流观，主要着眼于文学与史学的功用一致。这只是问题的一个方面，更重要的是，他是从史学的特性来考察文学作品的，认为先秦的文学作品与史学著作一样为不虚美、不隐恶之实录，故而“文之将史，其流一焉”。他批评《史记》《汉书》《后汉书》等载入汉代的辞赋，是因为这些汉赋“喻过其体，词没其义，繁华而失实，流宕而忘返，无裨劝奖，有长奸诈”[①]。不难看出，刘知幾反对汉赋入史的根本原因，是因其有损于史学之实录品格，难以做到惩恶劝善。至于晋以来之文章，刘知幾认为：“其失有五：一曰虚设，二曰厚颜，三曰假手，四曰自戾，五曰一概。”[②]所谓虚设是指徒有其文、竟无其事，如禅书、让表之类；厚颜指诰誓移檄之文饰辞矫说；假手是指由文人代笔的诏敕之文，言行相悖；自戾指所言自相矛盾；一概是指不论所述对象，其说不殊。“于是考兹五失，以寻文义，虽事皆形似，而言必凭虚。”[③]这样的文章，在刘知幾看来是虚假的，如同凿冰为璧，画地为饼。“是以行之于世，则上下相蒙；传之于后，则示人不信。”若载入史书之中，必定损害其真实性。因此，他批评撰史者不知鉴别，多载此类凭虚之文，将史著变成了文集。“而世之作者，恒不之察，聚彼虚说，编而次之，创自起居，成于国史，连章疏录，一字无废，非复史书，更成文集。”[④]不难看出，刘知幾批评史家将“五失”之文载入史著，是因为其与“不虚美、不隐恶”之实录原则相悖，直将史学变成了文学。对于与史“一流焉”的文章，刘知幾并不反对载录。王劭《齐》、《隋》二史所取之文章，“文皆诣实，理多可信，至于悠悠饰词，皆不之取”，刘知幾称赞道：“此实得去邪从正之理，捐华摭实之义也。”[⑤]因此，他提出史书载文应“拨浮华，采贞实”[⑥]。如韦孟《讽谏》之诗、赵壹《嫉邪》之赋、贾谊《过秦论》之篇、班彪《王命论》、张华《女史箴》、诸葛亮《出师表》，以及刘向、谷永之上疏，晁错、李固之对策，山涛之启事等，皆“言成轨则，为世龟镜”，载入史书，“则其文可与三代同风，其事可与《五

---

①（唐）刘知幾撰，（清）浦起龙释：《史通通释》卷5《载文》，上册，第124页。
②（唐）刘知幾撰，（清）浦起龙释：《史通通释》卷5《载文》，上册，第124页。
③（唐）刘知幾撰，（清）浦起龙释：《史通通释》卷5《载文》，上册，第126页。
④（唐）刘知幾撰，（清）浦起龙释：《史通通释》卷5《载文》，上册，第126页。
⑤（唐）刘知幾撰，（清）浦起龙释：《史通通释》卷5《载文》，上册，第126页。
⑥（唐）刘知幾撰，（清）浦起龙释：《史通通释》卷5《载文》，上册，第127页。

经》齐列”。[①]可见，刘知幾区分文史，不是从体裁着眼，而是以其是否能真实反映历史实际为标准。

二、关于文史分途后的史家之文

刘知幾认为文史分途之后，史学应该与文学分离，“离之则双美，合之则两伤”。然而，他也深知历史撰述离不开文辞的运用，所谓“史之为务，必藉于文”，同时也需要对史文进行修饰，因为“言之无文，行之不远”。他指出：“夫饰言者为文，编文者为句，句积而章立，章积而篇成。篇目既分，而一家之言备矣。古者行人出境，以词令为宗；大夫应对，以言文为主。况乎列以章句，刊之竹帛，安可不励精雕饰，传诸讽诵者哉？”[②]刘知幾一方面要求彻底分离文史，另一方面又主张对史文进行修饰，这种似乎矛盾的认识，引起了一些学者尤其是文论研究者对刘知幾文史观的误解。吕海龙指出：“既想分清文史，又割不断它们的联系，刘知幾遇到的是一个人类至今尚未妥善解决的问题，也许竟是一个永恒的悖论和难题。面对纷繁复杂的文本和著作，刘知幾从实际出发，还是作出了明智而具有历史性的贡献。他在《史通》中特设《杂述》篇，对纪传、编年二体以外的史述性著作，进行了分类和定性分析。刘知幾在这里醒目地提出了‘偏记小说’的概念，并认为它们‘自成一家’，而且‘能与正史参行’。”“他坚持‘文史之分’，但又不能无视许多著作的性质‘文史难分’的客观现象。于是《史通・杂述》篇便不得不对众多亦文亦史的著作，做出评判和阐释。刘知幾的可取之处是承认现状，实事求是。他把众多亦文亦史的著作，即所谓‘偏记小说’分门别类，根据不同内容，给予不同评价，指出它们各有用途，有的可以补史之阙，有的可以增广见闻，有的可以光耀乡贤、美化邦族，即使最不济的街谈巷议、神仙杂说，也可以起到娱己悦人，乃至惩恶劝善的作用。这就使这些亦文亦史的作品取得了存在的某种合法性。”“刘知幾并没有放弃或模糊他的史家立场，只是能够面对文史难分的局面，既坚持‘分清’，又不过于偏激绝对罢了。”[③]他论

① （唐）刘知幾撰，（清）浦起龙释：《史通通释》卷5《载文》，上册，第127页。

② （唐）刘知幾撰，（清）浦起龙释：《史通通释》卷6《叙事》，上册，第173页。

③ 吕海龙：《“文史分合”轨迹述论——兼评萧统、刘知幾文史观》，《上海大学学报（社会科学版）》2011年第3期，第98—99页。

及刘知幾表彰《左传》叙事而批评《公羊传》《穀梁传》的叙事时则说，刘知幾甚至把文学性强弱作为判断史学著作优劣高低的标准之一。[①]“刘知幾从文学的角度来欣赏史书，甚至用文学的尺度来衡量史书。”[②]还有学者指出：“刘知幾认为，之所以会出现以文为史、文风华靡的现象，是由于文、史的分途。挽救的方法只有一个，就是要重新提倡、推崇汉以前的文史合一。”刘知幾一方面用“文”的眼光来论史，另一方面又以“史”的眼光来论文。“这就是史学家刘知幾所理想的‘文史合一’观：‘文’须以‘史’为体，‘史’须以‘文’为用，即以‘文’的形式表现‘史’的内容，二者相辅而成，相得而彰，事信言文的良史便是为文的极致。”“刘知幾的‘文史合一’观，虽有其认识上的错误，他没有把使用艺术概括的文学创作与修史加以本质的区别，失之片面性，但对革除六朝浮华文风对唐初文坛特别是史传文的影响，仍不失为一种切实可行的方法。”[③]张三夕则说：“刘知幾一方面号召文史分家，重史轻文，另一方面又习惯于以文论史，把文体与文风作为史学批评的主要内容之一，实际上使文史混淆不清。”[④]其实，刘知幾解决文史分途后不良文风对史学的影响所采取的方法，既不是在史籍分类中设“杂述”以处理亦文亦史的作品，也不是以文衡史，更不是提倡回到汉代以前文史合一的状态，而是通过对文士之文与史家之文的辨析，使文学、史学各行其道，两全其美，避免出现文非文、史非史的现象。这并不是说史学不能或不必讲求文采，而是说史家之文采不同于文家之文采，其必以真实地反映历史实际为前提。郭绍虞曾指出，史家论文之宗旨，一是求其信实，极笔墨之力，定善恶之实也；二是求其应用。[⑤]这种认识较为符合刘知幾的原意。

魏晋以来，在文学的影响下，史学形成了以文衡史的风气。如撰有《宋略》的裴子野“为文典而速，不尚丽靡之词”[⑥]，萧纲在《与湘东王书》中讥笑其文采不足：“裴氏乃是良史之才，了无篇什之美。”[⑦]王隐锐意撰晋史，

---

① 吕海龙：《“文史分合”轨迹述论——兼评萧统、刘知幾文史观》，《上海大学学报（社会科学版）》2011年第3期，第98页。

② 吕海龙：《论刘知幾的圆融文史观——兼论其对韩愈、柳宗元等古文家的影响》，《文艺评论》2012年第4期，第92页。

③ 张玉璞：《刘知幾文史观简论》，《江西社会科学》1993年第12期，第115页。

④ 张三夕：《批判史学的批判——刘知幾及其史通研究》，北京：文津出版社，1992年，第149页。

⑤ 郭绍虞：《中国文学批评史》，第121页。

⑥《梁书》卷30《裴子野传》，第443页。

⑦《梁书》卷49《庾于陵传》，第691页。

被讥刺为“虽好著述，而文辞鄙拙，芜舛不伦”[①]。刘知幾对这种风气持批评态度，如刘祥《宋书·序录》评论诸家晋史时，指责何法盛、王隐、徐广所撰之书未能做到文采飞扬：“法盛《中兴》，荒庄少气，王隐、徐广，沦溺罕华。”[②]刘知幾斥之为鉴识不明：“以此诋诃，知其妄施弹射矣。”[③]由此，他对史家之文与文人之文进行辨析：“夫史之叙事也，当辩而不华，质而不俚，其文直，其事核，若斯而已可也。必令同文举之含异，等公幹之有逸，如子云之含章，类长卿之飞藻，此乃绮扬绣合，雕章缛彩，欲称实录，其可得乎？”[④]这里所说的“辩而不华，质而不俚，其文直，其事核”，是沿用刘向、扬雄、班固等赞美司马迁《史记》善叙事之词。《汉书·司马迁传》记载：“刘向、扬雄博极群书，皆称迁有良史之材，服其善序事理，辨而不华，质而不俚，其文直，其事核，不虚美，不隐恶，故谓之实录。”[⑤]所谓“辩而不华，质而不俚”是指长于说理但不浮华、质朴而不浅俗。文直事核则是指“辩而不华，质而不俚”之历史著作文风端正、真实可信。刘知幾认为这是史家叙事应取法之文。至于含异、有逸、含章、飞藻之“绮扬绣合，雕章缛彩”之文，乃是文士之文，不适用于撰史。刘知幾指出：“以徐公文体，而施诸史传，亦犹灞上儿戏，异乎真将军。”[⑥]这里的“徐公”指的是南朝著名的文学家徐陵，“徐公文体”代表文人之文。若以此撰史，必定损害史书的真实性。“夫言并文章，句结音韵。以兹叙事，足验凭虚。”[⑦]因此，刘知幾要求史家叙事应摒弃那种“喻过其体，词没其义，繁华而失实，流宕而忘返，无裨劝奖，有长奸诈”[⑧]的文士文风。这样，刘知幾通过区分文士之文、史家之文，确立了史家叙事之文，从而将史学与文学分离了。

学者对刘知幾的误解，应是基于这样一种预设：要将文史分离，就必须摒弃或削弱历史叙事的文学性，杜绝修饰史文。故而当看到刘知幾重视史文

①《晋书》卷82《王隐传》，第2143页。
②（唐）刘知幾撰，（清）浦起龙释：《史通通释》卷7《鉴识》，上册，第205页。
③（唐）刘知幾撰，（清）浦起龙释：《史通通释》卷7《鉴识》，上册，第205页。
④（唐）刘知幾撰，（清）浦起龙释：《史通通释》卷7《鉴识》，上册，第205页。
⑤《汉书》卷62《司马迁传》，第2738页。
⑥（唐）刘知幾撰，（清）浦起龙释：《史通通释》卷9《核才》，上册，第250页。
⑦（唐）刘知幾撰，（清）浦起龙释：《史通通释》卷18《杂说下》，下册，第521页。
⑧（唐）刘知幾撰，（清）浦起龙释：《史通通释》卷5《载文》，上册，第124页。

修饰时，或以为其重新提倡文史合一，或以为其以文学性作为衡评史书的标准之一。刘知幾曾指出：“史者固当以好善为主，嫉恶为次。若司马迁、班叔皮，史之好善者也；晋董狐、齐南史，史之嫉恶者也。必兼此二者，而重之以文饰，其唯左丘明乎！”[①]《左传》被他视为史学叙事的楷模，既能惩恶劝善，又具有文采。对于《左传》的文采，刘知幾极为推崇：“《左氏》之叙事也，述行师则簿领盈视，哤聒沸腾，论备火则区分在目，修饰峻整；言胜捷则收获都尽，记奔败则披靡横前；申盟誓则慷慨有余，称谲诈则欺诬可见；谈恩惠则煦如春日，纪严切则凛若秋霜；叙兴邦则滋味无量，陈亡国则凄凉可悯。或腴辞润简牍，或美句入咏歌，跌宕而不群，纵横而自得。若斯才者，殆将工侔造化，思涉鬼神，著述罕闻，古今卓绝。”[②]可以看出，刘知幾并不反对对史文进行修饰，而是反对违背史学实录原则的妄加修饰。因此，他批评牛弘《周史》“夫以记宇文之言，而动遵经典，多依《史》、《汉》，此何异庄子述鲋鱼之对而辩类苏、张，贾生叙鹏鸟之辞而文同屈、宋，施于寓言则可，求诸实录则否矣”[③]。至如“假托古词，翻易今语”“持彼往事，用为今说”等，他认为“置于文章则可，施于简册则否矣”。[④]也就是说，文学的修辞并不适合历史叙事。故而，刘知幾讲求历史叙事之美是以真实地反映历史实际为前提的。

三、剖析文人修史之弊

魏晋以来，以文衡史成为风气，与此相关联的是文人修史成为普遍现象，并延续到唐初设史官修史。刘知幾指出：“自世重文藻，词宗丽淫，于是沮诵失路，灵均当轴。每西省虚职，东观伫才，凡所拜授，必推文士。”[⑤]而文人修史必定抛弃史学宗旨，惟炫耀文采是务。如“大唐修《晋书》，作者皆当代

① （唐）刘知幾撰，（清）浦起龙释：《史通通释》卷18《杂说下》，下册，第528页。
② （唐）刘知幾撰，（清）浦起龙释：《史通通释》卷16《杂说上》，下册，第451页。
③ （唐）刘知幾撰，（清）浦起龙释：《史通通释》卷18《杂说下》，下册，第510—511页。
④ （唐）刘知幾撰，（清）浦起龙释：《史通通释》卷6《叙事》，上册，第178页。
⑤ （唐）刘知幾撰，（清）浦起龙释：《史通通释》卷9《核才》，上册，第250—251页。

词人，远弃史、班，近宗徐、庾”[①]。因此，在区分史家之文与文士之文的同时，刘知幾对文士与史才进行了辨析，试图杜绝文士修史，从根源上将文学与史学分离。刘知幾不但从文入史，而且三为史臣，再入东观。学者认为刘知幾反对文人修史，主要是针对唐初史馆修史的现实而言的。这的确是刘知幾反对文人修史的一个重要原因。他在《史通·核才》中曾气愤地指出，因史馆中文士当道，真正的史才反而被遗弃。“假令其间有术同彪、峤，才若班、荀，怀独见之明，负不刊之业，而皆取窘于流俗，见嗤于朋党。遂乃哺糟歠醨，俯同妄作，披褐怀玉，无由自陈。此管仲所谓‘用君子而以小人参之，害霸之道’者也。”[②]但他反对文士修史最根本的原因，则是他们不知“史书之大体，载削之指归”[③]，即不懂史学。刘知幾论及《史通》撰述旨趣时指出：“若《史通》之为书也，盖伤当时载笔之士，其义不纯。思欲辨其指归，殚其体统。”[④]许凌云认为所谓“‘辨其指归’，就是明确修史目的，主要是劝善惩恶。‘殚其体统’，是严格检验史书的体例”[⑤]。乔治忠指出：“史之指归，即著史的宗旨、目的，《史通》各篇，反复倡言史书应以劝善惩恶为务，强调必当直书实录，亦即所谓的‘辨其指归’。而‘体统’一语，乃指史书体例上的裁制与史文风格、编写手法、语义、称谓等在全书的统摄划一，即清代学者汪之昌所指出的：‘体言乎体裁，统言乎统摄。’史书的‘指归’和‘体统’的问题，也正是《史通》全书论述的主要内容。”[⑥]从学者的有关论述中可以看出，所谓“史书之大体”应是指史书之体裁、体例与文字表述，而“载削之指归”则是指直书实录、劝善惩恶之撰述旨趣。如史书之序、论赞，刘知幾认为“夫论者所以辩疑惑，释凝滞。若愚智共了，固无俟商榷”[⑦]。“史之有论也，盖欲事无重出，文省可知。”[⑧]但魏晋以来文士所撰史书之论，以夸耀文采为务。“其有本无疑事，辄设论以裁之，此皆私徇笔端，苟炫文彩，嘉辞美句，寄诸简册”[⑨]，“自兹以降，流宕忘返，大抵皆华多于实，理少于文，鼓其雄辞，夸其俪事”。

① (唐) 刘知幾撰，(清) 浦起龙释：《史通通释》卷4《论赞》，上册，第82页。
② (唐) 刘知幾撰，(清) 浦起龙释：《史通通释》卷9《核才》，上册，第251页。
③ (唐) 刘知幾撰，(清) 浦起龙释：《史通通释》卷4《论赞》，上册，第82页。
④ (唐) 刘知幾撰，(清) 浦起龙释：《史通通释》卷10《自叙》，上册，第291页。
⑤ 许凌云：《刘知幾评传》，南京：南京大学出版社，1994年，第166—167页。
⑥ 乔治忠：《中国官方史学与私家史学》，第375页。
⑦ (唐) 刘知幾撰，(清) 浦起龙释：《史通通释》卷4《论赞》，上册，第81页。
⑧ (唐) 刘知幾撰，(清) 浦起龙释：《史通通释》卷4《论赞》，上册，第82页。
⑨ (唐) 刘知幾撰，(清) 浦起龙释：《史通通释》卷4《论赞》，上册，第81—82页。

“及后来赞语之作，多录纪传之言，其有所异，唯加文饰而已。”[①]刘知幾认为这样的史论有损史著的特性与尊严。“夫以饰彼轻薄之句，而编为史籍之文，无异加粉黛于壮夫，服绮纨于高士者矣。”[②]至于序，刘知幾认为：“序者，所以叙作者之意也。”然而，“爰洎范晔，始革其流，遗弃史才，矜炫文彩。后来所作，他皆若斯。于是迁、固之道忽诸，微婉之风替矣”[③]。这表明撰史者既不明史书之大体，也不知编纂史书之宗旨，“岂知史书之大体，载削之指归者哉？”[④]所以，他认为文士所撰之史难以称得上是史学著作。“历观古之作者，若蔡邕、刘峻、徐陵、刘炫之徒，各自谓长于著书，达于史体，然观侏儒一节，而他事可知。案伯喈于朔方上书，谓宜广班氏《天文志》。夫《天文》之于《汉史》，实附赘之尤甚者也。必欲申以掎摭，但当锄而去之，安可仍其过失，而益其芜累？亦奚异观河倾之患，而不遏以堤防，方欲疏而导之，用速怀襄之害。述史如此，将非练达者欤？孝标持论谈理，诚为绝伦。而《自叙》一篇，过为烦碎；《山栖》一志，直论文章。谅难以偶迹迁、固，比肩陈、范者也。孝穆在齐，有志梁史，及还江左，书竟不成。嗟乎！以徐公文体，而施诸史传，亦犹灞上儿戏，异乎真将军，幸而量力不为，可谓自卜者审矣。光伯以洪儒硕学，而迍邅不遇。观其锐情自叙，欲以垂示将来，而言皆浅俗，理无要害。岂所谓‘诵《诗》三百，虽多，亦奚以为’者乎！”[⑤]这里提到的蔡邕、刘孝标、徐陵、刘炫都是以文名者，刘知幾认为蔡邕建议续作《汉书·天文志》，表明其不明史体，因为《天文志》对《汉书》来说实为“附赘之尤甚者”，本应去掉，怎能增其芜累；刘孝标善于持论析理，但从其所著《自叙》《山栖志》来看，难与司马迁、班固、陈寿、范晔等史家相提并论；徐陵有志于著梁史，幸而未成，否则以轻薄的“徐公文体”撰述，不伦不类；刘炫所著则“言皆浅俗，理无要害”。刘知幾对这些人士的评价是否恰当暂且不论，但认为他们不知“史书之大体，载削之指归”，则是无疑义的。

通过对文人修史的考察，刘知幾认为文史分途之后，文士、史才也已分道扬镳，能文者未必擅长于史，撰史者也不一定善于为文，兼而有之者凤毛麟角。“故以张衡之文，而不闲于史；以陈寿之史，而不习于文。其有赋述《两

---

①（唐）刘知幾撰，（清）浦起龙释：《史通通释》卷4《论赞》，上册，第82—83页。
②（唐）刘知幾撰，（清）浦起龙释：《史通通释》卷4《论赞》，上册，第82页。
③（唐）刘知幾撰，（清）浦起龙释：《史通通释》卷4《序例》，上册，第87页。
④（唐）刘知幾撰，（清）浦起龙释：《史通通释》卷4《论赞》，上册，第82页。
⑤（唐）刘知幾撰，（清）浦起龙释：《史通通释》卷9《核才》，上册，第249—250页。

都》，诗裁《八咏》，而能编次汉册，勒成宋典。若斯人者，其流几何？”①而文人则根本不懂史学，所撰之史必以“诡妄为本”“淫丽为宗”，直将史著变成文学作品。“是以略观近代，有齿迹文章而兼修史传。其为式也，罗含、谢客宛为歌颂之文，萧绎、江淹直成铭赞之序，温子昇尤工复语，卢思道雅好丽词，江总猖獗以沈（沉）迷，庾信轻薄而流宕。此其大较也。”②通过对萧绎、江淹等文人撰史活动的考察，刘知幾断定文士缺乏史才，没有撰写国史的能力。“然向之数子所撰者，盖不过偏记杂说，小卷短书而已，犹且乖滥踳驳，一至于斯。而况责之以刊勒一家，弥纶一代，使其始末圆备，表里无咎，盖亦难矣。”③因此，若以文士修史，则必定以文害史。“以元瑜、孔璋之才，而处丘明、子长之任。文之与史，何相乱之甚乎？”④元瑜、孔璋是汉魏著名文学家阮瑀、陈琳的字。在此，刘知幾以其代表文士，认为以文士担任史职，必定引起文史混乱。至于史才，刘知幾认为必须具备才、学、识三长。郑惟忠曾问刘知幾自古以来为何文士多而史家少，刘知幾回答道：“史才须有三长，谓才也，学也，识也。”⑤所谓“学”是指丰富的历史知识，“才”是指搜集史料、分析运用史料以及撰写历史著作的能力，“识”指见微知著的洞察能力。刘知幾认为不具备三长之人难以胜任史职，“苟非其才，则不可叨居史任”⑥。所以他反对文士修史。不难看出，刘知幾反对文人修史，是釜底抽薪之举，即从历史撰述的源头上将文与史进行分离。

综上所述，刘知幾不但主张文史分离，而且通过对史家之文与文士之文、史才与文士的辨析，指明了文史分离的途径与方法，反映出文史分途之后史家自觉的史学意识。

①（唐）刘知幾撰，（清）浦起龙释：《史通通释》卷9《核才》，上册，第250页。
②（唐）刘知幾撰，（清）浦起龙释：《史通通释》卷9《核才》，上册，第250页。
③（唐）刘知幾撰，（清）浦起龙释：《史通通释》卷9《核才》，上册，第250页。
④（唐）刘知幾撰，（清）浦起龙释：《史通通释》卷18《杂说下》，下册，第529页。
⑤（宋）王溥撰：《唐会要》卷63《史馆上》，中册，第1101页。
⑥（唐）刘知幾撰，（清）浦起龙释：《史通通释》卷9《核才》，上册，第249页。

第七章　试论章学诚申郑抑马之旨趣

一、学者有关郑樵、马端临的评价

《通志》是南宋史学家郑樵所撰写的一部纪传体通史，叙述了自远古至隋代的历史，其二十略记载典制与文化。《文献通考》则是继唐代史家杜佑《通典》之后又一部典章制度通史，由元代史学家马端临所纂。学者常将《通典》《通志》《文献通考》这三部史书并称为“三通”。然而对于郑樵《通志》与马端临《文献通考》，学界历来有一种褒马而抑郑的倾向。就《通志》而言，学者多指责其疏略。如《宋史·郑樵传》指出：“樵好为考证伦类之学，成书虽多，大抵博学而寡要。”[①]《四库全书总目提要》认为《通志》“其纪传删录诸史，稍有移掇，大抵因仍旧目，为例不纯。其年谱仿《史记》诸表之例，惟间以大封拜，大政事错书其中，或繁或漏，亦复多岐，均非其注意所在。其平生之精力，全帙之菁华，惟在二十略而已”。而《二十略》亦多疏漏。“盖宋人以义理相高，于考证之学，罕能留意。樵恃其该洽，睥睨一世，谅无人起而难之。故高视阔步，不复详检。遂不能一一精密，致后人多所讥弹也。”[②]戴震则痛斥郑樵学无根底，在《续天文略序》中指出，《通志·天文略》录《步天歌》及注文，因袭《晋书》《隋书》的有关记载而不予以考辨，多错讹。“盖天文一事，樵所不知，而欲成全书，固不可阙而不载，是以徒袭旧史，未能择之精、语之详也。”[③]在《与是仲明论学书》中，戴震将郑樵作为淹博而未精审的典型。而其在杭州与吴颖芳讨论学术时，则“痛诋郑君《通志》，其言绝可怪笑”[④]。与对《通志》的评价形成鲜明对照的是，学者多推崇《文献通考》详备。如《四库全书总目提要》指出，《文献通考》“虽稍逊《通典》

---

①《宋史》卷436《儒林传文·郑樵》，北京：中华书局，1977年，第12944页。

②（清）永瑢、纪昀主编，四库全书总目提要编委会整理：《四库全书总目提要》，海口：海南出版社，1999年，第285—286页。

③（清）戴震撰，汤志钧校点：《戴震集》上编·文集5《续天文略序》，上海：上海古籍出版社，1980年，第127页。

④（清）章学诚著，叶瑛校注：《文史通义校注》卷5·内篇5《答客问上》，上册，第470页。

之简严，而详赡实为过之。非郑樵《通志》所及也”[①]。

二、章学诚借申郑抑马以明史学宗旨

对于学者有关郑、马优劣的评价，章学诚强烈不满，并为此撰写了《释通》《申郑》《答客问》（上、中、下）等文章，“上溯马、班，下辨《通考》”[②]，批驳之前学者对郑樵的责难，并试图通过郑、马优劣之讨论，辨别著述源流，阐明史家要旨。他指出，《通志》是具别识心裁、成一家之言的史学著作。《文献通考》只不过是“经生决科之策括”[③]，虽仿《通典》而作，实为类书。其无别识心裁，不明古人著书之要义，仅仅便于对策敷陈之用。因此，褒马抑郑，是不明史学宗旨的表现。章学诚之申郑抑马，受到20世纪史学研究者的严厉批评。有关学者认为他将郑樵抬得太高，失之片面，而贬低、压抑马端临，更属无识。即便是对他的史学理论十分欣赏的学者，也认为这是其史学思想中的瑕疵。金毓黻指出：“马书所载宋制最详，多为《宋史》各志所未备，所下案语，亦能贯穿古今，折衷至当，是又《通考》之长，非《通志》之所能尽具也。章学诚讥《通考》无别识通裁，实为类书，便于对策敷陈之用（《释通》），此殊不然。章氏尝许《通志》一书有别识通裁矣，而‘二十略’多钞自《通典》，不易一字，不识所谓别识通裁者果何在，而《通考》之于《通典》，则无是也。浅学之士，贵耳贱目，其轻视《通考》，实由章氏启之。”[④]仓修良也认为章学诚“对郑樵及《通志》捧得太高，而对马端临的《文献通考》贬得太低”，并提到其有关马端临及《文献通考》的评价“是很不公正的”[⑤]，颇以为章学诚申郑抑马纯属意气用事。其实，申郑抑马并非章学诚意气用事，更不是其无识的表现，而是其表达史学思想的一个符号，借此以阐明著述之道与史学宗旨，救弊纠偏。

章学诚认为古往今来的史籍可分为撰述和记注两大类，并以圆神、方智来概括这两类史籍的特点。“撰述欲其圆而神，记注欲其方以智也。夫智以藏往，神以知来，记注欲往事之不忘，撰述欲来者之兴起，故记注藏往似智，

① （清）永瑢、纪昀主编，四库全书总目提要编委会整理：《四库全书总目提要》，第430页。
② （清）章学诚著，叶瑛校注：《文史通义校注》卷5·内篇5《答客问上》，上册，第470页。
③ （清）章学诚著，叶瑛校注：《文史通义校注》卷5·内篇5《答客问中》，上册，第478页。
④ 金毓黻：《中国史学史》，石家庄：河北教育出版社，2000年，第286—287页。
⑤ 仓修良：《章学诚和〈文史通义〉》，北京：中华书局，1984年，第187—188页。

而撰述知来拟神也。藏往欲其赅备无遗，故体有一定，而其德为方；知来欲其抉择去取，故例不拘常，而其德为圆。”[①]这是说，撰述是史家运用别识心裁撰写的史学著作，目的在于启迪未来，其详略去取不必拘泥于成例，而应由史家独断。有时他又称撰述为著述。记注则是整理故事，汇辑资料，应按一定的体例编纂，尽可能网罗丰富。有时他称记注为比次之书。在章学诚看来，撰述与记注是不同层次的史书。撰述是在记注的基础上撰成的一家之言，可以传世行远。记注则不过是资料汇编，其功用则是为史家撰成一家之言提供材料。“若夫比次之书，则掌故令史之孔目，簿书记注之成格，其原虽本柱下之所藏，其用止于备稽检而供采择，初无他奇也。”因此，二者有着不同的编纂方法和原则，这就是“智”和“愚”。“独断之学，考索之功欲其智，而比次之书欲其愚。”[②]所谓“智”是指史家运用别识心裁、独断之学以撰成一家之言的史学著作。“愚”则是“不名家学，不立识解，以之整齐故事，而待后人之裁定，是则比次欲愚之效也”[③]。章学诚认为撰述之业需别识心裁，所以必待其人而后行。“举而登诸著作之堂，亦自标名为家学，谈何容易邪？”[④]若无别识心裁，则不应轻言撰述，而应及时汇辑资料以待后人裁定。这是强调撰述和记注在编撰上的差异。章学诚还以醴酒与糟粕、嘉禾与粪土来比喻撰述与记注之别：“亦犹酒可实尊彝，而糟粕不可实尊彝；禾可登簠簋，而粪土不可登簠簋，理至明也。”[⑤]这是说撰述好比是可以用来祭祀鬼神的醴酒、嘉禾，记注则不过是制造醴酒的糟粕、生长嘉禾的粪土，二者虽相互关联，但其流别是不能混淆的。

就郑樵《通志》、马端临《文献通考》而言，章学诚认为郑樵具别识心裁，明史学宗旨，《通志》为一家之言。“郑樵生千载而后，慨然有见于古人著述之源，而知作者之旨，不徒以词采为文，考据为学也……而独取三千年来，遗文故册，运以别识心裁，盖承通史家风，而自为经纬，成一家言者也。”[⑥]《通志》的撰写做到了“智”，其虽有考证不精的缺点，但不失为史学著作。“郑

① （清）章学诚著，叶瑛校注：《文史通义校注》卷1·内篇1《书教下》，上册，第49页。
② （清）章学诚著，叶瑛校注：《文史通义校注》卷5·内篇5《答客问中》，上册，第477页。
③ （清）章学诚著，叶瑛校注：《文史通义校注》卷5·内篇5《答客问中》，上册，第477页。
④ （清）章学诚著，叶瑛校注：《文史通义校注》卷5·内篇5《答客问中》，上册，第477页。
⑤ （清）章学诚著，叶瑛校注：《文史通义校注》卷5·内篇5《答客问中》，上册，第477页。
⑥ （清）章学诚著，叶瑛校注：《文史通义校注》卷5·内篇5《申郑》，上册，第463页。

樵无考索之功，而《通志》足以明独断之学，君子于斯有取焉。”[①]马端临《文献通考》“虽仿《通典》，而分析次比，实为类书之学。书无别识通裁，便于对策敷陈之用”[②]。因此，《通志》为成一家之言的撰述，《文献通考》不过是资料汇编性质的记注，二者学术价值之不同自不待言。因此，在章学诚看来，那些因《通志》疏略、《文献通考》详备而贬抑郑樵、赞扬马端临的学者昧于史学宗旨，不明著述源流，将撰述与记注之书混为一谈，并以记注之成法要求成一家之言的独断之学。更为严重的是，在这种褒马抑郑风气的影响下，史家撰史但欲文成规矩，事具始末，方圆求备，而所撰之史于撰述记注两无所似。以云方智，则冗复疏舛，难为典据；以云圆神，则芜滥浩瀚，不可诵识。史学因此日益衰落。其所谓史，不过是史纂、史考、史例、史选、史评，而非史学。“世士以博稽言史，则史考也；以文笔言史，则史选也；以故实言史，则史纂也；以议论言史，则史评也；以体裁言史，则史例也。唐宋至今，积学之士，不过史纂、史考、史例，能文之士，不过史选、史评。古人所为史学，则未之闻矣。”[③]为了挽救衰颓之史学，章学诚决定通过阐发郑樵的史学义例以阐明为史之义，通过贬斥马端临以说明不可以比次之法去衡量成一家之言的史学著作，从而为史学正本清源。

对于史学，章学诚认为最重要的是具“史义”。他指出：“史之大原，本乎《春秋》。《春秋》之义，昭乎笔削。笔削之义，不仅事具始末，文成规矩已也。以夫子‘义则窃取’之旨观之，固将纲纪天人，推明大道。所以通古今之变，而成一家之言者，必有详人之所略，异人之所同，重人之所轻，而忽人之所谨，绳墨之所不可得而拘，类例之所不可得而泥，而后微茫杪忽之际，有以独断于一心。及其书之成也，自然可以参天地而质鬼神，契前修而俟后圣，此家学之所以可贵也。”[④]这是说，史学贵著述成家，追求的是史义，而不必斤斤计较于文事。这一思想贯穿于他的整个史学批评之中。他反复强调：“载笔之士，有志《春秋》之业，固将惟义之求，其事与文，所以藉为存义之资也。”“作史贵知其意，非同于掌故，仅求事文之末也。”[⑤]章学诚认为，

① （清）章学诚著，叶瑛校注：《文史通义校注》卷5·内篇5《答客问中》，上册，第478页。
② （清）章学诚著，叶瑛校注：《文史通义校注》卷4·内篇4《释通》自注，上册，第374页。
③ （清）章学诚撰：《章学诚遗书·补遗·上朱大司马论文》，第612页。
④ （清）章学诚著，叶瑛校注：《文史通义校注》卷5·内篇5《答客问上》，上册，第470—471页。
⑤ （清）章学诚著，叶瑛校注：《文史通义校注》卷2·内篇2《言公上》，上册，第171—172页。

史学著作与整齐故事的区别在于是否具有史义（史意）。司马迁、班固、陈寿、范晔等史家，“其心裁别识，家学具存”，“自足名家学而符经旨”，所撰之史自是史学著作。然而，“至唐人开局设监，整齐晋、隋故事，亦名其书为一史；而学者误承流别，不复辨正其体，于是古人著书之旨，晦而不明”[①]。在这种情况下，具别识心裁、明史学宗旨的郑樵，却遭到轻视、诋毁。究其原因，在于学者混淆撰述、记注之源流，使史学之义湮没无闻。“唐后史学绝，而著作无专家。后人不知《春秋》之家学，而猥以集众官修之故事，乃与马、班、陈、范诸书，并列正史焉。于是史文等于科举之程式，胥吏之文移，而不可稍有变通矣。间有好学深思之士，能自得师于古人，标一法外之义例，著一独具之心裁，而世之群怪聚骂，指目牵引为言词……郑氏《通志》之被谤，凡以此也。”[②]对此，章学诚感慨万端：“太史公曰：‘好学深思，心知其意。’当今之世，安得知意之人，而与论作述之旨哉？”[③]孤立无友之情，溢于言表。金毓黻曾指出：“章氏尝盛推郑氏《通志》，以为其精要在乎义例，此盖章氏自道其所得，而引郑以自助耳。”[④]这是说章学诚之申郑，乃是借他人之杯酒，浇自己心中之块垒。金毓黻虽然不赞成章学诚对郑樵的推崇，但对章学诚推崇郑樵的认识，却是深得其意。刘咸炘也指出章学诚之申郑，“此明史贵别识心裁，辞章考据不可为史。名为《申郑》者，以矫正当时之讥郑者耳，实不但为郑也”[⑤]。可见，章学诚申郑之实质并不是仅仅为郑樵叫屈申冤，更重要的是彰显湮没已久的史义，阐发史学宗旨、为史之道。正因为如此，章学诚原谅了《通志》在考证上的不足，着力阐发郑樵创条发例之功。

应该指出的是，章学诚抑马并不是因为马端临《文献通考》为比次之书，而是《文献通考》于圆神方智两无所似。章学诚推崇具别识心裁、成一家之言的撰述，也重视比次之书的编撰。他曾说：“如旨酒之不离乎糟粕，嘉禾之不离乎粪土，是以职官故事案牍图牒之书，不可轻议也。”[⑥]整齐故事、汇辑资料，是成一家之言的基础。因为“独断之学，非是不为取裁；考索之功，

①（清）章学诚著，叶瑛校注：《文史通义校注》卷5·内篇5《申郑》，上册，第463页。
②（清）章学诚著，叶瑛校注：《文史通义校注》卷5·内篇5《答客问上》，上册，第471页。
③（清）章学诚著，叶瑛校注：《文史通义校注》卷5·内篇5《答客问上》，上册，第472页。
④ 金毓黻：《中国史学史》，第350页。
⑤ 刘咸炘：《推十书》，成都：成都古籍书店，1996年影印本，第712页。
⑥（清）章学诚著，叶瑛校注：《文史通义校注》卷5·内篇5《答客问中》，上册，第477页。

非是不为按据”[①]。他以糟粕、粪土比拟比次之书，非贬词，而是表明比次之书是撰述的基础，有了比次之书，史家才能运用别识心裁撰成一家之言。章学诚曾建议各州县设立志科，选派一名稍通文法的胥吏按一定程式及时汇辑州县有关资料，以供修志者采择。他长期从事地方志的编撰，深感文献匮乏对方志编纂质量的影响，故有此建议。可见对比次之书，章学诚是十分重视的。那么，他为何又抑马？这是因为马端临编撰《文献通考》时没有遵循比次之道。章学诚认为，《文献通考》本为比次之书，应该按照“愚”的方法进行撰写，但马端临无别识心裁却力图方圆求备，结果使其书既非撰述又非记注，学术性、资料性两无可取。“马贵与无独断之学，而《通考》不足以成比次之功，谓其智既无所取，而愚之为道，又有未尽也。”[②]所以，他斥责马端临“奄然媚世为乡愿”，《文献通考》为“经生决科之策括”[③]。对此，章学诚不无忧虑地指出，像马端临这样整齐故事、纂辑资料，难以承担起为撰述提供资料的重任。“是比次之业，虽欲如糟粕粪土，冀其化朽腐而出神奇，何可得哉？”[④]然而，就是这样于圆神方智两无所似之史书却备受称赞。在章学诚看来，学者对马端临的赞扬，是不明学术源流，不究史义，拘泥于成法，不知变通的表现，正是这种状况导致了史学的日趋衰落。有鉴于此，他试图通过抑马，说明撰述与记注之别。由此可知，章学诚无论申郑还是抑马，其旨皆在阐明史学义例。

三、史学观念的变化与马、郑评价之异趣

20 世纪学者对章学诚申郑抑马的批评，更多地源自于 20 世纪学者对古代史籍价值的认识。20 世纪学者一般将古代史籍作为文献资料来使用，因此，对其史料价值十分注重。对古代史籍的评价，虽然并不忽视其思想性和创造性，但往往以其史料是否丰富、详备、精审为关注的重点。就文献价值而言，《文献通考》远远优于《通志》。学者认为郑樵的《通志》虽卷帙浩繁，却多

---

① （清）章学诚著，叶瑛校注：《文史通义校注》卷 5 · 内篇 5《答客问中》，上册，第 477 页。
② （清）章学诚著，叶瑛校注：《文史通义校注》卷 5 · 内篇 5《答客问中》，上册，第 478 页。
③ （清）章学诚著，叶瑛校注：《文史通义校注》卷 5 · 内篇 5《答客问中》，上册，第 478 页。
④ （清）章学诚著，叶瑛校注：《文史通义校注》卷 5 · 内篇 5《答客问下》，上册，第 483 页。

因袭旧史，其最得意的二十略，亦多抄自《通典》，且史料方面疏略颇多。而马端临《文献通考》虽仿《通典》而作，却详加增补，不仅补充了《通典》中没有的唐玄宗以后、宋宁宗以前的典章制度，而且所记载的宋代典制多为《宋史》诸志所未备的。《文献通考》中的按语多发前人之未发，体现了马端临的史识。所以 20 世纪学者认为章学诚申郑抑马甚为偏颇。金毓黻对章学诚申郑抑马的批评主要是在这种意义上进行的。对于这种指责，章学诚是难以接受的。首先，从史料价值方面比较《通志》与《文献通考》之优劣，在章学诚看来是类比失伦。他曾指出："史家又有著作之史与纂辑之史，途径不一。著作之史，宋人以还，绝不多见。而纂辑之史，则以博雅为事，以一字必有按据为归，错综排比，整炼而有剪裁，斯为美也。"[①]记注之书本应以考证精详、记事广博见长。他曾将比次之书分为三类：一是及时汇辑资料，以待后人从事著述之用者，如扬雄、卫衡等所编纂之《史记》，班固、陈宗等所编之《东观汉纪》；二是有志于著述之业，先涉猎众书，为之作准备者，如王应麟的《玉海》，范祖禹等为司马光撰《资治通鉴》而编纂的长编；三是陶冶专家、勒成鸿业者，如司马迁《史记》仓公传后所录的仓公医方，班固《汉书》所载的刘向有关五行的学说。第一类比次之书，其详略去取应精于条理；第二类比次之书辨同考异，应慎于复核；第三种则钩玄提要，应达于大体。因此，不应以比次之书的详细非议撰述之疏略。"比类与著述者，各有渊源。而不可以比类之密，而笑著述之或有所疏，比类之整齐，而笑著述之有所畸轻畸重。"[②]马端临的《文献通考》属于《玉海》之类的比次之书，考证精详是其编纂要求。只是马端临在这方面做得很不够，"《通考》不足以成比次之功"[③]。而成一家之言的史学著作对史料的采择以阐明大道为原则，不必为成例所拘。"典章事实，作者之所不敢忽，盖将即器而明道耳。其书足以明道矣，笾豆之事，则有司存，君子不以是为琐琐也。"[④]在章学诚看来，以史料是否详备、考证是否精审来衡量《文献通考》《通志》之优劣，乃是将比次之书与撰述相提并论，妄加比拟，混淆了著述源流。"《通志》精要，在乎义例。盖一家之言，诸子之学识，而寓于诸史之规矩，原不以考据见长也。后人议其疏陋，

---

①（清）章学诚撰：《章学诚遗书》卷 14《方志略例一·报广济黄大尹论修志书》，第 127 页。

②（清）章学诚撰：《章学诚遗书》卷 9《文史通文外篇·报黄大俞先生》，第 77 页。

③（清）章学诚著，叶瑛校注：《文史通义校注》卷 5·内篇 5《答客问中》，上册，第 478 页。

④（清）章学诚著，叶瑛校注：《文史通义校注》卷 5·内篇 5《答客问上》，上册，第 472 页。

非也。”[①]《通志》考证的疏略与其发凡起例、别识心裁相较，不过是细枝末节的问题。若以此攻击郑樵，如同讥笑韩信、彭越这样的名将不能如邹、鲁儒生那样趋跄，指责伏生、孔安国这样的大儒不善作雕虫篆刻，甚为荒唐。其次，《文献通考》中马端临所下之按语，在章学诚看来，不仅无别识心裁，且多余。他认为比次之书的任务是为成一家之言的史学著作提供资料，从事比次之书的编纂者应不立识解，不明家学，以待后人裁定。王应麟的《玉海》就是以此法纂成的。因此，《文献通考》中的按语，纯属多余，结果造成马端临“愚之为道，又有未尽”[②]，欲方圆求备，却于撰述记注两无所似。至于其按语，也不过是“因史志而裒集其论议，易于折衷耳。此乃经生决科之策括，不敢抒一独得之见，标一法外之意，而奄然媚世为乡愿，至于古人著书之义旨，不可得闻也”[③]，绝无别识心裁。最后，郑樵《通志》虽因袭旧文，却具别识心裁，能成一家之言。章学诚认为事与文不过是借以表达史义的载体。如孔子撰《春秋》，其事则齐桓、晋文，其文则史，孔子是借旧史之事、文以表达自己的思想。在他看来，史学著作不以因袭旧史之事、文为讳，关键在于是否具有史义。只要具别识心裁、能成一家之言，其文其事不妨同于旧史。“夫古人著书，即彼陈编，就我创制，所以成专门之业也。”[④]“专门之业，别具心裁，不嫌貌似也。”[⑤]如《史记》本于《尚书》《春秋》《左传》《战国策》，《汉书》本于司马迁之书，不以因袭为嫌。那些讥刺司马迁、班固因袭、割裂旧史之说，是不通文理之论。如果不因袭前史，难道要他们凭空捏造或像经生参加科举考试那样同题而异词？郑樵《通志》“虽事实无殊旧录，而辨名正物，诸子之意，寓于史裁，终为不朽之业矣”[⑥]。因此，以《通志》之疏略与因袭、《文献通考》之详备与马端临论断之恰当来批评章学诚申郑抑马为无识，是很难让他折服的。不难看出，20世纪史家与章学诚在郑、马评价问题上的分歧，更多的是由二者有关史书评价标准的不同而引发的。

---

①（清）章学诚著，叶瑛校注：《文史通义校注》卷4·内篇4《释通》自注，上册，第373页。
②（清）章学诚著，叶瑛校注：《文史通义校注》卷5·内篇5《答客问中》，上册，第478页。
③（清）章学诚著，叶瑛校注：《文史通义校注》卷5·内篇5《答客问中》，上册，第478页。
④（清）章学诚著，叶瑛校注：《文史通义校注》卷4·内篇4《释通》，上册，第374—375页。
⑤（清）章学诚著，叶瑛校注：《文史通义校注》卷4·内篇4《释通》，上册，第375页。
⑥（清）章学诚著，叶瑛校注：《文史通义校注》卷4·内篇4《释通》，上册，第376页。

第八章　从"'梁启超式'的输入"到当代史学话语体系的建构
——中国现代史学发展走向论析

瞿林东先生曾指出："'学术话语体系'是有关学术思想、研究理念与方法、范畴或概念的运用及关于研究内容的解说，以至于文字表述的风格和特点等几个方面的结合。因此，所谓学术话语体系，在很大程度上反映了某一时代的学术面貌和学术走向的趋势。"[①]从这个角度探讨 20 世纪以来中国史学的发展，则经历了从传统史学话语体系到新史学话语体系，再从新史学话语体系到马克思主义史学话语体系的转变过程。中国史学话语体系的转变既有史学自身发展的内在要求，也与中西学术之间的交流、碰撞密切相关，因而始终存在着如何将外来的理论、方法、范畴、概念等与中国历史及史学相结合的问题。同时，随着中国史学研究的发展，必定要求摆脱对外来学术的依附状态，建立自主性的史学话语体系。从 20 世纪初梁启超等援用西学构建新史学话语体系、20 世纪三四十年代郭沫若、翦伯赞、吕振羽、侯外庐、范文澜等以五种社会形态学说为理论架构建立马克思主义史学话语体系，到旨在彰显中国经验、中国历史特点的当代中国史学话语体系的建构，表征着经过一个多世纪中西史学的碰撞和融合，中国现代史学已超越了对西方学术的简单引进与仿效，力图在吸收传统史学优秀遗产与借鉴国外史学理论、方法的基础上确立自己的学术自主性。

① 瞿林东：《探索中国史学的理论研究话语体系》，《中国社会科学报》2009 年 12 月 1 日，第 3 版。

一、西方学术的输入与中国史学话语体系的转换

中国传统史学在长期的历史发展过程中，形成了自己的话语体系。19世纪末20世纪初，中国学人面对日益深重的民族危机，试图通过改造学术以推动社会变革，救亡图存，因而大量地输入西方学术，这被称为"'梁启超式'的输入"[①]。就史学而言，学者普遍感到旨在为帝王"资治"的传统史学已经不能适应社会和时代的需要，期望通过"史学革命"，实现传统史学的现代转换，从而激励民众的爱国心。于是，凭借"'梁启超式'的输入"所引进的西方学术理念、概念、范畴等思想资源，史学界开始新的话语体系的建构。20世纪初梁启超发表的《中国史叙论》《新史学》，借助于从西方输入的新历史观——进化史观，与新的概念，如国家、国民、群、社会等，倡导"史学革命"，重新界定了历史研究的对象、目的和宗旨。他指出："历史者，叙人群进化之现象而求得其公理公例者也。"[②]"夫所贵乎史者，贵其能叙一群人相交涉、相竞争、相团结之道，能述一群人所以休养生息同体进化之状，使后之读者，爱其群善其群之心，油然生焉。"[③]在他看来，历史应是国家之史而不是朝廷之史，是民史而非君史，是社会群体之史而非个人之史，旨在通过对群体活动的叙述，揭示人类社会进化发展法则，以激发国民的民族爱国情感。国家、国民、群、社会等术语成为梁启超反思传统史学、创立新史学的概念工具。[④]凭借这一概念工具，他在新的意义上厘清了历史是什么。在梁启超的倡导下，史学界迅速形成了新史学思潮。于是，传统史学话语体系式微，新的史学话语体系开始形成。之后，梁启超、胡适、顾颉刚、傅斯年等又援用西方"科学方法"，倡导所谓历史的态

---

① 梁启超指出："新思想之输入，如火如荼矣。然皆所谓'梁启超式'的输入，无组织，无选择，本末不具，派别不明，惟以多为贵，而社会亦欢迎之。"（梁启超撰，朱维铮导读：《清代学术概论》，上海：上海古籍出版社，1998年，第97—98页。）

② 梁启超：《新史学》，《饮冰室合集·饮冰室文集之九》，北京：中华书局，1989年影印本，第1册，第10页。

③ 梁启超：《新史学》，《饮冰室合集·饮冰室文集之九》，第1册，第3页。

④ 王汎森：《晚清的政治概念与"新史学"》，罗志田主编：《20世纪的中国：学术与社会·史学卷》，济南：山东人民出版社，2001年，上册，第1—30页。

度、怀疑的精神，并扩充新工具以扩展新史料，进一步从方法论方面发展与完善新史学话语体系。

马克思主义史学话语体系的建构始于20世纪20年代，李大钊是倡导以唯物史观研究历史的先驱者。完成于20世纪三四十年代的郭沫若《中国古代社会研究》、吕振羽《史前期中国社会研究》与《殷周时代的中国社会》、翦伯赞《历史哲学教程》、侯外庐《中国古典社会史论》、范文澜《中国通史简编》等著作，借助马克思主义社会形态学说这一理论架构以及生产力、生产关系、经济基础、上层建筑、奴隶社会、封建社会、地主阶级、农民阶级、农民起义、阶级斗争等概念、术语，建构了"把中国历史贯串在一条以人民群众为主体、以经济为骨干、以阶级斗争为动力的主流上"[①]的马克思主义史学话语体系。从经济出发解释社会历史的变化，以人民群众为历史的创造者，将阶级分析法作为主要的研究方法，具有强烈的现实感与政治关怀，是这一话语体系的鲜明特点。随着中华人民共和国的建立，以及唯物史观的普及，马克思主义史学话语体系取代了新史学话语体系成为史学界的主导话语体系。这一时期，史学研究者通过对古史分期、农民战争史、中国封建土地所有制、中国封建社会长期延续的原因、资本主义萌芽、汉民族形成等一系列重大理论问题的讨论与研究，进一步强化与完善了马克思主义史学话语体系。

徐国利指出："一部中国近现代学术发展史，本质上就是中国学术话语与西方学术话语不断碰撞和融合的历史，就是中国学人力图通过学习西方学术话语体系来改造中国传统学术话语，以求实现中国传统学术现代转型的历史。"[②]作为中国学术重要组成部分的史学在近现代的发展也是如此。新史学话语体系在其建构过程中，所凭借的主要是外来的学术资源。这反映在史学实践中，就是以西方史学为标准评价中国史学和诠释中国历史，中国传统史学的合法性受到质疑。梁启超曾指出："以此论之，虽谓中国前者未尝有史，殆非为过。"[③]20世纪初，对传统史学的这种认识几乎成为学者的共识，中国

① 翦伯赞：《翦伯赞历史论文选集》，北京：人民出版社，1980年，第29页。

② 徐国利：《建构当代中国学术话语体系的原则与方法》，高翔主编：《中国社会科学学术前沿(2010—2011)》，北京：社会科学文献出版社，2011年，第94页。

③ 梁启超：《中国史叙论》，《饮冰室合集·饮冰室文集之六》，第1册，第1页。

“无史”说盛极一时。[①]正如学者所言，“以梁启超为代表的‘新史学’，以革命为旗帜，在主观上是要截断传统而另起炉灶，事实上也是如此，它基本上与中国传统学术，特别是传统史学无缘，它的出现只能意味着中国传统史学的中断”[②]。然而，基于西方历史经验的各种史学模式与中国历史实际不免方枘圆凿。只有将这些外来的理论、方法与中国历史和史学的实际相结合，新史学话语体系的建构才能顺利进行。因此，当梁启超从“史学革命”进入到“史之改造”阶段时，就一改全盘移植西学话语、彻底否定传统史学的做法，将西方“科学的史学方法”与中国史学遗产融会贯通，而这正是梁启超引入西学进行“史之改造”成功的关键。有学者指出，梁启超“《中国历史研究法》之普受瞩目，历久未衰，便是能将西方史学与国史知识熔铸一炉，这项成就迄今仍罕与伦比”[③]。胡适、顾颉刚、傅斯年等也通过将西方的“科学方法”与中国史学固有的治学方法尤其是清代考据学对接，从方法论上会通中西史学。胡适的努力颇为成功，以致当时的学者以为他是用新瓶装旧酒：“胡氏与其说用西洋的思想来整理‘国学’——其实只是广义的史学，不如说集合融会中国旧有的各派学术思想的优点，而以西洋某一种的治学的方法来部勒它、来涂饰它。”[④]由顾颉刚发起的古史辨运动，将胡适所引进的科学方法与中国古代疑古辨伪思想、乾嘉考据方法相结合，考证古书以辨古史真伪。傅斯年则将兰克语言考据学与中国传统的传信存疑态度和辨别史料方法相贯通，形成其史料观与考史方法。

马克思主义史学话语的建构也主要是通过援用外来的思想资源而进行的。郭沫若在《中国古代社会研究》自序中曾指出：“外国学者已经替我们把路径开辟了，我们接过手来，正好事半功倍。”许冠三《新史学九十年》甚至认为与其他史学流派相比较，包括历史唯物论者在内的史观派“舶来色彩最为鲜明”[⑤]。因此，马克思主义史学话语的建构也面临着如何将马克思主义

---

① 王汎森：《晚清的政治概念与“新史学”》，罗志田主编：《20世纪的中国：学术与社会·史学卷》，上册，第22—29页。

② 王学典、陈峰：《二十世纪中国历史学》，北京：北京大学出版社，2009年，第18页。

③ 黄进兴：《中国近代史学的双重危机：试论“新史学”的诞生及其所面临的困境》，《后现代主义与史学研究：一个批判性的探讨》，北京：生活·读书·新知三联书店，2008年，第225页。

④ 周予同：《五十年来中国之新史学》，《学林》1941年第4辑，第22页。

⑤ 许冠三：《新史学九十年·自序》，长沙：岳麓书社，2003年，第2页。

理论与中国历史实际相结合的问题，并经历了从机械照搬的公式主义到马克思主义史学中国化（民族化）的过程。马克思主义史学形成之初的中国社会史论战（20 世纪二三十年代），基本上是概念论争，论战者“都一味忙于旁征博引马克思、恩格斯、列宁的文句，而忘记去研究具体的中国历史。因而争辩的双方，都只以引经据典为能事，不以事实去说明历史，而以公式去推论历史”[①]。论战高潮过后，针对论战中所存在的弊端，学者或从事史料的建设，如以陶希圣为代表的食货派，或以资料充实理论，如郭沫若、吕振羽、翦伯赞等，促进了马克思主义与中国历史实际相结合。抗日战争时期，中国共产党正视了党内存在的严重教条主义倾向，倡导马克思主义中国化与学术中国化。在这一思潮的影响下，马克思主义史学加速了中国化的进程。翦伯赞的《历史哲学教程》系统地解说和阐发了运用唯物史观研究中国历史的理论、方法，并对教条主义、公式主义进行了清算，为马克思主义史学中国化奠定了理论基础。侯外庐将丰富的中国历史资料与马克思主义关于人类社会发展的规律作统一的研究，提出中西文明演进不同路径说，为马克思主义史学中国化提供了范例。而毛泽东与延安史学研究者合作撰写的《中国革命与中国共产党》运用唯物史观深刻地分析了中国历史发展各个阶段的基本特征，提出了有关中国历史与社会的系统认识，为史学研究者提供了更为具体的指导原则。20 世纪 40 年代，马克思主义史学终于脱离了简单的模仿状态而自成体系。侯外庐曾自豪地说：“中国学人已经超出了仅仅于仿效西欧的语言之阶段了，他们自己会活用自己的语言而讲解自己的历史与思潮了。”[②]被视为马克思主义史学典范之作的范文澜的《中国通史简编》，就是马克思主义史学中国化结出的硕果。

不难看出，20 世纪中国史学话语体系的转换，既是中国社会与中国史学发展的要求，更与西方学术的输入密切相关，同时也是中外史学交流、碰撞、融合的结果。外来学术的民族化与新的史学话语体系的建构总是相伴而行。

---

① 翦伯赞：《历史哲学教程》，石家庄：河北教育出版社，2000 年，第 193 页。

② 侯外庐：《中国古代思想学说史・再版序言》，重庆：文风书局，1946 年，第 1 页。

二、“史学危机”与具有民族特色马克思主义史学话语体系的探索

中华人民共和国成立以后，随着马克思主义史学话语体系主导地位的确立，马克思主义理论、方法与中国历史实际相结合的史学实践进一步向前发展。20 世纪 50～60 年代史学界盛开的“五朵金花”，就是史学研究者试图把将唯物史观与中国历史实际相结合推进到一个新高度的产物。但由于史学家长期以来在唯物史观的运用上存在着简单化的倾向以及受到来自苏联的教条主义史学的影响，尤其是极左政治路线的干扰，马克思主义史学的发展受到了严重损害。在马克思主义史学中国化过程中曾被摒弃的教条主义、公式主义又大行其道。“文革”期间，史学成为政治斗争的工具，史学话语与政治话语纠缠不清，真正的史学研究被迫中断。“文革”结束后，史学界通过正本清源，恢复了马克思主义史学的地位。但随着中国社会发展的转型，史学研究者很快发现现有的史学体系既不能有效地阐释史学研究与解决现实中涌现出来的诸多新问题，也难以重建历史与现实之间的生动联系，无法在变革的社会中确定自己的位置，于是“史学危机”之说弥漫整个史学界。人们普遍认为危机的根源在于流行的史学话语体系——这个构筑于新民主主义革命时期的史学话语体系，无论是理论、观念、方法，还是功能、价值取向，都与转型时期的社会脱节，严重束缚了史学的发展。“从根本上改造这个过时的史学框架，把马克思主义历史学从旧的框架中解放出来，把广大史学家从旧的框架中解放出来，面对现实，从新的角度，在新的思想指导下，重新研究以往全部人类文明史，是克服史学危机的出路所在。”[①]于是，人们纷纷从自然科学、西方史学以及中国传统文化中寻找解决问题的方法。先后出现了以系统论、控制论、信息论即所谓“三论”重新诠释中国历史、借鉴西方史学理论与方法、回到乾嘉去等史学思潮。然而，当研究者满怀信心地将“三论”引入史学领域时，却因为忽视了自然科学与历史学的本质区别，并采取与其所

① 王学典：《新时期 10 年（1978～1988）的历史学评估》，《20 世纪中国史学评论》，济南：山东人民出版社，2002 年，第 208 页。

反对的史学体系类似的方法，即以“三论”代替五种社会形态更替模式剪裁中国历史，虽然造成了轰动一时的效用，但很快就在史学界销声匿迹。在引进西方史学理论方面，新的史学观念与方法，如法国年鉴学派以多学科的方法研究整体历史的史学理念的引进，开阔了史学研究者的视野，拓展了研究领域，出现了社会史、文化史研究热潮。但与此同时，中国史学在很大程度上成了西方史学在中国的回响，其中普遍存在照搬西方史学理论与方法的做法，不但没能使中国史学走出困境，反而在更大的程度上加剧了研究者的困惑。而“回到乾嘉去”思潮以及由此而产生的“国学热”，则只能使研究者回避理论与现实，醉心于具体问题的研究，也无助于史学危机的解决。①

在中国马克思主义史学发展过程中，中国化曾是克服公式主义、教条主义行之有效的方法、途径，面对马克思主义史学话语体系所面临的困境，史学研究者再次呼吁建设具有中国民族特色的马克思主义史学。在这方面，白寿彝先生具有明确的自觉意识。他曾指出，侯外庐先生对马克思主义史学的突出贡献，在于“他研究中国历史是想把马克思主义史学理论中国化，也可以说把马克思主义史学理论民族化”②，并将推动马克思主义史学民族化的进一步发展作为自己的责任。在《关于建设有中国民族特点的马克思主义史学的几个问题》一文中，白寿彝先生深入探讨了继承中国史学遗产、吸收国外史学成果对建设具有中国民族特点的马克思主义史学的重要意义。其所主编的《中国通史纲要》、任总主编的多卷本《中国通史》坚持唯物史观指导下的理论创新，为建设具有中国民族特点的马克思主义史学作出了突出的贡献。《中国通史纲要》力图“在努力学习运用马克思主义基本理论的基础上，探索中国历史发展的进程及其特点”③；多卷本《中国通史》则在《中国通史纲要》的基础上进一步探讨了与中国历史、中国通史编纂密切相关的理论问题，创立了以反映统一的多民族国家发展历程为核心的中国通史撰述体系。瞿林东曾指出，多卷本《中国通史》的理论架构“不是可以简单地从马克思主义的书本中找到的，而是在马克思主义指导下，通过对中国优良的史学遗

① 许纪霖：《没有过去的史学危机》，《读书杂志》1999 年第 7 期。
② 白寿彝：《外庐同志的学术成就》，《史学史研究》1989 年第 3 期，第 1 页。
③ 白寿彝主编：《中国通史纲要 · 题记》，上海：上海人民出版社，1980 年，第 2 页。

产的批判继承并进行创造性的研究才能摸索到的”[①]。如果说白寿彝先生期待通过发展与完善既有史学体系，建设具有中国民族特色的马克思主义史学，那么，以田昌五先生为代表的学者则试图突破现有史学体系，运用本土历史资源“建立新时代的马克思主义历史学”[②]。他们认为现有史学体系所存在的问题，不仅仅是在运用马克思主义理论时出现了偏差和失误，而且对马克思主义理论的认识有误。首先，作为现有史学体系理论架构的五种社会形态学说，是马克思、恩格斯对欧洲历史的概括，并非人类历史发展的普遍规律。其次，五种社会形态是由欧洲资本主义推溯出来的逻辑经济形态，再以历史顺序表述出来，“把这种逻辑的历史顺序看作既成的历史发展顺序，是完全错误的”[③]。最后，流行的五种生产方式的含义是由斯大林确定下来的，未必符合马克思、恩格斯的原意。因此，用五种社会形态模式剪裁出来的中国历史并不符合历史实际：“以前我们讲的中国历史大多是按照某种公式编制出来的，而不是就中国历史本身的发展过程如实编写的”[④]，“让人很难看出其中有多少中国历史特色和气派来”[⑤]。所以，他们认为必须超越已有的史学体系，运用马克思主义的立场、方法，从中国历史实际出发抽绎出中国型的历史发展模式。这种观点反映在史学实践中，一是构建新的中国历史体系，如田昌五的《中国历史体系新论》、曹大为等有关《中国大通史》的理论构想[⑥]等；二是不再套用任何现成的历史理论模式，力图从实际出发撰写中国历史，如樊树志《国史概要》、张岂之主编《中国历史》、姜义华主编《中国通史教程》等。

尽管学者在如何建设有中国民族特色的马克思主义史学路径问题上远未达成共识，具体的史学实践也各不相同，但其努力的目标却是一致的，这就是从中国历史与史学的实际出发，建立具有中国特色、中国风格、中国气派的史学体系。近年来学者对构建当代中国史学话语体系的探讨，正是这种努

---

① 瞿林东：《白寿彝先生的史学思想和治学道路》，《白寿彝史学的理论风格》，开封：河南大学出版社，2001年，第85页。

② 田昌五：《中国历史体系新论》，济南：山东大学出版社，2000年，第2版，第2页。

③ 田昌五：《中国历史体系新论续编》，济南：山东大学出版社，2002年，第216页。

④ 田昌五：《中国历史体系新论·前言》，第1页。

⑤ 田昌五：《中国历史体系新论》，第5页。

⑥ 曹大为：《关于新编〈中国大通史〉的几点理论思考》，《史学理论研究》1998年第3期。

力在新的历史条件下的进一步发展。同时，已有的努力也将成为构建当代中国史学话语体系的基础与起点。

三、学术自主性诉求与当代中国史学话语体系的建构

当代中国史学话语体系的建构是在重建当代中国学术话语体系的背景下提出来的。"清末民初以来、特别是'五四'新文化运动以来，中国学术发展的主导力量和方向是以西方话语来重新诠释和建构中国学术话语体系，并且在这方面做了大量工作，取得了很大的成绩。但是，问题也很多，根本问题是丧失了中国民族文化根本的学术文化重建，是以西方科学理性为核心价值和工具建构起来的学术话语。"[①]因此，当学者为发展中的中国学术回顾其过往时，痛苦地发现当今的中国学术依然笼罩在西方学术的阴影之下，不是患了"失语症"，就是存在"合法性危机"。所谓"失语症"是由文学研究者提出来的，他们认为中国现有的文学理论话语完全是借用西方的，离开西方话语，我们就不会说话，就会集体失语。[②]而所谓"合法性危机"则是由哲学研究者提出来的，"关注的焦点是'中国哲学'的现代形态和表述方式，即我们究竟采取怎样的诠释方法和表述方式才能够真正成就这样一种学问：它既是'中国的'，也是'哲学的'。问题的关键在于如何维系（或曰建立）现代语境中的'中国哲学'与本土历史传统之间的内在相关性，从而使'中国'与'哲学'之间在文化和思想内涵的层面（而非地理、政治或人类学的层面）建立起某种所属格的关系，使'中国哲学'真正成为'中国的哲学'，而不只是'哲学在中国'，不只是'哲学'（西方哲学）的一个例证"[③]。不难看出，所谓"失语症"、"合法性危机"，是以极端的方式表达了学术界对中国学术自主性的焦虑。通过对中国近现代学术发展史的反思，学者认为只有构建根植

---

① 徐国利：《建构当代中国学术话语体系的原则与方法》，高翔主编：《中国社会科学学术前沿（2010—2011）》，第98页。

② 曹顺庆：《文论失语症与文化病态》，《文艺争鸣》1996年第2期；曹顺庆、邹涛：《从"失语症"到西方文论的中国化——重建中国文论话语的再思考》，《三峡大学学报（人文社会科学版）》2005年第5期。

③ 郑家栋：《"中国哲学之合法性"问题的由来、实质及其对于相关讨论的期望》，《北京行政学院学报》2005年第1期，第69—70页。

于中国民族文化根本与中国社会现实的当代中国学术话语体系，才能改变对西方学术话语的依附状态，中国问题、中国经验才能得到恰当的言说，并取得学术话语权。而中国学术话语体系的当代建构这一议题则显示出："当今中国的人文学术和社会科学研究正试图逐渐摆脱它对于外来学术的'学徒状态'，并从而提出其本己的'自律性'要求。这里所谓的自律性要求，用柯林伍德的话来说，意味着批判地脱离自身以外的权威，意味着它是'自我—授权的'。"[①]这表明，确立中国学术的"自主性"正是构建当代中国学术话语体系的宗旨所在。当代中国史学话语体系的建构也是如此。

中国传统史学的现代转换是在西学的影响下实现的，在这种情况下，"我们史学的概念、模式、术语、规律都是从西方输入的，我们是按西方人的眼光看世界。我们没有属于自己的历史理论，我们认识我们自己的历史，也是按照西方的模式来认识的"[②]。进入21世纪后，西方史学尤其是美国"中国学"对中国史学的影响，已从理论、模式、方法深入到具体的操作层面。"假如已经过去的20世纪90年代是'国学'的十年，那么近十年则可说是'西方中国学'的十年，这是新世纪史学界所发生的最明显变化。"这十年来，中国史研究的热点问题大多是由美国"中国学"输入的，研究的路径在很大程度上也是由美国的中国学家开启的。[③]面对史学界的这种自我迷失，忧心中国史学前途的学者指出，"跟着西方史学的风向走，我们的史学将永远用西方的'品牌'，而无法有自己的'品牌'"[④]。"走自己的路"，才是"中国史学的前途"。[⑤]当代中国史学话语体系的建构，就是为了中国史学走自己的路，并建立自己的学术"品牌"。如果说外来史学的中国化旨在克服公式主义、教条主义等弊病以及注经式的学风，避免将中国历史西洋化，那么当代中国史学话语体系的建构则力图立足于中国史学自身发展，充分吸收和借鉴国外史学的优秀成果，构建自己的史学研究范式，从而使中国史学由边缘到中心，

---

① 吴晓明：《论当代中国学术话语体系的自主建构》，《中国社会科学》2011年第2期，第5页。

② 马克垚：《编写世界史的困境》，《光明日报》2006年3月18日，第6版。

③ 王学典：《六十年来中国史学之变迁》，《文史知识》2009年第8期，第12页。

④ 汪荣祖：《历史学的走向》，瞿林东主编：《史学理论与史学史学刊（2003年卷）》，北京：社会科学文献出版社，2004年，第44页。

⑤ 章开沅：《走自己的路——中国史学的前途——在暨南大学"星期一史学沙龙"的演讲》，《暨南学报（哲学社会科学版）》2005年第3期，第101页。

逐步掌握史学领域的话语权。摆脱对西方学术的依傍状态，建立根植于中国历史实际、中国问题意识的史学话语体系，让世界倾听中国史学的声音，这是自20世纪初梁启超倡导"新史学"以来，经历百余年的探索之后，中国史学对自己提出的发展目标。对于如何建构当代中国史学话语体系，瞿林东先生的探索富有启迪意义。瞿林东先生阐述了明确的指导思想、鲜明的自我意识以及开阔的世界眼光对建构当代史学话语体系的重要意义，指出史学工作者须"在重视唯物史观和史学遗产的前提下，以更加开阔的视野、更加开放的心胸和气度，借鉴和吸收外国史学的一切积极成果所提供的思想、理论和方法，用以充实、丰富以至于融入中国史学的当代话语体系"[①]。这是从为学宗旨、思想资料与走向世界等方面阐述当代中国史学话语体系建构的原则、方向。

建构当代史学话语体系还应汲取20世纪史学话语体系建构的经验教训。20世纪史学话语体系的建构取得了巨大的成就，完成了传统史学的现代转型，但也存在着诸多问题。其中，依赖西方史学模式来表达对历史的认识，缺乏自主性的历史解释体系，是其最大的弊端。而克服这一弊端，确立中国史学的自主性则是建构当代史学话语体系的重要目标。要达到这一目标，既需要有明确的指导思想、鲜明的自我意识以及开阔的世界眼光，还需要有自觉的批判意识与创新精神。这里所说的批判意识是指杜绝对任何学术的盲从，不管运用何种历史理论、模式，都必须批判地审视其产生的前提，考量其与中国历史研究的适应度。20世纪初以来，我们曾在反传统、与西方接轨的理念下，将各种外来的理论、方法视为真理，唯洋是崇，在史学研究中，或是削足适履，或是以中国历史事实为西方某种理论模式提供例证。在当代史学话语体系的建构中，应避免不加批判地移植外来理论，更不能在与国际接轨的心态下将中国史学变成西方史学的中国版。创新精神则指在发掘中国古代史学遗产与借鉴国外的史学理论与方法的基础上，对中国历史与外国历史进行深入的研究，从史学实践中提炼出概念、术语、范畴，构建自己的历史解释体系，从而摆脱对西方史学的路径依赖。在这方面，费孝通先生在社会学、民族学领域的实践为我们提供了榜样。费孝通先生在实地调查研究中国农村

---

① 瞿林东：《关于当代中国史学话语体系建构的几个问题》，《中国社会科学》2011年第2期，第25页。

的基础上，借鉴西方社会学、人类学理论创建了中国的社会学话语：乡土社会、差序格局、生育制度等；通过对苏南城镇的调查研究，提出了有中国社会学风格的小城镇理论；又在考察中华民族历史与现状的基础上提出了“中华民族多元一体格局”这一理论，成为我国民族工作的框架。[①]费孝通先生的这种探索，被黄宗智作为他所倡导的“走向从实践出发的社会科学”的典范。[②]当代中国史学话语体系的建构不仅涉及历史哲学、研究方法、核心概念、范畴与术语等诸多方面，也包括言说话语与表述方式。因此，既需要对既有的史学话语体系所遵循的历史哲学进行批判的反思，也需要对现行的概念、范畴、术语进行一番清洗与重构，还需要就言说方式进行反省，可谓任重道远。既然行程已经开启，那么目标的实现应该只是时间的问题。

① 郑杭生：《学术话语权与中国社会学发展》，《中国社会科学》2011 年第 2 期，第 30—31 页。
② （美）黄宗智：《认识中国——走向从实践出发的社会科学》，《中国社会科学》2005 年第 1 期，第 84 页。

第九章　马克思主义史学家对中国社会史论战的反思（1949年以前）

对于发生在20世纪前期的中国社会史论战，史学界有广义、狭义之说。广义的社会史论战包括中国社会性质论战、中国社会史论战以及中国农村社会性质论战；狭义的中国社会史论战则指20世纪30年代有关中国社会发展史的论战。本书涉及的中国社会史论战是就其狭义而言的。中国社会性质、中国农村社会性质的论战，其关注点在现实社会，旨在说明中国是一个什么性质的社会，以确立中国革命的对象与前途。中国社会史论战虽然是由中国社会性质论战引发的，却是通过历史研究来回答中国社会的前途问题，因而对中国史学的发展产生了深刻的影响。有关中国社会史论战（包括广义和狭义的）与中国马克思主义史学的关系，学者已经进行了多方面的探讨，认为中国社会史论战促进了唯物史观的传播，扩大了马克思主义的影响，推动了马克思主义史学的形成，并使中国马克思主义史学具有革命性和实践性的品质特征，也给马克思主义史学带来了以理论思考和宏大叙事见长的基本特点。[①]这些认识揭示了中国社会史论战对中国马克思主义史学的影响。但真正推动中国马克思主义史学走向成熟的，则是马克思主义史家[②]在反思中国

---

① 陈光前《中国马克思主义史学发展史上的一场争论——三十年代中国社会史论战的回顾》（《东北师大学报（哲学社会科学版）》1983年第4期）、叶桂生、刘茂林《中国社会史论战与马克思主义历史学的形成》（《郭沫若研究：学术座谈会专辑》，北京：文化艺术出版社，1984年）、李勇《“中国社会史论战”对于唯物史观的传播》（《史学月刊》2004年第12期）、孙旭红《中国社会史论战与马克思主义中国化》（《中共浙江省委党校学报》2013年第2期）、张越《社会史大论战与中国马克思主义史学建立论析》（《陕西师范大学学报（哲学社会科学版）》2015年第4期）等。学者讨论中国社会史论战对马克思主义史学的影响时，或从广义的社会史论战出发，或就中国社会性质论战和中国社会史论战而言。

② 有学者将社会史论战定义为唯物史观学派内部的论争，参战者均被视为马克思主义史学家。本书所指的马克思主义史家仅指1949年以后被视为马克思主义史家的学者。

社会史论战基础上所进行的史学研究。正如乔治忠指出的："社会史的论战确实推动了马克思主义史学的发展，但这是在论战基本消退后，何干之、吕振羽、翦伯赞等在总结、评议和重新研究过程中实现的。"[①]如果说，社会史论战促进了唯物史观的传播和中国马克思主义史学的形成，那么有关社会史论战的反思和总结则使中国马克思主义史学走向深入，并最终形成了马克思主义中国历史体系。[②]中国马克思主义史学产生于五四运动时期，形成于社会史大论战中。20世纪30年代末至40年代是马克思主义史学发展的重要阶段，确立了马克思主义史学在中国现代史学中的地位。而这一阶段马克思主义史学所取得的成就则是以反思与总结中国社会史大论战为基点的。[③]

较早地对中国社会史论战进行反思的是王宜昌、李季、陶希圣、罗敦伟等。当社会史论战还在进行之时，他们就撰文对论战进行分析评论，并指出论战所存在的弊端。[④]王宜昌指出："人们都利用着历史的唯物论研究所得的结论作为根本的指导原理，而将中国史实嵌进去。但同时是不了理清楚历史的唯物论，或者有意滑头而曲解而修改而捏造了他们的所谓历史唯物论。"[⑤]罗敦伟认为，无论是熊得山、陶希圣、周谷城、朱繁新、任曙、郭沫若等的中国社会史研究，还是各种杂志，如《新生命》《新思潮》《思想》等，"多是

---

① 乔治忠：《20世纪30年代中国社会史论战问题探实》，《天津社会科学》2014年第5期，第142页。

② 有关中国社会史论战的性质，以往学者多将其定位为马克思主义史学与非马克思主义史学之间的一场论战，近来有学者认为这一定位是从政治立场界分学术派别，武断地缩小了马克思主义史家的范围，没有认清马克思主义史学的真正对手。若从纯学术的角度看，论战是在马克思主义的话语体系内进行的，是唯物史观的内部争论（陈峰：《中国社会史论战的学术定位再认识》，《山东大学学报（哲学社会科学版）》2009年第1期）。但无论在论战中还是对论战的反思、总结，后来被认为是马克思主义史家的学者并未将"新生命派"、"动力派"（托派）视为同道，故本书论及的有关社会史论战的反思、总结仅限于这些马克思主义史家。

③ 侯外庐论及其中国古史的研究时，指出："我自己从事这项研究工作是有依据的，一是步着王国维先生和郭沫若同志的后尘，二是继承亚细亚生产方式论战的绪统。我力求在这两个方面得到一个统一的认识。"（侯外庐：《中国古代社会史论·自序》，石家庄：河北教育出版社，2000年，第4页；初版本为《中国古典社会史论》，1934年，本书两个版本都有）

④ 王宜昌《中国社会史论史》（《读书杂志》1932年第2卷2—3期）、李季《对于中国社会史论战的贡献与批评》（《读书杂志》1932年第2卷2—3期）、罗敦伟《中国社会史论战总评及中国社会结构的新分析》（《中国社会》创刊号1934年第1卷第1期）。王宜昌对论战中的以陶希圣为代表的新生命派、新思潮派进行了批判，对论战中出现的四部代表作郭沫若《中国古代社会研究》、马札亚尔《中国农村经济研究》、严灵峰《中国经济问题研究》、任曙《中国经济研究绪论》进行了评论，并对社会史论战存在的问题进行了分析。

⑤ 王宜昌：《中国社会史短论》，《读书杂志》1931年第1卷第4、5期，后合刊为《中国社会史论战》第1辑，第2页。

依据历史的唯物论这一根本原理，而没有正确地叙述这一根本原理在中国社会史上如何运用。直可以说他们是没有仔细考究方法论的问题。有些简直是胡乱的应用他的所谓历史的唯物论而有些如郭沫若、任曙应用起历史的唯物论来，也因没有研究方法，而不免失之正确”[①]。这是他引用王昌宜的说法对社会史论战所作的评论。这种批评应该说是正确地指出了社会史论战在方法上、史料的运用上所存在的弊端。只是除陶希圣以外的学者，对社会史论战的反思多停留在批判的层面，既没有对唯物史观进行系统的研究与阐述，也没有对中国历史进行细致的探寻，也没有运用正确的理论研究中国历史实际，因而，很难说完成了对社会史论战的反思和总结。这一任务在社会史论战结束后由马克思主义史学家完成。他们在反思与总结社会史论战的基础上，不但对唯物史观理论进行了系统的阐释，而且将唯物史观与中国历史实际相结合来探索中国历史发展的特点、路径，实现了马克思主义历史科学的中国化，形成了马克思主义中国历史体系。这里仅就 1949 年以前马克思主义史家对中国社会史论战之方法、史料运用的反思和总结作一粗略的探讨。

一、有关社会史论战之研究方法的审视

在马克思主义史学家中，最先对中国社会史论战进行系统总结的是何干之。在其所著《中国社会史问题论战》一书中，何干之认为社会史论战最大的问题还是方法论问题，指出参加论战的学者“对于历史方法论的了解，大多数是在水平线之下，结果，问题往往不能好好的提出来，问题提了出来，又不能好好的讨论下去，常常陷入混乱的状态中”[②]。但他没有对社会史论战在方法上所存在的问题作具体的说明。翦伯赞、吕振羽、侯外庐等通过对社会史论战各方面的考察，认为参加论战的学者缺乏对唯物史观的正确理解，教条主义地运用唯物史观是社会史论战之最大弊端。翦伯赞指出：“如李季、王礼锡、胡秋原……等，都曾经对于中国社会史加以一番检讨。但这些社会史的战士，不但是史料的搜集不够，而且对社会科学的素养也不够。所以在

① 罗敦伟：《中国社会史论战总评及中国社会结构的新分析》，《中国社会》1934 年第 1 卷第 1 期，第 6 页。
② 何干之著，刘炼编：《何干之文集》第 1 卷，北京：北京出版社，1993 年，第 293 页。

当时他们都一致以引用马克思、恩格斯的辞句为渊博，主要的在辩护其个人的偏见；而忘记了现实的历史，忘记了马克思对历史发展之整个的见解，因而变成了经院式的诡辩，而不是史的唯物论之应用。”[①]论及以《读书杂志》为中心所进行的有关中国社会形势发展史（中国历史发展阶段）的论战时，他又指出：论战者“都一味忙于旁征博引马克思、恩格斯、列宁的文句，而忘记去研究具体的中国历史。因而争辩的双方，都只以引经据典为能事，不以事实去说明历史，而以公式去推论历史，从而，这一为了解决现实的革命问题而引发的历史研讨，反而离开现实，变成经院派的空谈”[②]。在翦伯赞看来，这些学者不是以马克思主义理论为指导研究中国历史，而是教条主义地运用马克思主义理论推导中国历史。故而他批评郭沫若对“中国历史发展阶段”的划分“陷入公式主义的泥沼”[③]。吕振羽也有类似的认识，他指出，当时的论战，一般还局限于搬弄原理的公式主义，很少把握到中国历史的具体性——除真正联系实际的很少的几个人以外，然而却开辟了新兴历史科学的道路，初步动摇了实验主义的历史理论的基础；当时除那代表地主买办阶级的历史理论是一种形而上学的半实验主义的理论外，有些新史家也没有完全摆脱‘疑古’派的影响，误认殷代为中国史的‘开幕’期，就是一个例子。[④]论及有关亚细亚的生产方式的论争时，他进一步指出：论争的各家“都没有从活的历史的具体内容与具体分析出发，只是从理论宝库中去搬一些原理或公式。马克思、列宁学说的原理原则，无疑地都是正确的，是我们所依以认识、研究和处理问题的指南针，但仅凭原理原则并不能代替具体的历史，只有依靠历史自身的具体内容，才最能帮助问题的解决”[⑤]。侯外庐指出：“这个论战的最大缺点，即以公式对公式，教条对教条，很少以中国的史料信征者做基本的立足点。”[⑥]20 世纪 80 年代他回忆其社会史研究历程时，仍然认为 20 世纪 30 年代的社会史论战在方法上所存在的弊端是教条主义与公式主义：“这场论战有一个最大的缺点，就是对于马克思主义的基本理论没有很好

① 翦伯赞：《历史哲学教程》，第 54 页。
② 翦伯赞：《历史哲学教程》，第 193 页。
③ 翦伯赞：《历史哲学教程》，第 224 页。
④ 吕振羽：《中国社会史诸问题》，上海：华东人民出版社，1954 年，第 1 页。
⑤ 吕振羽：《中国社会史诸问题》，第 42 页。
⑥ 侯外庐：《中国古典社会史论 · 序言》，重庆：五十年代出版社，1943 年，第 2 页。

消化，融会贯通，往往是以公式对公式，以教条对教条”，后来他又“想到一个问题，即缺乏马克思主义的基本理论修养而高谈线装书里的社会性质，是跳不出梁启超、胡适‘整理国故’的圈套的”。“论战的另一个缺点是，不少论者缺乏足以信征的史料作为基本的立足点，往往在材料的年代或真伪方面发生错误。”[①]不难看出，马克思主义史家都认为中国社会史论战在方法论上陷入了教条主义泥沼，脱离中国实际，因而难以得出正确的认识。

这些马克思主义史家并没有停留在揭露社会史论战中所存在的弊端这一点上，为了求得对中国社会史的正确认识，他们认为首先要弄清楚马克思主义历史科学理论，其次要谨守考证辨伪的科学方法，使研究建立在可信的基础上。为此，他们在理论研究上付出了巨大的努力。翦伯赞撰写了《历史哲学教程》一书，结合中国历史实际阐发了唯物史观的基本原理，并在此基础上批判了社会论战时期有关中国社会历史发展形势的各种见解，提出了自己对中国社会发展史的系统认识。吕振羽著有《中国社会史诸问题》，对社会史论战中主要争论的问题如“亚细亚生产方式”“中国社会史上的奴隶制问题”“中国社会发展诸阶段问题”进行探讨，梳理了其论争的起源、各家各派学者的观点，在分析批评各种观点之后，提出了解决有关争论的方法和自己的认识；同时还对中国社会“停滞性”问题、民族文化的继承问题等，进行了研究讨论。侯外庐则对马克思提出的“亚细亚的生产方法”进行了深入的研究，并以此为出发点探索中国文明发展的具体道路。

这里我们以翦伯赞为例来说明马克思主义史学家在理论上是如何廓清社会史论战时有关唯物史观的模糊甚至是错误的认识的。翦伯赞《历史哲学教程》阐述了“历史发展的合法则性”“历史的关联性”“历史的实践性”“历史的适应性”等问题。“历史的合法则性”讨论的是历史发展规律问题，翦伯赞指出：“所谓历史的合法则性，即关于历史上各时代社会经济形态的诸构成之发生发展崩溃与由一形态向另一形态转化之一般的法则及其特殊的形势。”[②]他认为历史发展的一般性法则与特殊性法则是辩证统一的。“人类历史的发展，都是经过同一的相续的诸发展阶段，具有其一般法则。然而由于空间的地理环境等条件的歧异，也能给予以各自不同的特殊性……虽然这种特殊性，

① 侯外庐：《我对中国社会史的研究》，《历史研究》1984年第3期，第5页。
② 翦伯赞：《历史哲学教程》，第60—61页。

又经常地从属于一般法则，但特殊性却又正是个别民族历史的具体内容的构成之重要契机。”[①]从这一观点出发，翦伯赞对社会史论战所争论的几个理论问题进行了剖析。亚细亚生产方式是社会史论战中争论最为激烈的一个问题，翦伯赞认为从普列汉诺夫、马札亚尔、歌德斯到中国的郭沫若，或将亚细亚生产方式理解为东方社会一种独特的社会形态、人类社会发展中前阶级社会的一般形态，或否认其存在性，违背了历史发展的一般性与特殊性辩证统一这一原则，从而陷入了地理二元论、图式主义的咬文嚼字或经院主义的抽象玄想，只有科瓦列夫提出的其相当于希腊罗马奴隶制社会时代之“东方的”奴隶制的变种，是关于这个问题的一个正确的结论。“他一方面，从历史发展之一般性中抽出其‘东方’社会的特殊性，又从‘东方’社会之特殊性中把握其与世界历史发展的一般法则之关联。”[②]翦伯赞明确指出：“我们可以肯定，所谓亚细亚的生产方法决不是一种属于古代‘东方的’法则，一种特殊历史，也不是先于古代的一种社会构成，或氏族社会与奴隶社会的一种过渡形态，更不是可以武断地说它没有独特的存在于人类历史发展的过程中，它确实是人类历史发展中的一种附有独特形势（式）的奴隶制的社会构成，它不仅存在于古代中国和埃及，也同时存在于俄国，存在于日本、印度、中央亚细亚，它是古代希腊、罗马而外的一种普遍存在的奴隶制的变种。”[③]“奴隶所有者社会问题”，也是社会史论战时讨论的关键问题之一。翦伯赞认为，根据马克思、恩格斯、列宁的理论，奴隶社会是氏族社会解体后出现的一个历史阶段，一种普遍的、必然的社会制度，在具体的发展上则可以表现为各种程度不同的形态。基于这种认识，他批评郭沫若在这个问题上犯了两个错误：一是认为奴隶社会是从“亚细亚生产方式”发展出来的，而不是从氏族社会发展而来的；二是忽视了东方社会的特殊性，牵强附会地将中国的奴隶制说得像希腊、罗马的一样。对于那些否定奴隶社会的普遍性，而认为只有古代希腊、罗马存在这种制度的见解，翦伯赞认为是受普列汉诺夫的地理史观的影响，是历史的多元论在作祟，违背了历史发展的合法则性原则。[④]至

① 翦伯赞：《历史哲学教程》，第 62 页。
② 翦伯赞：《历史哲学教程》，第 70 页。
③ 翦伯赞：《历史哲学教程》，第 71 页。
④ 翦伯赞：《历史哲学教程》，第 73—74 页。

于“商业资本主义社会”，则是一个关系到如何认识当代社会性质的问题。当时陶希圣认为中国处于商业资本社会。翦伯赞指出，划分历史时代的标准是生产方法，而不是附在生产方法上的任何次要东西。商业资本的本质构成是货币及两极的商品，只负担商品的交换关系，并不能代表一种独特的生产方法。只要具备货币与商品流通所必须的条件，任何历史阶段都有商业资本存在，故而商业资本不能代表历史上一个独立的社会阶段。在厘清了这三个问题之后，翦伯赞指出：“只要我们的历史家不在马列文献上去咬文弄字，甚至割裂、歪曲马列的整个历史的唯物论，放弃学究主义、公式主义，不用幻想去代替事实、用公式去嵌镶历史，而能正确地依据历史的原理和具体的历史事实去研究历史，则对于交互错综的世界史的构成及其一贯之发展法则，自然会明白的。”[①]从这里不难看出，翦伯赞不但正确地理解了唯物史观，以及以唯物史观为指导分析社会史论战中所涉及的理论问题，而且还提出了正确理解唯物史观、运用唯物史观的方法。

在讨论“历史发展的合法则性”之后，翦伯赞还分别讨论了历史发展在时间上的连续性、空间上的相关性以及客观条件与主观条件的相互作用，即“历史的关联性”问题，人类历史发展的基础、动力，即“历史发展的实践性”问题，经济基础与上层建筑之相互关联，即“历史的适应性”问题，并运用唯物史观原理对这些问题进行了辩证分析。如他指出，历史从其总的过程看，在时间上是向着一个继起发展的总的前程进行的，各历史阶段是相互关联、相互制约的，在空间上各民族的历史是世界历史构成的一部或一环，总是不断地受到周围诸民族的影响或影响其他民族。因此，他要求马克思主义史学家以发展联系的观点从事历史研究，从“历史的关联性”认识历史的全面发展。

在阐述唯物史观的基本原理之后，翦伯赞对中国社会历史形势发展问题进行了研究。他批判了胡适、顾颉刚以及社会史论战中陶希圣、李季、郭沫若、吕振羽等学者有关中国社会发展形势的见解，如他认为郭沫若有关中国历史发展阶段的划分“陷入了公式主义的泥沼”，原因在于他对“亚细亚生产方式”的含义未能彻底理解，忽视了“奴隶制”的东方特殊性。对吕振羽有

① 翦伯赞：《历史哲学教程》，第80—81页。

关中国历史进程的见解，翦伯赞基本同意，但又指出当其论及封建社会内部各阶段发展时，采取发展—繁荣—衰落同一公式，不符合历史实际。“真正活的历史，其发展的规律，绝不会采取这样一个同一的路程。”[①]在批判各家有关中国社会发展史之见解后，翦伯赞指出：“世界其他文化民族所曾经过的历史发展诸阶段，在本质上，中国也曾一样经过了的。”“所不同的，只是在形式上有些差异。”殷代以前，中国存在过原始氏族制社会，殷代为奴隶制社会，但没有发展到希腊罗马那样的典型程度，未表现为“亚细亚的”形态。从西周到鸦片战争为封建制社会，西周为“初期的封建制”，从秦以后转变为“专制的封建制”，即封建制的“东方的变种”。封建社会的末期中国的布尔乔亚（资产阶级）已经开始了自己的历史行程，但在外国资本主义的侵略下，中国被迫转化为半殖民地半封建社会。民族抗战开始后，中国社会开始新的转变，即从半殖民地半封建社会开始向独立自由和幸福的社会转化。[②]可以看出，翦伯赞有关中国历史发展进程的系统认识，建立在反思和总结社会史论战论证的基础上，同时克服了社会史论战时期学者公式主义、教条主义地运用唯物史观的弊端，标志着这一时期马克思主义史学理论达到新的高度。

在《略论中国史研究》一文中，翦伯赞指出研究中国历史，要“看看大汉族以外的中国”“再看看中国以外的世界”“中国史没有奇迹，也不是西洋史的翻版”“注意客观的倾向，也不要忽视主观的创造”“不要看不起小所有者”“也要注意宗藩、外戚与宦官的活动”“在研究‘内乱’时不要忘记了‘外患’”“应该从文化中找反映，但不要被他们迷住”。[③]这些认识具体体现了翦伯赞是如何运用唯物史观原理研究中国历史，并真正做到了理论与实际的有机结合。

经过翦伯赞等史家的艰辛努力，基本上澄清了社会史论战时期所争论的如亚细亚生产方式问题、中国有没有奴隶社会、中国封建社会的性质、商业资本主义等理论问题，并对社会史论战时已涉及的有关中国社会“停滞性”问题进行了讨论，在有关中国社会历史发展的认识上，尽管在中国社会历史阶段划分的具体时间上还存在分歧，但史家们基本上达成了共识：中国社会

① 翦伯赞：《历史哲学教程》，第 227 页。
② 翦伯赞：《历史哲学教程》，第 235—236 页。
③ 翦伯赞：《略论中国史研究》，《历史哲学教程·附录》，第 260—275 页。

历史的发展既遵循马克思主义指出的人类历史发展普遍规律，又具有自己的特点。在此基础上，20 世纪 40 年代形成了马克思主义中国历史体系，并成为此后马克思主义史学研究的理论架构。

二、有关社会史论战中史料运用的审查

在社会史论战中，史学家们对史料的运用也存在弊端：一是不重视史料，很少以可信的史料作为研究基础；二是曲解、割裂史料，以附会理论。在有关社会史论战的反思中，郭沫若检讨了其《中国古代社会研究》中存在的失误，强调运用正确的史料在历史研究中的重要性；侯外庐提出应当以谨守考证辨伪方法作为历史研究的原则。郭沫若在《中国古代社会研究》1954 年新版引言中曾指出："研究历史，和研究任何学问一样，是不允许轻率从事的。掌握正确的科学的历史观点非常必要，这是先决问题。但有了正确的历史观点，假使没有丰富的正确的材料，材料的时代性不明确，那也得不出正确的结论。"[①]这其实是他反思和总结《中国古代社会研究》在史料运用上所存在的偏差而提出的历史研究原则。早在《十批判书》中的《古代研究的自我批判》中，郭沫若就已经对《中国古代社会研究》在"古代研究上的资料问题"中有关"文献的处理""卜辞的处理""殷周青铜器的处理"进行了检讨。如他指出《周易》为战国初年的作品，却一直被学者们认为是殷末周初的作品，他从前也是这样认为的。在《中国古代社会研究》中"把《周易》作为研究殷末周初的资料，当然完全是错误的"[②]。在处理殷周青铜器问题上，因"无条件地把（罗振玉）《殷文存》作为研究殷代的资料而使用，近来还有不少的朋友以讹传讹，我是要承认我的冒昧的"[③]。除了误用史料之外，《中国古代社会研究》还存在曲解史料的弊端，对此，郭沫若也进行了检讨。如根据社会发展理论，铁器的出现与使用是奴隶社会的一个重要标志。在《中国古代社会研究》一书中，他为证明西周是奴隶社会，提出周代——铁的出现时期，认为周由古公到王季再到文王，农业发达，"终于把殷也灭了。农业的这样骤然的

① 郭沫若：《中国古代社会研究·一九五四年新版引言》，北京：中国华侨出版社，2008 年，第 1 页。
② 郭沫若：《十批判书·古代研究的自我批判》，北京：东方出版社，1996 年，第 2 页。
③ 郭沫若：《十批判书·古代研究的自我批判》，第 7 页。

发展又是甚么原（缘）故？便是铁器的发明！”[①]尽管考古发掘和文献记载均未表明周代有铁器，他却据《考工记》“段氏为镈器”之“段”可引申为“‘铁’的意义”，说明其所做的镈器一定为铁器。《诗经·大雅·公刘》篇“取厉取锻”一语，他解释说，“厉是石器，锻，《毛传》训石，《郑笺》谓‘石所以为锻质’，则是铁矿之意”，从而论证西周有铁器。“《公刘》这诗是周初的文字，所以我们可以断言，在周初的时候铁的耕器被发现了。”[②]因铁器的发现，周室农业发达起来，终究将殷室吞灭，而且进入了一个新的社会——奴隶社会。在《古代研究的自我批评》中，他指出这种认识是错误的。“《公刘篇》绝不是周初的诗，锻字的初文即是段字，有矿石，石灰石以及椎冶的含义，并没有铁矿的意思。我以前根据郑玄‘石所以为锻质’的解释认为其为铁矿，那完全是牵强附会。”据《诗经·公刘篇》“取厉取锻”一语，“解释为周初已发现铁，作为周人的生产力超过了殷人的根源。这所犯的错误相当严重”[③]。通过对《中国古代社会研究》一书在运用史料方面的纠偏，郭沫若对中国古代社会的认识也发生了变化。如他认为以前将殷代作为氏族社会，低估了其生产力的发展水平，其应是奴隶社会。所以，他强调：“无论作任何研究，材料的鉴别是最必要的基础阶段。材料不够固然大成问题，而材料的真伪或时代性未规定清楚，那比缺乏材料还要更加危险。因为材料缺乏，顶多得不出结论而已，而材料不正确便会得出错误的结论。这样的结论比没有更要有害。”[④]这是郭沫若在总结社会史论战中史料之运用失误所得出的深刻认识。

侯外庐针对社会史论战中学者普遍忽视具体史料，以公式对公式，教条对教条的方式进行研究，以及运用史料的随意性，强调史料考辨对正确研究中国社会史的重要性，认为“必须接受清代考证的传统”“必须接受卜辞金文家的传统”[⑤]为中国古史研究的路径之一，并将“谨守考证辨伪的治学方法”作为研究中国古代社会的一大原则。他指出：“科学重证据，证据不够或不适当，结局便会是闭门造车和主观臆度。”[⑥]具体说来，即必须勤恳虚心吸收前

① 郭沫若：《中国古代社会研究》，第13页。
② 郭沫若：《中国古代社会研究》，第14—15页。
③ 郭沫若：《十批判书·古代研究的自我批判》，第61页。
④ 郭沫若：《十批判书·古代研究的自我批判》，第2页。
⑤ 侯外庐：《中国古典社会史论·序言》，第2页。
⑥ 侯外庐：《中国古典社会史论·序言》，第6页。

人考据学方面的成果，再进一步或改进或订正他们的说法。第一，要弄清资料的时代，不可张冠李戴。“例如，引用《书经》资料，如果拿《商书》当做殷代的作品去论证商世，就会大上其当。如果拿《周礼》来论证周初的制度，就会犯错误。”[①]在社会史论战中，郭沫若的《中国古代社会研究》中因对有关资料的时代没有考证清楚，就出现过此类的错误。如将成书于战国时期的《尚书》“洪范”篇“认为确是箕子所作，曾据以探究过周初的思想”[②]。因此，侯外庐强调考辨资料的时代应是有感而发的。第二，充分利用考古资料，用地下资料解决文献上的问题。“卜辞和金文出土以来，经过许多专家董理，成绩是可观的，我们研究古史，地下资料已成为必要的论据了。”[③]第三，必须正确地解读史料。“古书文字有一定的时代含义，决不能拿现代语的同类字句相比较，否则就会犯望文生义的错误。因为古人所用的词句在字面上尽管和现代的一样，可是实际的意义有时却是相反的。今文家常犯的毛病就是‘托古’、‘影古射今’，但是实事求是的研究，尤其研究古代史，却不能有一丝一毫的渲染，以免差之毫厘，谬以千里。”[④]曲解史料，在社会史论战中时有发生，如前所述郭沫若为了证明周初已有铁器，就曲解过“锻”字的释义。因此，侯外庐对正确理解史料的强调是有针对性的。

侯外庐不但在理论上倡导历史研究应“谨守考证辨伪的治学方法”，而且在自己的史学实践中也是遵循这一原则的。如在《中国古代社会史论》中论及中国古代“城市国家”的起源及其发展时，他根据卜辞、金文和可信的文献资料，以亚细亚生产方式理论为指导，阐述了中国古代的国家起源、发展，以及所具有的东方社会的特征。在《我对中国社会史的研究》一文中，侯外庐概述了其研究的方法和过程，指出：“我研究中国城市国家的第一个步骤，是首先弄清楚邦和封，城和国的意义，这是考察中国古代封国和城市国家的成立与发展的先决条件。”[⑤]根据王国维对“古邦”“封”、郭沫若对“建”的解释，说明“邦”在最初是用林木或树枝划分“疆”界，“封”在殷周之际，也是指以树木划分疆界。这是古代社会筑城的第一个阶段。而所谓“营国”，

① 侯外庐：《中国古代社会史论·自序》，第6页。

② 郭沫若：《十批判书·古代研究的自我批判》，第2页。

③ 侯外庐：《中国古代社会史论·自序》，第6页。

④ 侯外庐：《中国古代社会史论·自序》，第6—7页。

⑤ 侯外庐：《我对中国社会史的研究》，《历史研究》1987年第3期，第14页。

即是划分都鄙之制度，比较用草木封树的情况，已较前进步，属于筑城的第二个阶段。他指出：“我研究中国城市国家的第二个步骤，是着重考察它成立和发展的具体过程。”根据卜辞“封邑”的记载，说明“邑”在殷末已在建立的过程中，但尚处于初期的阶段。根据《诗经》有关篇章，论证以公刘时代为起点，到太王、王季之“作邦作封”，周人开始进入分国分野的时期。文王继承祖业，又作邑于丰，处于建国之中，武王时期经济繁荣，人口蕃庶，牧野一战，击溃殷国，俘获殷民，奠定了周代国家。武王、周公时代大规模的封国，从东营洛邑以至春秋初年的所谓“诸侯城楚丘而封卫”，可以说是城市国家筑城建国过程中一系列历史事件。

到了春秋时代，这些封国由于领土的扩大，人口的增加，出现了拿邑封大夫的现象。随着政权下逮，大夫们各自有了自己的都与国，从而产生了春秋时代特有的畸形的国家形态，即“两政耦国”。所谓“耦国”，即是两个都城。“耦国”的出现表明氏族制度的分化，但不是氏族制度的结束。为了探讨中国古代国家发展的路径，侯外庐还对先秦时期的城乡关系进行了深入考察。“我研究古代城市国家的第三个步骤，是进一步考察了城市和农村的关系，因为根据马克思的理论，历史的矛盾可以总括在城市和农村两者对立的各时代形态中。”“通过对古代封国的研究，知道了周代的城市和农村，是在封疆之内的叫做‘国’，在封疆之外的部分叫做‘野’，国又叫做都，野的范围便叫做‘四鄙’，这正是历史上第一次城市和农村的划分。”古代社会这种都鄙之别，在于城市对农村的支配关系。这种特殊关系，正是由古代氏族贵族的土地国有和氏族奴隶的集团劳动者二者结合的生产方式所决定的。由于土地的国有形态，生产者也是国有形态，在上的氏族贵族掌握了城市，在下的氏族奴隶住在农村，这就使两种氏族纽带结成密切的关系，但这种关系却不容易连结在土地上面，进而像古典国家那样向第二阶段（显族阶段）发展，而是形成了城市和农村特殊的统一和古代氏族贵族的专政。这种城市和农村的不可分割的统一，正是马克思所说的“亚细亚的历史”。中国古代“城市国家”具有这种亚细亚特性。[①]

不难看出，侯外庐以亚细亚生产方式为指导，以征信的资料作为基本的立足点，通过“谨守考证辨伪的治学方法”，揭示了中国国家产生、发展的具体路径以及中国早期社会发展的特征。

---

① 侯外庐：《我对中国社会史的研究》，《历史研究》1984 年第 3 期，第 14—16 页。

郭沫若、侯外庐等马克思主义史学家对有关社会史论战中史料运用问题的检讨，以及在此基础上提出的运用史料的原则和实践，对中国史学尤其是马克思主义史学产生了深远的影响，纠正了社会史论战时公式主义、教条主义盛行的学风。翦伯赞指出："我以为新的历史学家，在现在的任务，不是高谈方法论，而是应该带着他们已经知道了的方法，走进中国历史资料的宝库，去用历史资料来考验方法论。"[①]他认为研究历史的方法"就是从历史事实中发见历史发展的原理原则；再用这种原理原则去说明历史的事实"。"要找出历史发展的原理原则，还是要记得'历史事实'。多记'历史事实'，是研究'历史方法'之基本前提。"对之前完全否定的实验主义者，也肯定了他们在史料整理方面的功绩。"我们不是说，这种琐碎的研究工作对于研究中国史不是必要的，反之，我们觉得这正是研究历史的一个前提工作。"[②]王学典论及马克思主义史学的发展时曾指出，马克思主义史学家在20世纪40年代中后期已由原来的偏重方法向方法与材料并重的方向转移。[③]这种变化，是建立在清算社会史论战中史料运用弊端的基础上的。

三、马克思主义理论与中国历史实际相结合学风的提倡

社会史论战中教条主义地运用唯物史观、忽视或曲解史料所造成的严重后果，就是教条主义、公式主义盛行。史学研究以引经据典为能事，难以将马克思主义理论与中国历史实际有机地结合起来，揭示出中国历史发展的特点和规律。因此，在总结、分析、批判社会史论战的基础上，马克思主义史家思索如何将马克思主义基本原理与中国历史实际结合起来作统一的研究，以实现马克思主义历史科学的中国化。侯外庐在这方面做出了艰苦的努力。他指出："10年（即1931年至1941年——作者按）以来，我常常考虑着一个问题：讨论中，有两种明显的偏差，一种是公式对公式，教条对教条，很少以中国的史料做基本立脚点；另一种则是，形式上占有了一些中国古代的

① 翦伯赞：《略论中国史研究》，《历史哲学教程·附录》，第260页。

② 翦伯赞：《略论中国史研究》，《历史哲学教程·附录》，第259—260页。

③ 参见王学典：《从偏重方法到兼重材料——40年代中后期唯物史观派的动向之三》，《20世纪中国史学评论》，第125—140页。

材料，而实际上忽视了中国古代社会的基本法则。”他认为“问题的本质在于没有找到研究古代社会的科学路径。也就是说，还缺乏正确的方法论，来处理中国古代浩繁的史料”[①]。为此，他提出研究中国古代史，在弄清亚细亚生产方式理论、谨守考证辨伪的治学原则的基础上，还必须“把中国古代散沙般的资料和马克思主义历史科学的古代发展规律，做一个统一的研究”。这种研究“就一般的意义来说，这是历史科学中关于古代社会的规律的中国化；就特殊的意义来说，这是氏族、财产、国家等问题的研究在中国的引申和发展”[②]。这就是他提倡的中国古代社会研究的三个原则：第一，确立中国的古代是“亚细亚生产方式”为主导的古代；第二，谨守考证辨伪的方法；第三，力求把马克思主义同中国古代史料结合起来，作统一的研究。他认为自己就是以此为标准从事学术研究的。“我的治学一贯朝这条路子走，是用了些精力的，但究竟做到了几分，则没有把握。我始终相信，这个方向是正确的。”[③]一方面，他花费大量的时间和精力研究马克思主义理论，尤其对亚细亚生产方式进行了深入的研究；另一方面他接受考据学的传统，吸收王国维、郭沫若的研究成果，对有关中国古代社会的史料进行了一番清洗，认为应以卜辞、金文为经，古史断简能定其年代之信征者为纬，绝不轻信古书。他将这两个方面所得结合起来，探索中国古代社会发展路径。

在《中国古典社会史论》以及在此基础上撰写的《中国古代社会史论》中，侯外庐以亚细亚生产方式理论为中心，依据卜辞、金文以及可信的古书上的材料，从氏族、财产、国家起源的东方具体的路径着手，揭示出中国文明发展的独特路径——不同于希腊、罗马的维新路线，即希腊、罗马进入阶级社会是革命的路径，冲破氏族的束缚，以地缘关系代替血缘关系建立国家；中国走的是改良的维新路径，氏族制度保留在文明社会中，就是中国古文献上所说的人唯求旧、器唯求新的“其命维新”的奴隶社会；回答了中国古史研究中的重要问题，如中国古代社会与亚细亚生产方式的关系、中国古代社会的生产关系、中国古代文明起源的特殊路径、中国古代的政治结构的特点及法律、伦理的起源发展等。白寿彝先生论及侯外庐的学术成就时曾指出：

① 侯外庐：《韧的追求》，北京：人民出版社，2015 年，第 108 页。
② 侯外庐：《中国古代社会史论 · 自序》，第 7 页。
③ 侯外庐：《韧的追求》，第 110 页。

“他研究中国历史是想把马克思主义史学理论中国化，也可以说把马克思主义史学理论民族化。”“反映了我们中国马克思主义史学发展到新的阶段。”[1]从白先生的评价中不难看出，在总结社会史论战基础上的中国历史研究已经克服了公式主义、教条主义的弊端。

从马克思主义史学发展史上看，社会史论战结束后的20世纪30年代末至40年代是马克思主义史学迅速发展时期。这固然是由多方面的原因促成的，但其中一个最关键的因素应该是马克思主义史学家在反思、总结社会史论战基础上对唯物史观的深入研究阐发，对史料的重视以及对公式主义、教条主义的摒弃。20世纪30年代末至40年代马克思主义史学家对社会史论战在理论上、史料上以及如何运用唯物史观研究中国历史所存在的问题上进行了全面系统的总结，并在此基础上阐述了正确地运用马克思主义理论研究中国历史的原则，从而使马克思主义史学走出了公式主义、教条主义的泥沼，标志着马克思主义史学已经发展成熟。

① 白寿彝：《外庐同志的学术成就》，《史学史研究》1989年第3期，第1—2页。

第十章　唯物史观的普及与史学研究者理论水平的提升

中华人民共和国成立之初开展的唯物史观的普及以及由此引发的对有关重大历史理论问题的讨论，从整体上改变了中国史学研究的方向与面貌，并对 20 世纪后半期中国史学的发展产生了深刻的影响。或许关于这一活动本身及其对中国史学的影响，学者会有不同的认识，但都会承认经过唯物史观的普及与重大历史理论问题的论争，广大史学研究者的理论思维能力得到了训练，整个史学界的理论水平有了前所未有的提升。

一、唯物史观的普及与重大理论问题的论争

中华人民共和国成立以前，在马克思主义理论家、史学家的艰苦努力下，唯物史观的影响不断扩大。但就整个思想界而言，许多人对唯物史观还是陌生的。中华人民共和国成立后，为了改造旧的意识形态，巩固马克思主义的指导地位，在全国范围内进行了唯物史观的普及。1949 年创办的《学习》杂志创刊号发表了艾思奇《从头学起——学习马列主义的初步方法》一文，阐述了学习马克思主义理论的必要性以及现阶段学习马克思主义的主要任务、方法。为推动唯物史观的普及，毛泽东亲自审定了包括马克思、恩格斯、列宁、斯大林和他自己著作在内的 12 种书目作为广大干部群众与知识分子学习唯物史观的必读书目。对史学界来说，普及唯物史观，旨在使史学研究者通过学习历史唯物主义，尤其是社会发展史，树立正确的历史观，并以马克思主义的立场、观点和方法从事史学研究。1949 年成立的新史学研究会将“学

习并运用历史唯物主义的观点和方法，批判各种旧历史观，并养成史学工作者实事求是的作风，以从事新史学的建设工作”作为宗旨。1950 年翦伯赞发表《怎样研究中国历史》一文，阐述了史学研究者如何在唯物史观的指导下，确立正确的观点、立场、态度、方法。他强调，史学研究者应站在劳动人民的立场上，建立以劳动人民为中心的新历史观点，站在民族平等的立场上，撰写包括中国境内各族人民的历史在内的真正的中国历史；要以社会形态理论划分中国历史发展阶段，说明每一历史阶段所特有的基本经济法则和与此相适应的阶级关系、政治制度乃至意识形态，说明一个历史阶段发展到另一个历史阶段的变革过程；要以辩证唯物主义的方法，从阶级矛盾中寻找历史的变革。①这反映了在史学界普及唯物史观要达到的目标。批判唯心主义历史观也是普及唯物史观的一个重要方面。中华人民共和国以前，许多知识分子受到以胡适为代表的实验主义哲学的影响，毛泽东认识到要改造知识分子，确立马克思主义的主导地位，在学习唯物史观的同时，还必须清除胡适的影响，于是亲自发起了对胡适的批判运动。在批判胡适运动中，史学界对胡适、傅斯年、钱穆等的历史观和史学方法也进行了批判与清算，一些深受他们影响的史学家逐渐地接受了马克思主义理论，形成了新的历史观。

通过对唯物史观的普及，绝大部分史学工作者在对人类历史与中国历史发展过程的认识上达成了共识。他们普遍地认识到：“人类历史是按照客观规律发展的过程，而生产方式的变革则是社会制度和思想观念变化的基础；中华民族自古以来就是多民族的国家，它从原始公社崩溃以后，经历过奴隶社会与封建社会；中国封建社会的主要矛盾是农民阶级和地主阶级的矛盾，农民的阶级斗争和农民的起义是历史发展的真正动力；中国封建社会内部商品经济的发展孕育了资本主义萌芽，如果没有外国资本主义的入侵，中国也将缓慢地发展到资本主义社会；鸦片战争以后，中国逐步沦为半殖民地、半封建社会，从此帝国主义和中华民族的矛盾、封建主义和人民大众的矛盾成为近代中国社会的主要矛盾。”②这表明，唯物史观已经为大多数史学研究者所接受，从而确立了马克思主义史学的主导地位。

接受了唯物史观的史学工作者试图把唯物史观与历史研究实际相结合，

① 翦伯赞：《怎样研究中国历史》，《新建设》1950 年第 3 卷第 2 期，第 14—20 页。
② 卢钟锋：《回顾与总结：新中国历史学五十年》，《中国史研究》1999 年第 3 期，第 5 页。

并对历史研究中所遇到的理论问题以自己所理解的马克思主义理论进行思考，于是史学界出现了有关重大理论问题的论争。这些理论问题主要有古史分期，即奴隶社会与封建社会的分期、亚细亚生产方式、中国资本主义的萌芽、中国封建社会内部的分期、封建土地所有制形式、汉民族的形成、农民战争、中国封建社会长期延续的原因、中国古代的民族关系、关于历史人物的评价、史论关系等。其中，古史分期、封建土地所有制形式、中国资本主义的萌芽、农民战争、汉民族的形成等问题，引起了史学研究者热烈而持久的讨论，被称为“五朵金花”。史学界所讨论的这些问题，与如何认识中国历史进程与面貌以及如何运用唯物史观研究历史有着密切的关系。如关于中国奴隶社会与封建社会分期的讨论，关系到如何运用马克思主义社会形态理论认识中国历史发展的阶段以及以何种因素作为划分中国社会发展阶段的标准等一系列的问题。关于中国资本主义萌芽的讨论，主要探讨的是中国从古代走向近代的自然历史发展过程以及这一过程被中断的原因之所在。中国是一个多民族的国家，其中汉族在多民族国家的历史发展中起着主导作用。对汉民族的形成以及民族关系问题的论辩，旨在正确地理解、认识统一的多民族国家形成的历史。在中国封建社会，土地和农民问题是最主要的问题。封建土地所有制是封建生产关系的基础，对这一问题的认识，是认识中国封建社会历史发展的必要前提。对农民战争的作用及其相关问题的研究，其实质是对中国封建社会历史发展动力问题的探讨。关于这些问题，史学界尽管没有达成共识，讨论中也存在简单化倾向，但都是立足于运用唯物史观来探讨中国历史发展过程及其特点。通过讨论，历史研究的基础理论扎实了，史学界的整体理论水平也提高了。正如学者所指出的，“建国初出现了著名的古代史研究的‘五朵金花’，标志着新中国史学开始摆脱战争时期史学的草创痕迹，向着严肃的科学境界迈进”①。

二、史学研究者理论水平的提升

20世纪末，当人们回首20世纪中国史学发展的历程时，在对20世纪50～60年代史学的评价上产生了严重的分歧。肯定者认为“文化大革命”前17年

① 盛邦和、何爱国：《中国现代史学三流派及形成的社会原因》，《史学理论研究》2003年第4期，第33页。

的中国史学虽然存在教条主义倾向，但成就是主要的，并从通史编纂、断代史与专题史的研究与撰述、史料的整理等方面对这一时期的史学成就进行阐述。否定者则认为以农民战争史为代表的“五朵金花”是假问题，是意识形态中的学术争论，“文革”前17年的史学没有脱离战时史学的窠臼。双方分歧之严重，似乎难以调和。但有一点，分歧的双方大约都会赞成，这就是通过唯物史观的普及，尤其是在此基础上产生的重大理论问题的论争，史学研究者的理论思维能力得到了训练，理论水平有了极大的提升。这种变化反映在绝大多数史学研究者身上。

在范文澜、翦伯赞等中国马克思主义史学创建者那里，理论水平的提升表现为对马克思主义理论的运用臻于纯熟。范文澜等在中华人民共和国成立以前就已经运用唯物史观研究中国历史，并初步建立了马克思主义中国历史体系，但由于历史条件的限制与认识方面的原因，难免存在简单、机械的弊端。在唯物史观的普及中，他们在指导史学研究者学习与运用唯物史观研究历史的同时，检讨自己以往研究中所存在的不足，并在进一步学习马克思主义理论的基础上对历史理论问题进行深入的探讨。范文澜在这方面尤为突出。他在延安撰写《中国通史简编》一书时，对唯物史观的运用还未达到熟练的程度，因而存在非历史主义的缺点。[①]中华人民共和国成立后，他在检讨《中国通史简编》所存在的缺点的基础上集中精力对其进行修订，并吸收史学界有关重大理论问题的讨论成果，对中国通史编纂所涉及的理论问题进行系统的研究。在修订本《中国通史简编》绪言中，他深入地阐述了劳动人民是历史的主人、阶级斗争是研究历史的基本线索、在生产斗争中的科学发明、汉族社会发展史的阶段划分、汉族封建社会的分期、汉族封建社会开始于西周、自秦汉成为统一的多民族国家的原因、历史上的爱国主义、历史上战争的分类等九个方面的理论问题，表现出对马克思主义理论已经运用自如。“把这些问题充分展开论述，标志着著者对唯物史观的运用达到了纯熟的程度。”[②]如以西周为封建社会的开端，是范文澜始终坚持的观点。但在为《中国通史简编》的撰写作理论准备的《关于上古历史阶段的商榷》一文中，他主要根据《联共（布）党史》中有关奴隶社会、封建社会的观点，逐项列举中国史料

① 参见范文澜：《关于〈中国通史简编〉》，《新建设》1951年第2期。

② 陈其泰：《范文澜学术思想评传》，北京：北京图书馆出版社，2000年，第252页。

以证明殷商为奴隶社会、西周为封建社会，显得机械生硬。而在修订本绪言中，他以生产关系的变化为社会形态变革的主要标志，通过对西周土地制度、宗法制度的分析以及对西周农夫身份的辨析，来说明西周是封建社会。其有关论述颇具说服力，被视为西周封建论的代表。这表明，范文澜已超越了延安时期学习运用马克思主义研究、撰写中国历史的阶段，能够熟练地运用马克思主义理论解决历史问题了。唯物史观的普及以及对重大理论问题的讨论也促进了郭沫若、吕振羽、翦伯赞、侯外庐等在理论上进一步成熟。如吕振羽通过对两周时期不同地区封建制代替奴隶制的进程以及在这一过程中各种生产关系并存情况进行考察，揭示出两周社会从奴隶制向封建制过渡的复杂性和不平衡性，从而使西周封建说更为周密、严谨。[①]翦伯赞撰写的《目前史学研究中存在的几个问题》《对处理若干历史问题的初步意见》等文章，对如何正确运用唯物史观研究历史与撰写中国历史进行了深入阐述。这是其继《历史哲学教程》之后，对马克思主义史学理论的新贡献。这些马克思主义史学家对有关理论问题的认识，代表了当时中国史学理论上的最高水平。

20 世纪 50～60 年代理论思维能力与水平提升最显著的，是那些在中华人民共和国成立以前还不是马克思主义者的中年史学研究者，他们也被称为“中生代”史学群体。对中国史学发展具有重要影响的学者，如白寿彝、童书业、杨志玖、周一良、邓广铭、谭其骧、杨宽、杨向奎、唐长孺、韩儒林、王仲荦、梁方仲、傅衣凌等都属于这一群体。他们经过唯物史观的普及，初步掌握了马克思主义理论与方法。扎实的史料根底、深厚的实证史学功力与新掌握的马克思主义理论相结合，使他们的理论水平迅速提高，其史学研究也进入了新境界。这里，我们以白寿彝、杨志玖为例加以说明。中华人民共和国成立以前，白寿彝虽然在回族史、伊斯兰教史研究方面已经取得了丰硕的成果，但对马克思主义并不了解。经过唯物史观的普及，他掌握了马克思主义史学研究方法，其史学研究也随之发生了深刻的变化。如在回族史研究方面，他运用马克思主义民族理论阐述回族的形成与发展，以阶级观点分析回族人民的反抗斗争、回族和其他民族的关系以及门宦制度、教派之争的实质，并对回族史上的重要理论问题如回族与伊斯兰教的关系、回族的来源、回族内部的阶级关系以及与其他民族的关系、评价回族历史人物等，进行了

① 参见吕振羽：《论两周社会形势发展的过渡性和不平衡性——关于中国社会完成从奴隶制到封建制的过渡问题的探讨》，《新建设》1959 年第 9 期。

深入探讨。“文革”结束后，白寿彝致力于探索具有中国特色的马克思主义史学，并形成了自己史学研究的理论风格，在中国通史、民族史、史学史等领域取得了令人瞩目的成就，成为著名的马克思主义史学家。而这些成就的取得，与他在中华人民共和国成立初年学习唯物史观所奠定的理论基础密切相关。如1989年出版《中国通史·导论》有关中国历史撰述范围的认识，就是在其20世纪50年代发表的《论历史上祖国国土问题的处理》一文的基础上，吸收学术界的有关认识形成的。

杨志玖晚年回顾自己的治学生涯时，曾说：“学习了马列主义，开阔了视野，对过去模糊的认识清楚了，有些真有‘觉今是而昨非’的感觉。”[①]这种变化表现在史学研究中，就是以唯物史观为指导在隋唐史、土地制度史、元史的教学与研究方面取得了丰硕的成果。其中于1955年出版的《隋唐五代史纲要》被学者认为“是旧社会过来的知识分子学习唯物史观研究历史的一个尝试和例证”[②]。这部著作着重分析，避免简单罗列事实，具有较强的理论性和逻辑性，对后来断代史著作的撰写产生了很大影响。金毓黻称赞道：“他用去粗取精以简驭繁的方法，写出一部相当简明扼要的《隋唐五代史纲要》，这是现实非常需要的一部断代史。不仅隋、唐、五代一段应这样写，其余几个段落的断代史也都应该这样写。”通过与陈寅恪、岑仲勉的相关著作进行比较，金毓黻认为在有关隋唐历史的整体认识上，杨书优于陈、岑之作。“陈、岑二氏研究唐史之作，得到若干问题的深度，而彼此之间的联系，特别是内在联系，常常感到不够。杨著之佳，在能汇合诸家对若干专题之结论，作出联系，由联系而构成隋、唐、五代史之整个体系，得到一部断代史应有之宽度。此其所以为佳，亦可谓与陈、岑二氏之作互相配合相得益彰之作。”他认为这是因为杨志玖站在人民立场上，以唯物史观为指导，因而所撰之书具有较高的理论水平。“运用历史唯物论之治史方法前后一贯，此应为岑著之所不具，故以相形而见绌。夫既谓之断代史，则对于主要关键，必须前后一贯，杨著能之而岑著不能者，此由杨著能以新观点新方法以及站在立场治史，而岑著于此尚有不够之处也。”[③]在写给卞孝萱的信中论及理论、资料、写作技

① 高增德、丁东编：《世纪学人自述（第五卷）》，北京：北京十月文艺出版社，2000年，第126页。

② 张国刚：《关于50年代中国史学的几点评价——重读杨志玖先生〈隋唐五代史纲要〉》，瞿林东主编：《史学理论与史学史学刊（2002年卷）》，北京：社会科学文献出版社，2003年，第148页。

③ 金毓黻著，《金毓黻文集》编辑整理组校点：《静晤室日记》，第10册，沈阳：辽沈书社，1993年，第7164—7168页。

术关系时，他指出："治史之士必三者兼具而后可，如陈、岑二氏于新理论尚未能全部接受，即为其美中不足之一，杨著虽晚出，但于理论一端则差胜。"①从金毓黻的有关评论中不难发现，接受唯物史观的杨志玖，其理论水平远远地超过了尚未接受唯物史观的岑仲勉。

金毓黻在中华人民共和国成立时已过六旬，应是陈寅恪、岑仲勉同辈人。中华人民共和国成立前，他在东北文献的整理、东北史地、宋辽金史、中国史学史的研究等方面颇有成就。1949 年 1 月北平解放，金毓黻出于研究民国史的需要，开始阅读毛泽东《新民主主义论》。在唯物史观普及过程中，他一方面认真学习《联共（布）党史》《毛泽东选集》和社会发展史方面的著作，另一方面听有关唯物史观的讲座，认真做笔记。尽管"上了年纪"的他难以像杨志玖等"中生代"学人那样迅速地适应和学习，但他还是努力学习马克思主义理论，初步学会了以阶级观点分析历史问题。如他提出研究唐朝末年历史的关键是要树立阶级观点，抓住问题的实质。"研究此段历史最主要关键，即为建立阶级观点。"他以阶级分析法考察唐朝灭亡的原因，指出"农民起义自救，实为摧毁唐代统治之主因"，批评将唐朝灭亡归结为藩镇、宦官、朋党，"皆非洞中肯綮之论也"。②值得注意的是，通过唯物史观的学习，金毓黻对马克思主义理论在历史研究中的重要性有了深切的认识。他指出，理论、材料、写作技巧三者，理论处于首要地位。"吾所谓理论，即为马克思列宁主义之辩证唯物论，写作无此基础，则为无源之水，必不足观。"③前面所论他对陈寅恪、岑仲勉、杨志玖有关唐史研究著作的评骘，就是基于这一认识。这表明，经过唯物史观的普及，"上了年纪"的史学研究者对马克思主义理论的认识和自身的理论水平也有了提高。

从上面的论述中可以发现，经过唯物史观的普及与重大理论问题论争的理论训练，大多数史学工作者对理论在历史研究中的作用的认识以及自身的理论水平都有了新的变化，史学研究理论与实证并重成为史学研究者的常识。这些为后来我国史学的繁荣奠定了理论基础。

---

① 金毓黻著，《金毓黻文集》编辑整理组校点：《静晤室日记》，第 10 册，第 7175 页。
② 金毓黻著，《金毓黻文集》编辑整理组校点：《静晤室日记》，第 9 册，第 6983 页。
③ 金毓黻著，《金毓黻文集》编辑整理组校点：《静晤室日记》，第 10 册，第 7129 页。

第二编

中国通史编纂研究

第十一章　20 世纪史家对“通史家风”的继承和发展

注重于“通”、提倡撰写通史，是中国史学的传统，清代学者章学诚曾将这种传统概括为“通史家风”[①]。20 世纪的中国处于复杂多变的社会历史环境之中，这要求史学家通过对历史进程的考察，彰显中华民族的生命力，明确社会发展方向，同时也激发史学家经久不息地撰述中国通史的热情。而历史观的变革、新的理论与方法的引进以及历史学各分支学科的发展，为史学家不断重写中国通史创造了条件。从 20 世纪初梁启超倡导新型中国通史的写作到 20 世纪末白寿彝多卷本《中国通史》的完成，一共出版了 130 余部中国通史著作。20 世纪史家不仅重视通史撰述，而且在新的历史条件下将“通史家风”发扬光大，使这一优良史学传统焕发出新的风采。探讨这一问题，可以更好地认识现代史学与传统史学间的继承与创新关系。

一、从“通古今之变”到探索历史发展规律

“通古今之变”，是通史的灵魂，也是通史家风的核心。真正的通史必须具备通史精神，“‘通古今之变’就是通史的精神”[②]。所谓“通古今之变”，是将历史作为一个过程来把握，并探寻其发展变化之理，即“原始察终，见

① 对“通史家风”的内涵及其史学意义，许凌云、施丁、刘家和等曾进行过深入的探讨和阐发。参见许凌云《试论“通史家风”》(《历史研究》1983 年第 4 期)、施丁《说“通”》(《史学史研究》1989 年第 2 期)、刘家和《论通史》(《史学史研究》2002 年第 4 期)。这种探讨和阐发也是继承和发展“通史家风”的一个重要方面。本文讨论的重点则是 20 世纪中国通史撰述对“通史家风”的继承和发展。

② 刘家和:《论通史》,《史学史研究》2002 年第 4 期，第 9 页。

盛观衰”[①]，“稽其成败兴坏之理”[②]。20世纪接受进化史观、唯物史观的史家自觉地将认识和阐发历史规律作为史学研究目标，“通古今之变”这一通史精神体现为在历史的沿革流变之中系统地揭示其发展规律。中国史学对历史进程及其变化之理的探索因而进入了一个新的阶段。

1. 叙人群进化之现象而求得其公理公例

19世纪末20世纪初西方进化史观传入中国，史学家立即将其引入历史研究领域，作为理论指导，得出了历史是人类进化发展的过程，史学研究旨在揭示这一过程及其公理公例的结论。梁启超指出：“历史者，叙人群进化之现象，而求得其公理公例者也。”[③]这里所说的公理公例就是历史规律。章太炎认为，中国通史撰述应“熔冶哲理”，发现“社会政法盛衰蕃变之所原”[④]。这是要求以进化史观为指导揭示历史变化规律。这种将在历史发展过程中探索规律作为史学的使命，是20世纪史学研究的新观念，并为众多的史家所认同。如李泰棻指出：“史者，乃研究人类之进化现象者也。”旨在察变、探原、求例，以预知将来。[⑤]吕思勉也指出：“历史者，研究人类社会之沿革，而认识其变迁进化之因果关系者也。”[⑥]可以看出，进化史观史家已将“通古今之变”发展成为把握历史过程及其发展的规律，以指导未来。

划分历史阶段，是考察历史进程及其变化的重要手段。古代史家一般是以皇朝的兴亡划分历史阶段的，进化史观史家则从社会进化的角度将历史展现为一个不断发展的、有阶段性的因果联系过程。如夏曾佑《最新中学中国历史教科书》以国势强弱、文化发展、民族关系为线索，将中国历史划分为上古（草昧开辟到周末）、中古（秦至唐）、近古（宋至清）三大阶段，又将这三大阶段划分为传疑时代、化成时代、极盛时代、中衰时代、复盛时代、退化时期、更化期等七小阶段，并勾勒出其发展大势及各阶段的特点。[⑦]该书还注意考察历史时期的转折点，如将战国时期视为古今历史变革期，将“秦

① 《史记》卷130《太史公自序》，第3319页。
② 《汉书》卷62《司马迁传》，第2735页。
③ 梁启超：《新史学》，《饮冰室合集·饮冰室文集之九》，第1册，第10页。
④ 章炳麟：《訄书》初刻本重订本，北京：生活·读书·新知三联书店，1998年，第332页。
⑤ 李泰棻：《中国史纲·绪论》卷1，北京：武学书馆，1922年，第2页。
⑥ 吕思勉：《白话本国史·绪论》，《吕思勉全集》卷1，上海：上海古籍出版社，2016年，第1页。
⑦ 参见夏曾佑《最新中学中国历史教科书》，上海：商务印书馆，1905年，第1册，第6—7页。

人并天下”作为由上古转入中古时期的关键等。这是从历史发展的阶段和转折角度将中国历史作为一个从低级向高级不断进化的过程来把握的。这种认识也反映在刘师培《中国历史教科书》、李泰棻《中国史纲》、王桐龄《中国史》、吕思勉《白话本国史》、缪凤林《中国通史纲要》等通史著作中。这标志着有关中国历史进程及其变化的认识突破了朝代更替的模式。

“通古今之变”，不仅要考察历史进程及其变化，还需探寻这种变化发展的动因。一般说来，古代史家主要通过对“天命”与“人事”、“人意”与“时势”“事理”的考察来探索历史发展之“理”。进化史观史学家则从生存竞争、地理环境、学术文化、社会经济等方面，揭示历史发展之“公理公例”。他们认为人类社会也同自然界一样遵循“物竞天择，适者生存”的进化原则。“循夫优胜劣败之理，服从强权，遂为世界之公例，威力所及，举世风靡，弱肉强食，视为公义。”[①]如炎帝、黄帝、蚩尤之争战，就是因生存竞争而起。“至黄帝之时，生齿日繁，民族竞争之祸，乃不能不起，遂有炎帝、黄帝、蚩尤之战事，而中国文化，藉以开焉。”[②]正是这种生存竞争推动着中华民族的发展。他们也将地理环境作为影响历史发展的重要因素，认为地理环境影响人类自身的发展和历史进程。钱穆论及历史的变化时曾指出：“全史之不断变动，其中宛然有一进程。自其推动向前而言，是谓其民族之‘精神’，为其民族生命之泉源。自其到达前程而言，是谓其民族之‘文化’，为其民族文化发展所积累之成绩。”[③]很显然，他是将民族文化、民族精神作为历史发展的动力。关于经济因素的作用，进化史观史家也颇为重视，但并未将其作为历史发展的终极原因。从“天命”与“人事”、“人意”与“时势”到从人类自身及其生存条件来揭示历史的变化发展，反映出史学家对历史发展动因的探讨有了实质性的突破。

2. 于历史的沿革流变之中探索其发展规律

五四运动前后传入中国的唯物史观，为史学研究者提供了新的理论指导。接受唯物史观的史家始终将系统地揭示历史发展过程及其规律作为追求目

① 夏曾佑：《最新中学中国历史教科书》，上海：商务印书馆，1905年，第2册，第217页。
② 夏曾佑：《最新中学中国历史教科书》，第1册，第15页。
③ 钱穆：《国史大纲·引论》（修订本），北京：商务印书馆，1996年，上册，第11页。

标，直至 20 世纪末，白寿彝编纂多卷本《中国通史》时还指出：“我们赞成通古今之变，但要透过历史现象揭示历史本质，要于历史沿革流变之中探索历史的发展规律。”[①]这反映出史家继承和发展“通古今之变”思想的自觉意识。

“于历史沿革流变之中探索历史的发展规律”，在历史进程及其阶段的认识方面，表现为以社会形态的演变代替以朝代更替或上古、中古、近世等来划分历史阶段。在历史发展动因方面，则是强调经济因素的最终决定作用以及人民群众的贡献。这也是唯物史观史家与古代史家、20 世纪进化史观史家在探索历史规律问题上的本质区别。较早地以唯物史观为指导的通史著作，如范文澜《中国通史简编》、吕振羽《简明中国通史》、翦伯赞《中国史纲》等，根据社会形态学说，将殷商以前认定为原始公社制社会，殷商为奴隶制社会，从西周开始进入封建制社会，鸦片战争以后为半殖民地半封建社会，并从经济、政治、文化等方面显示出各个历史阶段的特征。范文澜指出，他是按照一般的社会历史发展规律划分中国历史阶段的，这是与以往通史的一个重要区别。吕振羽则认为他是将中国历史作为一个过程在把握。尽管唯物史观史家在历史阶段的具体划分上意见纷呈，但从社会形态演变的角度考察中国历史进程，划分其发展阶段，却始终未变。

在寻找历史发展之“理”时，古代史家、20 世纪进化史观史家都重视经济因素的作用，但只有唯物史观史学家将社会经济作为社会发展的根本原因，并从经济角度出发对中国历史进行全面的研究。吴泽晚年论及《中国历史简编》时曾说：“我在具体论述社会发展过程时，力图从生产力与生产关系的矛盾中来揭示中国社会历史发展的根本动力，同时，我也注意揭示发展的多样性，在着重生产力这一历史发展的终极原因外，还注意分析政治、经济和文化等多种因素的交互作用。”[②]这虽是就《中国历史简编》而言的，实际上也反映了以唯物史观为指导的中国通史在揭示历史发展动力方面的共同特点，体现了史家对历史发展终极原因的追寻。在对待人民群众的问题上，唯物史观史学家认为人民群众的生产活动和阶级斗争推动了历史的发展。这在中国史学上是全新的认识。

20 世纪的史家，无论是进化史观史家还是唯物史观史学家，莫不以阐述

① 白寿彝主编：《导论》，白寿彝总主编：《中国通史》第 1 卷，上海：上海人民出版社，1989 年，第 328 页。
② 张艳国主编：《史学家自述——我的史学观》，武汉：武汉出版社，1994 年，第 220 页。

历史规律作为编纂中国通史的首要任务。时至今日，史学界探寻历史规律的热情已大为衰减。这主要是因为史学界长期以来存在教条式地运用唯物史观的倾向，所谓揭示历史规律，不过是以中国历史为马克思已经发现的历史规律提供例证而已，并没有真正揭示出中国历史的个性和特点。有鉴于此，学者对历史规律的探索充满疑虑。但不能因此否定20世纪史家在寻找历史规律方面所付出的艰辛努力。无论是“叙人群进化之现象而求得其公理公例”，还是“于历史沿革流变之中探索历史的发展规律”，与“通古今之变”一样，旨在将纷繁复杂的历史作为一个过程来把握，并试图分析、说明这个过程变化发展的线索和原因。而这对通史撰述来说，是必要且必须的。

二、从“范围千古、牢笼百家”到全方位地反映历史进程

“范围千古、牢笼百家”，是就通史撰述的规模而言的。司马迁《史记》始自黄帝止于汉武帝时代，囊括政治、经济、学术文化、军事、民族等各方面以及社会各个阶层人物的活动。章学诚曾以“范围千古、牢笼百家”来形容其规模的宏大。①章学诚还以“总古今之学术”“统前史之书志”“合纪传之互文”“汇公私之述作”来概括《通志》《通典》《资治通鉴》等通史著作所具有的特点。②这表明，博通也是“通史家风”的一个重要特征。

20世纪史家对通史在博通方面提出了更高的要求，这就是在纵通、旁通的基础上达到会通，全方位地展示中国历史进程。范文澜曾指出：“通史所要完成的任务，第一要直通，第二要旁通，最后要会通。”③这是要求通史在纵的方面要显示出中国历史过程的脉络、阶段性特点，在横的方面要说明各方面、各因素之间的联系，并且要使这两个方面结合起来，以反映中国历史发展的全貌。白寿彝则致力于通史体裁的改革，使各种史体相互配合，从而多层次、立体地展示中国历史进程，更好地实现会通目标。不难看出，20世纪

① （清）章学诚著，叶瑛校注：《文史通义校注》卷5·内篇5《申郑》，上册，第464页。
② （清）章学诚著，叶瑛校注：《文史通义校注》卷4·内篇4《释通》，上册，第373页。
③ 范文澜：《中国通史简编·绪言》（修订本），北京：人民出版社，1964年，第1编，第71页。

通史撰述在规模上不仅直追司马迁，而且以超越《史记》为目标。

1. 重构远古时代

时间上贯通古今，是体现通史之“通”的一个重要方面。这里所说的“古”，是指中国大地上有人类活动之时。由于资料缺乏，远古时代曾长期处于扑朔迷离之中，古代通史撰述难以做到从“古”开始叙述中国历史。20世纪随着考古学的兴起和发展，学者对远古时代的认识日益清晰、丰富，从而使从历史发展的起点开始撰写通史成为可能。

较早利用考古资料探索远古时代的通史著作是缪凤林的《中国通史纲要》，而较系统地阐述远古时代历史的则始于吕振羽《简明中国通史》、翦伯赞《中国史纲》。后两部通史根据恩格斯《家庭、私有制和国家的起源》所提出的理论，将考古资料与古史传说相结合，详细地描绘了远古时代生产的发展、社会组织的变迁、婚姻家庭形态的演变，“大胆地把中国历史推到它的出发点”[①]。虽然考古学成果有限，其有关远古时代的记述还不精确，但将中国历史追溯到其出发点，则标志着中国史学在“通”的方面有了长足的进步。

随着考古学的进一步发展，在20世纪后半期，从有人类在中国大地上活动之时开始叙述中国史，已成为通史撰述的通例，而有关远古时代历史的内容也日益丰富。其中，白寿彝多卷本《中国通史》基本上实现了对远古时代的重建。其《远古时代》卷“认真地从考古学文化入手，理清了中国史前民族、文化及社会的发展脉络”，具体详细地叙述了黄河流域、长江流域以及周边地区广阔范围内的中国先民从猿进化到人的历程、中国社会从氏族社会发展到国家的过程，全面地阐述了史前社会的发展变迁，系统地重建了远古时代的历史。“这在以往的通史撰述中是没有前例的。这在考古学工作上，也是一项创举。”[②]

2. 统一的多民族国家历史的深刻反映

中国是个多民族国家，只有将各个民族都纳入历史记载中，才能反映出中国历史的全貌。自司马迁《史记》为周边民族立传，此后记载少数民族历史就成为史学撰述的传统。20世纪史家继承了这一传统，并力图反映出各民族共创中华史的过程。

---

① 翦伯赞：《中国史纲·序》第1卷，重庆：五十年代出版社，1944年，第6页。

② 苏秉琦主编：《远古时代·题记》，白寿彝总主编：《中国通史》第2卷，上海：上海人民出版社，1994年，第2页。

撰写包括各民族历史在内的中国通史，是 20 世纪不少史家的心愿。顾颉刚曾计划撰写一部以中华民族全体人民的活动为中心的中国通史，“从历史上证明中华民族是不可分离的，从文化上证明我们中华民族为一个相互融合的大集团，将文化与历史永远打成一片”[①]。翦伯赞《中国史纲》从真正的中国历史是汉族及中国境内其他民族活动之总和这一认识出发，每叙述一个重要的历史阶段，都设有专节叙述汉族（华族）以外的各民族的发展及其与汉族（华族）的关系，从而体现以汉族为主体的中华各民族共同推动中国历史的发展。

中华人民共和国成立后，民族平等政策的实施与民族史研究的发展，为撰写统一的多民族国家历史提供了条件。范文澜《中国通史简编》（修订本）率先以较大篇幅详细地记述了少数民族及其政权，既论述其与中原王朝的关系，又记载其政权自身的发展，大大地丰富了通史的内容。白寿彝多卷本《中国通史》将中华各民族与中国历史的范围、发展进程结合起来考察，深刻地反映了统一的多民族国家形成与发展史。白寿彝指出：“中华人民共和国的疆域是中华人民共和国境内各民族共同进行历史活动的舞台，也就是我们撰写中国通史所用以贯串今古的历史活动的地理范围。”[②]这是要将古今在中华大地上生活过的民族都纳入记述之中。中国通史的记载范围因此大为增加。他还将少数民族的发展与中国历史发展进程结合起来予以考察，在历史进程中显示各民族在中国历史中的地位、作用及贡献。在表述形式上，他将各民族自身的发展、其与中原王朝的关系分开予以叙述，较好地表现了各民族共创中华史的过程。正如学者所指出的，多卷本《中国通史》“民族问题讲得深入，占的比重大，反映了中国多民族统一国家的全貌”[③]。

3. 包罗宏富的体裁

包罗宏富的体裁主要指白寿彝创立的新综合体。古代的通史有纪传体、编年体、纪事本末体、典制体、纲目体等，不同体裁的通史著作从不同的角度反映了中国历史。20 世纪的中国通史编撰继承了古代的各种史体，而以章节体为主。章节体便于综合叙述历史发展过程，但难以容纳丰富的历史内容

① 顾潮：《历劫终教志不灰·我的父亲顾颉刚》，《往事与沉思》传记丛书，上海：华东师范大学出版社，1997 年，第 196 页。

② 白寿彝主编：《导论》，白寿彝总主编：《中国通史》第 1 卷，第 79 页。

③ 许殿才：《七十年心血铸就的丰碑——“祝贺白寿彝教授从事学术活动七十周年暨多卷本〈中国通史〉全部出版大会”侧记》，《史学史研究》1999 年第 3 期，第 16 页。

是其不足之处。有感于此，白寿彝在吸收各种史体之长的基础上创立了以序说、综述、典志、传记四体相互配合的通史新体裁，史学界称之为新综合体。这种新史体以序说阐述基本资料、研究动态及撰述宗旨。以综述论述各个历史时期的民族关系、政治军事、文化、中外关系等基本情况，反映历史发展过程和趋势。以典志记述地理、民族、风俗以及政治、军事、法律等制度。以传记记载社会各方面人物的活动，反映人在历史中的作用。典志与传记旨在充实综述部分，表现历史的丰富内涵。白寿彝期望这种新史体能够全面地反映中国历史。"如果写得好，就可能多层次地反映历史发展的进程，也可能既反映了历史的规律性，又反映了历史的丰富性。"① 司马迁创立的纪传体以容纳丰富而著称，《史记》曾被称为"全史"。新综合体将纪传体、编年体、纪事本末体、章节体等史体融为一体，既保留了纪传体容纳丰富的特点，又克服了其难以清晰地反映历史进程的不足，"为叙述中国几千年历史成功地提供了宏大而新颖的载体"②。以这种新综合体编纂的多卷本《中国通史》也是一部规模宏大、内容丰富的皇皇巨著。

通史之博通还表现在对域外历史的记载上。如《史记》记述了大宛、安息等域外民族、国家，显示出中国与世界的联系。20 世纪的中国通史不仅重视对中外关系的记述，而且强调在世界历史背景下审视中国历史，因而显得视野开阔、气派宏大。

三、从"资治通鉴"到激励民族爱国情感、增强民族凝聚力

通史撰述往往与对现实问题的思考联系在一起，体现出鲜明的经世致用的特点。学者总结古代史学"通"的传统时曾指出，"酌古通今""将施有政"与"资治通鉴"是"通"的传统中两个重要主题。③可见，经世致用是"通史家风"的一个重要内容。古代史家主张通古今之变，着眼于现实问题。20 世

① 白寿彝主编：《导论》，白寿彝总主编：《中国通史》第 1 卷，第 326 页。

② 陈其泰：《史学体系的重大创新——白寿彝先生主编〈中国通史〉成就略论》，《史学理论研究》2000 年第 1 期，第 29 页。

③ 施丁：《说"通"》，《史学史研究》1989 年第 2 期，第 3、7 页。

纪史家继承了这一传统，并在新的历史条件下将为帝王治国为政提供经验教训的“资治通鉴”发展为培养爱国情感、增强民族凝聚力、促进国家民族富强的“国民通鉴”。

1. 鼓舞民气，培养爱国情感

唤醒民众以救亡图存，是20世纪前期中国所面临的严峻问题。史学家希望通过历史教育民众，培养其国家观念、群体意识、爱国思想，从而使中华民族自立于世界民族之林，这也是他们致力于中国通史撰述的思想基础。梁启超曾“欲草一《中国通史》，以助爱国思想之发达”①。章太炎指出：“贵乎通史者，固有二方面：一方以发明社会政治进化衰微之原理为主，则于典志见之；一方以鼓舞民气、启导方来为主，则亦必于纪传见之。”②这是将开民智、扬士气、激发民族爱国情感，作为通史撰述的目标之一。这表明史家对史学在鼓舞民气、培养爱国情感方面寄予了殷切的期望。

史学家还希望人们通过阅读史书，了解先民艰难创业的历程，从而树立起民族自信心。夏曾佑指出，阅读中国几千年的历史，上古、中古时期的辉煌灿烂，能激发人们强烈的民族自豪感。近世以来的衰落，则能刺激人们振兴民族之心，以免重蹈古埃及、印度灭亡之覆辙。而最近之历史，则使人们知道中国已处于历史的转折时期，将由衰运转向中兴，鼓舞有志之士革新社会，创造未来。③缪凤林认为，历史记载使民族文化薪火相传，若一个民族有史，虽亡而能复兴，无史，则绝无复兴之望。“故爱国雪耻之思，精进自强之念，皆以历史为原动力。欲提倡民族主义，必先昌明史学，此史之有关于民族存亡者又一也。”④这是说要唤起爱国情感与民族精神，必须提倡史学。司马迁曾指出，述往事，思来者。20世纪前期的史学家在新的历史条件下发展了这一思想，试图通过史学激发民族爱国情感，以振兴中华。

2. 激励民族斗志，指示历史前途

抗日战争时期，为了增强全民族抗敌的勇气与必胜的信心，史学家将发

---

① 丁文江、赵丰田编：《梁启超年谱长编》，上海：上海人民出版社，1983年，第271页。

② 章太炎：《致梁启超书（一九〇二年七月）》，汤志钧编：《章太炎政论选集》，北京：中华书局，1977年，上册，第167页。

③ 夏曾佑：《最新中学中国历史教科书》，第1册，第8页。

④ 缪凤林编著：《中国通史纲要》，南京：钟山书局，1932年，第1册，第24页。

掘优秀民族文化遗产，从历史的深处说明中华民族生命力之所在，以鼓舞民族精神作为自己的责任。缪凤林《中国通史要略》“就我国族所以开拓广土抟结庶众及历久长存之本原，与其政治文化社会各种变迁之荦荦大者，略述其根柢与趋向，以饷学子”，作为书生报国之志。[①]邓之诚期望人们能从中华民族的艰难经历中汲取力量，齐心协力挽救空前的民族危机。“姑以外患论之。二千年来，外患未尝一日或息，轩黄胄裔，危而复安，弱而能存，灭而再兴者，何莫非由群力群策得来。”[②]张荫麟《中国史纲》要“把全部的民族史和它所指向道路，作一鸟瞰”，“给人以开拓心胸的历史的壮观”。[③]钱穆《国史大纲》通过对中华民族绵延不断的生命力的揭示，昭示了救亡和复兴的力量源泉就是中华民族自身。这些通史著作表现出来的对国家民族的挚爱与信心，凝聚着强烈的书生报国之志，极大地鼓舞了中国人民创造一个新时代的自信心。

激励全民族在艰难困苦中坚定抗战决心，还需清算形形色色歪曲和污蔑中国历史的论调，正确地阐释中国历史进程，回答“中国社会往哪里去”的问题。在这一方面唯物史观史家作出了积极的努力。范文澜《中国通史简编》通过对中国历史进程的阐说，第一次系统地说出了革命者对中国历史的全部看法，使人民明确了中国社会前进的方向。吕振羽在《简明中国通史》绪论中指出：“我们只要知道中国是经过怎样的历史过程而来，便能知道今日的中国必然地往何处去，便能知道今日的中国必然会转化为革命三民主义的民主国家”[④]，鼓励人们坚持抗战到底。吴泽在《中国历史简编》中批驳了投降派和日本文人对中国历史的污蔑，致力于回答“‘七七’神圣民族解放以来，每个青年关心着民族国家的前途——是殖民地亡国道路呢？是独立自由幸福，新中国复兴前途呢？这个中国社会历史发展规律问题和抗战实践过程中，主观努力的方向与任务问题”[⑤]。这些努力，对清除悲观情绪、坚定抗战信心意义重大。

20 世纪前期的通史撰述将历史与现实、未来结合起来予以考察，通过历史说明现实，指示未来，有力地配合了中国人民反侵略战争与争取民族独立

---

① 缪凤林：《中国通史要略·自序》，上海：商务印书馆，1946 年，第 1 册，第 1 页。

② 邓之诚：《中华二千年史·叙录》，北京：中华书局，1983 年，第 2 页。

③ 张荫麟撰，王家范导读：《中国史纲·自序》，上海：上海古籍出版社，1999 年，第 1 页。

④ 吕振羽：《简明中国通史·绪论》，重庆：生活书店，1945 年，第 5 页。

⑤ 吴泽：《中国历史简编·序》，重庆：峨眉出版社，1947 年，第 1 页。

运动。这正是经世致用的史学传统在新的历史条件下的显现。

3. 弘扬中华文明，增强民族凝聚力

中华人民共和国的成立标志着中国历史进入了一个崭新的时期。总结历史上人民建设祖国的经验教训，将中华文明传播到世界各地，增强民族凝聚力，是新时代赋予历史学家的任务。范文澜指出：“中国人民需要好的中国通史，这是因为中国各民族人民千辛万苦，流血流汗，一直在创造着自己的祖国，创造着自己的历史。既然是自己创造的，产生热爱祖国，热爱历史的心情，也是很自然的。”[①]正是这种写出人民需要的通史的强烈责任感，激励着他孜孜不倦地从事《中国通史简编》的修订工作。张舜徽《中华人民通史》旨在使普通劳动者了解本国历史，油然生起爱国之心，以激起人民奋起向上、努力报国之志。这里特别要提到的是白寿彝。他以正确的观点撰写满足国内外读者需要的科学的中国通史著作，弘扬中华文明，增强民族凝聚力，作为历史赋予自己的使命，在古稀之年开始《中国通史纲要》和多卷本《中国通史》的编纂。多卷本《中国通史》完成时，江泽民曾写信祝贺，并精辟地阐述了总结历史经验对推进祖国建设、增强民族团结的重要意义以及对全国人民特别是青少年、党和国家各级干部学习中国通史的重要性。这反映了当代政治家对通史社会作用的深刻认识，也是对史家继承和发扬经世致用传统的充分肯定。

白寿彝曾指出，古代史学中关于“通”的主张有两派：一派以司马迁为代表，通古今之变是其核心，另一派以郑樵为代表，主要兴趣在文献的搜集、整理方面。白寿彝主张中国通史“在内容上，要求在‘通’字上下功夫，重视各种社会现象的内在联系，重视贯通古今的发展规律”[②]。同时，“对于‘通’的要求，要吸取两派的长处；更重要的是，要在马克思主义指导下进行工作”[③]。对通史撰述的这种要求，反映了20世纪史家继承和发展“通史家风”的自觉意识。

① 范文澜：《中国通史简编·绪言》（修订本），第1编，第72页。
② 白寿彝主编：《导论·题记》，白寿彝总主编：《中国通史》第1卷，第2页。
③ 白寿彝主编：《导论》，白寿彝总主编：《中国通史》第1卷，第327页。

第十二章　王桐龄《中国史》的特点

王桐龄（1878—1953），字峄山，河北任丘人，我国著名的历史学家。1902年进入京师大学堂师范馆（北京师范大学的前身）学习，1904 年因成绩优异被派往日本留学，就读于东京第一高等学校第一部、东京帝国大学史学科，成为北京师范大学首批留学生之一，也是我国第一个在国外攻读史学的正式毕业者。1912 年回国后，即到北京高等师范学校（北京师范大学的前身）任教，1921 年任史地部教务主任。北京高等师范学校改为北京师范大学后，1926年为史地系教授，讲授“中国史”“东洋史”。1930 年为史学系教授，1932～1937 年为文学院历史学教授，1934 年曾到日本考察。1946 年，为中国大学史学系教授。王桐龄从事历史教学近 40 年，为我国的历史教育事业作出了巨大贡献。王桐龄著作甚富，有《东洋史》（商务印书馆，1922 年出版、1924 年再版）、《中国民族史》（北平文化学社，1928 年出版、1934 年再版）、《中国史》（共四编，北京文化学社出版，第一编 1926 年出版、1927 年再版，第二编 1926 年出版、1928 年再版、1931 年第 3 版，第三编 1926 年出版、1929 年再版、1931 年第 3 版、1934 年第 4 版，第四编 1929 年出版、1931 年再版）、《儒墨之异同》（北京高等师范学校图书馆，1922 年出版；北平文化学社，1931 年再版）、《中国历代党争史》（北京高等师范学校图书馆，1922 年出版）、《日本视察记》（文化学社，1922 年出版、1928 年再版）、《日本东北视察记》（国立北平师范大学，1937 年出版）等。《中国民族史》从汉族与其他民族相互交往、融合的角度考察中华民族发展史，与吕思勉、林惠祥各自所著的《中国民族史》（吕书由世界书局，1934 年出版；林书由商务印书馆，1936 年出版）同为 20 世纪早期我国民族史研究的代表性著作。[①]《东洋史》以汉民族的发

① 参见马戎《从王桐龄〈中国民族史〉谈起——我国 30 年代三本〈中国民族史〉的比较研究》（《北京大学学报（哲学社会科学版）》2002 年第 3 期）。

展为经，满、蒙、回、藏、苗等其他民族为纬，叙述了以汉族为主的东亚民族发展史。此书在当时也很有影响，为学者所参考。《中国史》是王桐龄的代表作，其扉页有梁启超的题签："成一家之言。"齐思和在评价20世纪前期中国史学时，曾指出此书"实为内容最详细的中国史"[①]。然而多年来王桐龄的学术成就却没有得到应有的重视。

20世纪初，我国史学界形成了一股编撰中国通史的热潮，这一方面体现了接受西方进化史观的史家以新的史观重新审视中国历史的要求，是20世纪初史学革命的积极成果；另一方面也反映了新式学校对新的历史教科书的迫切需要。当时的新型中国通史，如夏曾佑《最新中学中国历史教科书》、刘师培《中国历史教科书》、吕思勉《白话本国史》等都是作为教材出现的。王桐龄《中国史》也是为适用教学的需要而编撰的，原稿为北京高等师范学校史地部中国史讲义，经不断讲授、修改、删订而成，叙述了从上古到清中叶的中国历史，脉络清晰，内容翔实。

一、理论方面的建树

王桐龄的《中国史》中有一长篇序论，阐述了历史的定义、中国史的命名、中国史上之种族、中国史上之地理、中国史上之年代等若干理论问题，这是编撰《中国史》的指导思想，也是作者对中国历史问题的系统看法。

关于历史研究的对象和范围。王桐龄指出："历史者，研究人类之进化，社会之发达，与凡百事物变迁代替之现象者也。"[②]这里所说的历史，是指历史学。对历史学的这种认识反映了王桐龄是以进化发展的观点来看待人类社会的。他进而指出历史有广义、狭义之分，广义的历史应包括有生物和无生物。这里的历史是指客观历史。他认为广义的历史应由各科的专家去研究，而"历史学者所研究，专在人类社会。凡道德智慧之进化，农工商业之发达，治术学术之隆替，皆属历史范围"[③]。对历史研究范围的这种限定，进一步将

① 齐思和：《近百年来中国史学的发展》，李孝迁编校：《中国现代史学评论》，上海：上海古籍出版社，2016年，第145页。

② 王桐龄：《中国史·序一》，北京：北京文化学社，1927年第2版，第1编，第1页。

③ 王桐龄：《中国史·序一》，第1编，第1页。

历史研究的对象具体化了。在界定历史研究对象、范围的基础上，王桐龄还从不同的角度对历史学进行了分类，指出有万国史、某国史之别，政治史与文化史，专门史与普通史之分。万国史研究世界发展大势及国与国之间的关系，某国史研究一国或一民族之盛衰兴亡；政治史研究国家状态，文化史研究社会状态；专研究一门类者为专门史，研究各类者为普通史，普通史为普通学校所用，专门史为专门学校所用。对历史学科的这种分类，虽不尽合理，却突破了以往以史书体裁为标准的传统分类法，反映了王桐龄接受近代学科的分类观念，对历史学本身的认识较为深入。至于《中国史》，王桐龄认为其既属于某国史，又属于普通史，所以其内容详于中国内部的治乱兴衰，涉及各个方面，宁详勿略。

关于历史教育与爱国心的培养。20 世纪初期的中国正处于危机之中，所以王桐龄特别强调以史学培养国民的爱国情感。他认为国民是否具有爱国心关系到国家的存亡。“国民爱国心发达则国兴，薄弱则国衰，绝无则国亡。”史学正是养成国民爱国心的重要途径。“历史者，爱国心之源泉，国民教育之基础也。”“是故史学发达，则国民爱国心日强，史学衰微，则国民爱国心日弱。”①正因为如此，侵略者往往禁止殖民地人们阅读本国史，害怕其生爱国心。如法国、日本不许被征服的越南、朝鲜读本国史，毁禁其已出版的国史。所以对国民进行正确的历史教育十分重要，历史教育与国家盛衰兴亡有直接关系。王桐龄痛心于中国日趋贫弱，以为是国民爱国心缺乏所致。而造成爱国心的缺乏，历史教育的不恰当是一个重要原因。因此，他对即将肩负国民历史教育重任的北京师范大学的同学寄予厚望：“诸君研究历史，担任我国将来普通学校教育责任。愿注重我国国粹、考求立国之根本，国祚之绵延，历代先民之盛业，文化之由来，外交之关系。知我国为文明之古国，而思有以光大之，知我国为现在极贫极弱之国，而思有以补救之，养成一般中小学校学生之国民志操以为救国之本，中国之兴，庶指日可待乎。”②希望他们能通过历史教育，“以激发国民之爱国心，团结其合群力，以与世界列强竞争于此大舞台上”③。王桐龄对同学们的殷殷之情，溢于言表。

---

① 王桐龄：《中国史·序一》，第 1 编，第 3—4 页。
② 王桐龄：《中国史·序一》，第 1 编，第 4—5 页。
③ 王桐龄：《中国史·序一》，第 1 编，第 2 页。

关于民族。王桐龄认为“中国者，合六大族组织而成。中国之历史，实六大族相竞争相融合之历史也”[①]。这是将中国视为一个多民族的国家，提出中国历史是汉族与其他民族相互竞争、相互融合的历史。在《中国民族史》中，他认为“中国各族群经过了几千年的相互交流与融合，实际上都已经成为血缘混合的群体”[②]。在当时的历史条件下，对中国民族和历史的这种认识，应是卓识。对于民族，王桐龄注重分析其特性。在这六大民族中，他认为汉族是主体民族，因此对汉族的特征进行了详细的剖析。他指出尊天命、敬祖宗、重财利、重文轻武喜和平恶杀伐、重仪式娴辞令、自尊和自屈等是汉族的六大特征，并分析了这些特征的具体表现、利弊。如对敬祖宗这一特性，他指出其表现为多推崇古圣贤、多仿效古人。其优点是对亲人孝友。其弊端则是以家庭为本位，子弟富有依赖性，缺乏独立气概，凡是皆称古，缺乏创造精神；对未来希望太薄，保守之风盛，研究之风衰。在分析中国民族性格时，王桐龄还注意与其他民族进行比较，以加深认识。如通过对汉民族与古斯巴达克、当时的大和民族、日耳曼民族对从军态度的比较，指出一则以从军为苦，一则以从军为乐，一则以老死牖下为幸，一则以战死沙场为荣。王桐龄对中国民族性格的分析，为的是使中华民族强盛起来。如通过对重文轻武习性的分析，指出这种以从军为苦、鄙夷军人的风气，使中国在与列强的争夺中处于不利境地，所以应“提倡尚武精神，整顿军国民教育”[③]。

鉴于近代中国的贫穷落后，人们多从国民性方面寻找其根源。李大钊、陈独秀、鲁迅等对中国民族性格进行了深刻的剖析。史学家也是如此。缪凤林在《中国通史要略》中认为中国民族有六大特点，他将其概括为以孝为本的家族主义、以中道垂教的中庸主义、以平天下为理想的世界主义、怀敌柔远以德服人的和平主义、无为而治的政治上的不干涉主义、以厚生养欲的实用主义，并分析其优缺点，以期扬长避短，吸收他人之长，振奋民族精神。[④]剖析民族性格，以求自强自立，在这一点上，缪凤林与王桐龄是一致的。但分析民族性格的着眼点不同，缪凤林多从为政治国方面进行分析，王桐龄则

① 王桐龄:《中国史・序二》，第1编，第19页。

② 马戎:《从王桐龄〈中国民族史〉谈起——我国30年代三本〈中国民族史〉的比较研究》,《北京大学学报（哲学社会科学版）》2002年第3期，第125页。

③ 王桐龄:《中国史・序论》，第1编，第71页。

④ 参见缪凤林:《中国通史要略・自序》，第1册，第3—4页。

侧重于从思想态度方面加以剖析。

关于地理环境。地理是人类活动的舞台，王桐龄十分重视地理环境与人类社会发展的关系。他认为历史必备三个要素：种族、区域、年代。[①]区域是历史活动的舞台，影响着人类的发展。亚洲自古为文明的发源地，后来却多被欧洲人所奴役。王桐龄认为这是由亚洲各地相对独立封闭的地理条件造成的。“历史基于地理，亚洲之历史所以生此结果者，亦亚洲地理之缺点使之然也。”[②]他还认为不同民族的性格与其所处的地理环境密切相关。“满蒙地方气候寒冷。土壤硗瘠。人民习于劳苦。养成一种剽悍强勇气概。故尚武之风盛。人尽知兵。虽妇人孺子，皆能马上劳动。而于文学则藐乎无闻焉。汉民族所处地位，适与之成反比例。土地肥沃，气候温和，农业适宜。”“顾重文太甚，则轻武之风起。”[③]满族人和蒙古族人所处地理环境养成其勇武性格，而汉人的地理环境则使其重文轻武。他还分析了中国境内的地势、土脉、气候、山脉、河流、长城、运河，对中国历史发展的影响。如长城在汉民族与通古斯民族、突厥民族竞争时以之为界，在历史上有一定价值。[④]王桐龄从地理环境出发解释历史问题，摆脱了以往的神意史观，但他同梁启超一样对地理条件有过分重视的倾向。

二、对中国历史进程的认识

王桐龄深受进化史观的影响，并以进化发展的观点为指导，对历史进程提出了总揽全局的看法。在《中国史》中，他将上古至清代的中国历史划分为各具特点的四个大时代：从太古到战国末为上古，这是汉族萌芽的时代；从秦统一到唐亡为中古，这是汉族全盛的时代；从五代到明亡为近古，这是汉族的衰微时代；从清初到清末为近世，为西力东渐时代。王桐龄又将这四个大时代分为十一个小时代。其中将上古分为传说时代、唐虞三代、春秋战国时代，中古分为秦汉时代、三国两晋南北朝时代、隋唐时代，近古分为辽

① 参见王桐龄：《新著东洋史》，《民国丛书》第5编第73册，上海：上海书店，1989年影印本，第5页。
② 王桐龄：《亚洲地理之缺点》，《地学杂志》1914年第2期，第8页。
③ 王桐龄：《中国史·序论》，第1编，第65—66页。
④ 王桐龄：《中国史·序论》，第1编，第110页。

宋金对峙时代、元时代、明时代，近世分为清室勃兴时代、清室衰亡时代。这是有别于梁启超、夏曾佑的对中国历史的另一种认识。当然，王桐龄对中国历史演进过程的这种认识深受日本史家的影响。对每一历史阶段，王桐龄都根据政治和文化的发展变化勾勒出其阶段性的特征。如春秋战国时代文化异常发达，汉族固有文化皆肇始于此时。封建制度变为地方集权，汉族势力开始膨胀。秦汉时代，汉族建立大帝国，废封建，置郡县，中央集权之势渐成。文化承春秋战国之余无特别新发明。汉末印度文化东渐，佛教传入。三国两晋南北朝时代，汉族势力骤衰，中原为北方民族占领，汉族南奔，南方少数民族受汉族影响逐渐开化。中国原有文化衰落，与外来文化逐渐混合。隋唐时代，汉族建立强大帝国。外来文化与中国固有文化水乳交融形成一种新文化，并影响周围国家……到清代，西洋文化东来，早已中绝的春秋战国文明因此复活，大放异彩。但欧美势力入侵，国家贫弱不堪。王桐龄对中国历史发展过程的这种宏观概括，显示出无论是民族、政治制度，还是文化，都呈现出曲折地向前发展的态势，中国历史不是循环往复，周而复始，而是螺旋式地上升。[①]在此，王桐龄将进化史观有机地与中国历史发展过程结合起来，提出了对中国历史演进过程的总体看法。

吕思勉曾就《白话本国史》中所使用的历史分期方法说道："从来讲历史的人，因研究的方便，总把他划分做若干时期。本书也用此法。"[②]在他看来，对历史阶段的划分，只是为了研究的便利。王桐龄则认为区分历史发展的阶段是为了揭示不同历史时代的特征。他指出："自来中国史学家知有朝代之变更，不知有时代之区划。""读史者往往读尽终编，犹莫明其宗旨之所在。至于一时代之思潮何若，风尚何若，更非所问矣。"[③]这是批评以朝代为断限的传统史书，不能反映历史发展面貌。因此，划分历史阶段就不仅仅是为了研究的方便，更重要的是为了更好地显示历史发展过程的连续性和阶段性，从而揭示各历史阶段的时代特征。

历史演进过程既呈现出阶段性，又具有连续性，这就给具体历史阶段的划分带来了不便。梁启超曾指出："历史者无间断者也。人间社会之事变，必

---

① 王桐龄：《中国史·序论》，第1编，第153—160页。
② 吕思勉：《白话本国史·绪论》，《吕思勉全集》卷1，第6页。
③ 王桐龄：《中国史·序论》，第1编，第153页。

有终始、因果之关系，故于其间若欲划然分一界线，如两国之定界约焉，此实理势之所不许也”，他建议史家“惟以权宜之法，就其事变之著大而有影响于社会者，各以己意约举而分之，以便读者”。[①]王桐龄也认识到历史时代划分的困难，但不同意梁启超的权宜之法。他说：“时代之区分，以趋向为标准。其界限隐而微。中古之事迹，往往胚胎于上古，而影响于近世。有抽刀断水水复流之概。欲求一最大事件以为一定界限而划分之，事实上作不到也。”[②]鉴于此，他提出应统观全局，以政治、文化各方面的变化作为划分时代界限的标准。若只有一方面的变化，另一方面没有变化，则不宜将某一历史时段分为两个时代。这种以政治、文化的变化作为区分不同历史阶段的标准，显然没有认识到社会经济的变化发展在历史分期中的重要性，但比梁启超所提出的权宜之法，已经有了很大的进步。因此他对中国历史发展阶段的划分也较为可取，为后来不少的史家所接受和采纳。

王桐龄不但以进化史观考察中国历史演进趋势，而且对史事的具体论述也贯穿了进化发展的观点，多自得之见。如他根据进化原理对神话传说提出了较为正确的认识：“人群进化第一期，必须经过神权政治之一阶段……神权政治时代，多在有史以前。其时代之传说，史家名为神话。神话者，国民思想之反映。神话自身之为物虽非历史，而其中实含有历史性质。故欲研究一国有史以前之事迹，则其国之神话尚焉。”[③]当时的古史辨学派将古史神话传说当作伪史加以抛弃，因而认为研究中国历史只能从有确凿文献可考的商代开始，中国历史被“截”去了一大节。王桐龄不但认为神话中包含着历史的真实，而且根据进化原理，结合神话传说，简单地描绘出史前时期中国先民的生活历程，指出在伏羲以前中国处于渔猎时代，伏羲时由渔猎时代进入畜牧时代，神农时始由畜牧时代进入农耕时代，在这种演化过程中，社会文明逐渐发达。在疑古之风盛行的时代，他对神话的这种态度是有积极意义的。

---

① 梁启超：《中国史叙论》，《饮冰室合集 · 饮冰室文集之六》，第 1 册，第 11 页。

② 王桐龄：《中国史 · 序论》，第 1 编，第 153 页。

③ 王桐龄：《中国史 · 序论》，第 1 编，第 167 页。

三、丰富的社会史内容

王桐龄对社会史的关注，与20世纪初期的新史学批判君史倡导民史风气密切相关。梁启超在《中国史叙论》《新史学》等文中，对中国传统史学提出了尖锐的批评："盖从来作史者，皆为朝廷上之君若臣而作，曾无有一书为国民而作者也。"[①]他提出新史家"必探察人间全体之运动进步，即国民全部之经历，及其相互之关系"[②]，为国民作史。梁启超的倡导得到了众多史家的响应，20 世纪初形成了斥君史、倡民史的热潮。[③]这种民史强调的是制度、学术、风俗、艺术、思想、婚姻、交通、农工商等与社会生活密切相关的内容。20世纪前期的中国通史深受其影响，多关注社会史。从夏曾佑的《最新中学中国历史教科书》、周谷城《中国通史》、张荫麟《中国史纲》、吕思勉《白话本国史》及《中国通史》等中国通史著作中都能看到这种影响。

《中国史》与吕思勉所著《白话本国史》《中国通史》一样，以记载丰富的社会史内容显示其特色。《白话本国史》对社会史的记载侧重于政治制度和社会情形方面，如有关魏晋到隋唐时期的社会史，记载了这一时期的中央与地方官制、选举制度、兵制、刑法、赋税和民生、学校和宗教、门阀的变化发展。《中国通史》则以18个专题，阐述了婚姻、族制、阶级、财产、官制、选举、赋税、实业、货币、衣、食、住、行等与社会史有关的问题。《中国史》对社会史的记载详于《白话本国史》，可与《中国通史》媲美。如其关于魏晋南北朝的文化部分，记载了中央地方官制、兵制、田制及赋税制、刑制、学校及选举制、经学、史学、文学、音韵学、书法、画法、音乐、医学、术数学、门第之见、方舆之见（指地域偏见——撰者注）、婚制、避讳、清议、丧葬之礼、迷信、道教、佛教、实业等，涉及的内容上至朝廷制度，下至人们日常生活的各个方面。

---

① 梁启超：《新史学》，《饮冰室合集·饮冰室文集之九》，第1册，第3页。

② 梁启超：《中国史叙论》，《饮冰室合集·饮冰室文集之六》，第1册，第1页。

③ 参见俞旦初：《二十世纪初年中国的新史学思潮初考（续）》，《史学史研究》1982年第4期。

风俗是社会史的重要内容，古人对此十分重视。应劭在东汉末撰有《风俗通》一书，以期厚民风而正国俗。明末清初思想家顾炎武在《日知录》中考察了从秦到明末风俗的变化，并引罗仲素之言曰："风俗者，天下之大事。"[①]这表明风俗与社会的关系密切。王桐龄在《中国史》中详述了历代风俗。对各种风俗，注意考察其源流。如他指出，曹操为其早夭之子聘甄氏之亡女以合葬为冥婚之始，"唐祠祭使王玙，始以纸寓钱为鬼事，为后世冥钱之始"[②]，缠足之习始于隋唐时期。[③]他还注意考察各个时期风俗的特点、演变及其对社会各方面的影响，针砭其弊端。如他指出两汉风俗奢靡，三国两晋南北朝"风俗之浮华，道德之堕落，为此时特色"[④]，论述从三代到秦汉社会风俗的变化时，指出夏尚忠，商尚质，周尚文。战国时，秦国一反周代尚文之习，其国民尚武敢战，颇有强毅之风，其他各地民风各异。秦统一天下后，各地风俗逐渐混合。汉初游侠之风极盛，经文、景两朝的尽力压制，社会风气转为奢靡，风俗日偷。光武奖励名节，朝野多气节之士，然奢靡之风犹烈于西汉。对风俗与社会之间的关系，他有较为深刻的认识，认为风俗影响社会，同时风俗的形成，亦受社会的影响。如元朝南人震于蒙古族威力，争学其语言，以求自进，"故语言、风俗、文字、衣冠，多因此而改其习惯"[⑤]。好的风俗有益于社会，恶劣的风俗其害无穷。如西晋清谈放诞，之所以还能立国，是因为其承东汉遗风，有清议持之。唐代社会风俗则对后世造成了恶劣的影响。其所实行的科举制，有很大的负面影响，造成人民猎取富贵之念愈重，社会上渐以官吏为重。因科举取士重文辞，不问实学，经过宋元明清，成为束缚人心的工具。近世学术不振，此时开其端。始于此时的缠足之习，经宋元明清成为流行病。缠足为汉族体格衰弱之远因。[⑥]王桐龄对科举制度和缠足陋习的社会影响的分析十分深刻。在这里，王桐龄所关注的不再是一时一地之风俗，而是一种风俗对后世的深远影响，颇具通识。

社会风俗，也是夏曾佑《中国历史教科书》中的重要内容，其第 2 编第

---

① （清）顾炎武著，（清）黄汝成集释：《日知录集释》卷 13《廉耻》，第 482 页。
② 王桐龄：《中国史》，北京：北平文化学社，1931 年第 3 版，第 2 编，第 782 页。
③ 今人多从胡应麟说，认为缠足之习始于五代。
④ 王桐龄：《中国史》，第 2 编，第 527 页。
⑤ 王桐龄：《中国史》，北京：北平文化学社，1934 年第 4 版，第 3 编，第 404 页。
⑥ 王桐龄：《中国史》，第 2 编，第 783—784 页。

1 章第 73 节“三国末社会之变迁上”、第 74 节“三国末社会之变迁下”综论从战国到三国时期的社会风气，其第 2 章第 38 节“魏晋南北朝隋之风俗”论述从魏晋至隋之风气。其对历代风俗的考察亦颇具见识。如以崇门第之风为魏晋南北朝隋之风俗的特点，并注意到南北朝时期民族间风俗的交融。但与《中国史》相比，其所述风俗的内容显得过于单薄。如有关魏晋南北朝隋之风俗，仅记载了重门第之风、皇室婚姻习俗及汉族与鲜卑风俗的融合。《中国史》论及三国两晋南北朝风俗时，分门第之见、方舆之见、婚制、尊家讳、持清议、祭祀之礼、迷信等 7 个方面记述此时的社会风气和习俗，内容更加丰富。

四、余论：简说编撰特点

《中国史》的体例是章节体、纪事本末体及表共同结合而成的一种简单的综合体，而以大量的附表为其特色。[①]纪事本末体以事为纲，便于展示历史事件发展的原因、经过、结果，但时间性不强，与章节体相配合，可以弥补其时间性不强的缺陷，表又可以增加其内容的丰富性。王桐龄注意历史记载的完整性，其书多用统括的形式，以一两章叙述一时代的兴衰盛亡，使读者更好地明了一时代之发展大势，充分发挥纪事本末体的长处。《中国史》附表之多在 20 世纪中国通史著作中十分突出，第一编附表 76 通、第二编附表 135 通、第三编附表 81 通、第四编附表 70 通，共有附表 362 通。这些附表的内容涉及各个方面，其中有世系表、职官表、疆域表、刑法表、州郡表、田制表、诸侯兼并表、姓氏表、学术思想表、事物之间关系表、选举表、群雄割据表、人物表等。其中，一些表格是为了补充正文，丰富正文的内容，使读者能更好地了解复杂的历史现象；一些是作为某章某节或某目内容小节出现的，如序论第 2 章所附天之定义表、尊天命之优点表、尊天命之劣点表、尊天命之特色表等都属于此类。这样的附表数量很多，使《中国史》显示出浓厚的教科书色彩。

---

① 此就其增订本而言。

《中国史》在编撰方面也深受日本史家的影响，如每章之后附列参考文献，在正文中不再注明史料的出处，保持着当时日本人写史的体例。[1]

《中国史》在编撰方面也存在一些不足之处，如书中第四编有关清代历史的叙述缺乏剪裁，如同资料长编。其主要原因是对清史的研究在当时刚刚起步，正如王桐龄所说资料方面存在着很大的困难。这也说明，通史的编撰与专史的研究密切相关。

① 参见齐思和：《近百年来中国史学的发展》，李孝迁编校：《中国现代史学评论》，第145页。

第十三章　周谷城《中国通史》在历史编纂学上的成就

20 世纪初，梁启超、章太炎等积极倡导以进化史观为指导重新撰写中国历史，并提出了新型中国通史的写作框架。20 世纪 30～40 年代，史家形成了中国通史编纂的高潮，出版了不少中国通史性的著作。周谷城的《中国通史》[①]以其独创的通史编纂理论和严密的体系，成为这一时期中国通史的代表作之一。当时开明书店重版《中国通史》的广告（见 1948 年出版的《中国通史》下册）曾自豪地宣称："书中有任何其他中国通史著作中所未曾运用过的史学理论，未曾采录过的新鲜材料，未曾使用过的编制方法。"周谷城的通史编纂理论及其方法，是 20 世纪中国通史研究和编纂的珍贵史学遗产，对当代中国通史的研究和编纂仍有参考价值。[②]

一、维护"历史自身之完整"的编纂旨趣

新型中国通史的编纂发展到 20 世纪 30～40 年代逐渐走向成熟。这一时期，不少中国通史编纂者形成了各具特色的通史编纂理论。钱穆研究历史着眼于"能于国家民族之内部自身，求得其独特精神之所在"，认为中国通史著作：一方面要写出国家民族以往文化演进的真相，找出国家民族永久生命之

① 1939 年上海开明书店出版，至 1957 年再版了 13 次，1957 年修订后，又多次重印。

② 张志哲《〈中国通史〉和周谷城教授》（《社会科学》1984 年第 4 期）、杨志刚《略论周谷城研究中国史的特点与成就》（《社会科学》1998 年第 11 期）、孔繁敏《纵论古今，横说中外——周谷城史学成就述略》（《历史教学问题》2001 年第 2 期）等文章对周谷城的"历史完形论"及《中国通史》的成就，有一定的研究。

源泉，民族之精神；另一方面要指出国家民族最近病痛之征候，成为有志于改革现实者所必备之参考。[①]张荫麟关注通史著作的可读性，重视选择史实的标准、统贯史实的范畴、文字表达方式，要将所纂之《中国史纲》写成一部人人喜欢阅读的史书。[②]吕思勉以为人类的一切现象无不与文化有关，其《吕著中国通史》分上下篇，上篇中国文化史，分门别类叙述各种典章制度、学术文化，下篇中国政治史，叙历代之治乱兴衰。[③]周谷城《中国通史》则旨在写出统一整体的中国历史，显示出历史的有机组织和发展规律。他曾说："我著《中国通史》时曾力求得到通史的统一整体，其初版导言曰《历史完形论》，意在指出历史事情的有机组织和必然规律。"[④]这里的"历史完形论"就是《中国通史》所运用的所谓其他中国通史著作中未曾有的史学理论，其核心是如何写出统一整体的中国历史。后来周谷城又将历史完形论贯穿于其《世界通史》之中，编著《世界通史》时，他首先考虑的也是"统一整体问题"。若干年后，他依然强调："今后编著世界通史在认真审核史料的同时，务必力求有统一整体和有机组织，以便得出历史的规律性。"[⑤]这表明，写出统一整体的历史是周谷城通史撰述的追求和目标。

周谷城认为，史料只是历史的记录或历史留下的痕迹，史观则是人们对历史的看法，二者都不是历史自身，历史自身是客观独立存在的人类过去的活动。"史料史观都非历史，然则独立存在，不因吾人之知识而始存在之客观的历史，究竟是什么呢？这很易回答，即人类过去之活动是也。"[⑥]所以，历史研究的对象既不是史料，也不是史观，而是人类过去的活动。而人类过去的活动是完整统一的，其全体与部分的关系，也像世界上的其他事物一样，部分之所以为部分，只因其构成全体；全体之所以为全体，只因其成于部分。"历史自身是复杂众多的统一整体，它的各部分互相联系着，互相依靠着，互相制约着：既不是空洞的'一'，也不是散漫的'多'。"[⑦]因此，历史研究者应从全局出发，通过对人类活动的各个部分及其相互关系的分析，以获得

---

① 钱穆：《国史大纲·引论》，《民国丛书》第1编第75册，第9页。

② 张荫麟撰，王家范导读：《中国史纲·自序》，第2—9页。

③ 吕思勉：《吕著中国通史·自序》，《吕思勉全集》卷2，第7页。

④ 周谷城：《我是怎样研究世界史的》，《周谷城史学论文选集》，北京：人民出版社，1983年，第111页。

⑤ 周谷城：《我是怎样研究世界史的》，《周谷城史学论文选集》，第112页。

⑥ 周谷城：《中国通史》，上册，上海：开明书店，1948年，第4页。

⑦ 周谷城：《史学上的全局观念》，《周谷城史学论文选集》，第71页。

对历史自身的认识。“所谓历史学，也不过是研究人类过去之活动，分解此活动之诸种因素，寻出诸种因素间必然不可移易之关系，从而明白此活动之自身而已。”[①]这里所说的不可移易的关系，就是历史的有机组织和发展规律，通过分析人类过去之活动找到其发展规律，自然就认识了历史本身。在这种意义上，历史科学与自然科学没有什么区别。“自然科学固然要寻出事物之诸现象间不可移易的关系，始得谓之认识了该事物；历史科学亦必分析人类过去活动之全体的诸因素，寻出诸因素间不可移易的关系，始得谓之认识了历史。”[②]周谷城认为，通过对客观历史自身诸因素的分析，寻找出其不可移易的关系，那么编纂通史时就应该将这种关系表述出来，显示出历史自身的完整。“历史自身既为‘整个的’，则处置历史自身的史学著作，便不能将此整个的自身，寸寸断之，使各自成体，如是则有机组织尚焉。”[③]所以，无论是撰写《中国通史》还是《世界通史》，他始终将写出统一整体历史的史学观念贯穿其中。

从维护历史自身的完整性出发，周谷城既要求研究历史时“便始终应当追随着维护着它那客观的独立存在；不应当将此客观的独立存在化为主观的”[④]，也主张在中国通史编纂中反映出历史自身的完整性，坚决反对任何破坏历史自身完整性的做法。他指出，历史编纂中的分类和分朝两种述史方法破坏了历史自身的完整性，应予以根除。使用分类叙述方法的史家，只注意到文字的记录、个别的史料及典章制度等，并将这些分成世系、疆域、内政、外交、文治、实业、民生、学术、思想等子目，然后将资料编入其中，没有认识到其中还有历史之自身存在。其书编得愈有条理，而历史自身或活动自身之完整愈被支离，历史书变成了资料书或历史辞典。每一个子目均有独立的意义，而从诸子目的连缀上，始终看不出历史之自身或人类过去活动之自身。分朝叙述的方法，以朝代为叙述对象，一则按子目将一朝大事编排起来，一则将朝与朝之间的历史一分为二：一半划入前朝之末，作为其灭亡的原因，一半划入后朝之端，作为其开创的工作，割裂了朝与朝之间完整的活动。所

① 周谷城：《中国通史》，上册，第 7 页。
② 周谷城：《中国通史》，上册，第 12 页。
③ 周谷城：《中国史学史提纲》，《周谷城史学论文选集》，第 328 页。
④ 周谷城：《中国通史》，上册，第 7 页。

以，这两种写史的方法，都应该予以摒弃。我国史学上源远流长的以史为鉴的资鉴说，尤其为周谷城所反对。他指出，“资鉴的观念不打消，历史之客观的独立存在终维持不住”[①]。这并不是因为资鉴说强调治史的目的，而是资鉴说者将客观历史当作一种可资借鉴的宝库，任取所需要的部分，割裂了整体与部分的必然联系，从而破坏了历史自身的完整性。资鉴说与完形论的根本区别在于：“资鉴说不惜破坏历史之客观的独立存在，摘取个别的先例，以作今人的训条；完形论则务须维护历史之客观的独立存在，明了历史之自身，以增今人的知识。一则治史以受训，一则治史以求真；一则把历史当作一种供我们摘取先例的宝库，一则把历史当作客观的独立存在，应当从正面研究的东西。”[②]因此，以史为鉴的资鉴说不予以根除，历史自身的完整性就难以维护。

为了写出统一整体的中国历史，周谷城编撰《中国通史》时，无论是体裁的选择，还是史料的取舍、文字的表达、篇章节之标目，都是以维护中国历史的完整为目标的。

二、“因事命篇一依历史事情发展之次序为常格”

编纂史书对体裁的选择和要求，往往反映了编纂者对历史的理解和撰述目的。周谷城旨在写出统一整体的中国历史，《中国通史》必然要采用能体现出历史自身之完整的体裁。周谷城认为传统史体纪传体、编年体不适宜撰写中国通史。纪传体以人物为中心，常将一完整之事情分述于纪、传之中，又常将同一时期同作一事之人分开叙述。这种分类以叙事的方法，必然将历史自身之完整加以破坏。“纪传体之不适宜于编著通史，厥在破坏历史自身之完整一点。通史所求者为历史自身之完整；纪传体则恰恰破坏之。”[③]编年体按年月之先后排比事情，虽将同时发生的许多事情合在一起叙述，但这同时发生的事情，并不一定有必然的联系，将其并列在一起，并没有反映出历史自

① 周谷城：《中国通史》，上册，第9页。
② 周谷城：《中国通史》，上册，第9页。
③ 周谷城：《中国通史》，上册，第19页。

身的完整性。同时，编年体将一件完整的事零碎地分散于不同的年代之下，以致其完整性被破坏，所以编年体也不适宜于编纂通史。比较而言，周谷城认为，纪事本末体较为接近于维护历史自身之完整的要求。一是其叙述对象比较接近于人类过去的活动。纪事本末体不为人物所拘，不为时间所拘，以历史事情为叙述对象，较为接近人类过去活动之义。二是破坏历史自身之完整较少。其因事命篇，自为起讫，能体现所述之事之完整。当然，这种体裁也有缺点，这主要表现在，事情与事情之间或篇与篇之间缺乏联系，每篇所述之事，与前后各篇所述诸事的必然关系没能显示出来，彼此都是孤立的。同时，对所叙述的事情缺少分析，未反映其间的因果关系。因而所成之篇，就不是辩证的完整，而是笼统的含糊。由于这两大缺点的存在，纪事本末体也未能充分表现出人类过去的活动。①

20 世纪史学著作，大多用章节体写作，这种新史体更为周谷城所反对。他认为章节体史书，事情纵剖，依门类而分，时间横断，依朝代而分，纵横交错，可称之为新体或坐标体。倘若以这种史体编纂中国通史，中国历史的完整性将被破坏无遗。章节体中国通史每叙述一朝代创业的种种情形之后，不接着叙述继起的朝代，使人明白其发展变化，而是立刻将典章制度插入，叙述了典章制度之后，又不接着叙述其继起朝代之典制，使人明白其演变的趋势，而立即将经济民生等插入。这样纵剖出来的各部门之间的联系固不明白，而各部门前后的发展演变，亦令人茫然无知。“所有史料之排比，乃至典章制度之说明，虽井井有条，然都离开了完整的历史，或离开了完整的人类活动，成了无联系的零碎东西。”②所以章节体对历史完整性的破坏更甚于纪传体。周谷城对各种史体的批评，重在能否体现出历史的完整性。当然，仅从一个角度评价史体，难免失之偏颇。

通过对纪传体、编年体、纪事本末体、章节体等史体的分析，周谷城选择了对历史的完整性破坏较少的纪事本末体来编纂《中国通史》，同时，尽量克服以往的纪事本末体自身之缺点，以便写出完整统一的中国历史。章学诚曾赞扬袁枢《通鉴纪事本末》“因事命篇，不为常格”，周谷城指出，“应改为‘因事命篇一依历史事情发展之次序为常格’”。“历史学之对象或人类过去活

① 周谷城：《中国通史》，上册，第 22—23 页。
② 周谷城：《中国通史》，上册，第 27 页。

动有其发展之次序，历史学即用之以为常格。袁枢之因事命篇，是有常格的，不过他尚未能完全依循常格耳。”[①]这是说，依中国历史事情的发展次序因事命篇，即是编纂中国通史的体裁。周谷城的《中国通史》将从北京猿人到1927年北伐战争之间的中国史，分成游徙部族定居时代（周平王迁洛邑以前即公元前770年以前）、私有田制生成时代（自周平王元年至新莽元年即公元前770年至公元9年）、封建势力结晶时代（自新莽元年至北宋建隆元年即公元9年至960年）、封建势力持续时代（自北宋初至鸦片战争即公元960年至1840年）、资本主义萌芽时代（鸦片战争以后即公元1840年以后）等5编，即是依据中国历史之发展阶段，也就是中国历史自身发展之次序来叙述其过程。如将周平王东迁以前作为中国历史的第一个发展阶段，因为这正是中国历史发展的一个自然段落。中国部落从游徙到定居，中国民族的初步形成，皆完成于这一时期。“自人类与天然战争，及人类彼此相互战争开始，到次序之建立及生产之发达告终，恰好成一单元；中国民族生活之初步型成，恰在这单元之内。”[②]周谷城认为史家通常以秦始皇统一以前为中国历史的一个阶段，只考虑到政治的发展，没有考虑到经济的发展，是以政治史代替中国历史的必然结果。朝代更替之际的历史，往往被史家分裂为二，一部分作为前朝灭亡的原因，另一部分作为后朝所开创的事业。《中国通史》对改朝换代之际历史的叙述，则十分注重其完整性。如第三篇第一章“社会的剧烈冲突”，将西汉的社会矛盾、东汉的建立合在一起叙述，突出了两汉之际的社会变动；第四篇第一章“宋帝国的建立”，将唐中叶以来的社会变乱与北宋的建立综合在一起叙述，鲜明地反映出唐宋之际历史的变化；第四篇第七章“由蒙古统治之瓦解到大明帝国之树立”，叙述了元明之际的历史变化。这样，朝与朝之间历史的变化就完整地显示出来。

孤立叙事是以往的纪事本末体史书的严重缺陷之一，因而未能表现出所叙事实之间的必然联系，自然难以充分显示历史自身的完整。《中国通史》注意编、章、节之间的联系，同时也注意分析所叙之事自身之因果关系，尽量克服这一弊端。如第一篇第五章“宗教在上述诸问题中之地位”，与第二章“先

① 周谷城：《中国通史》，上册，第22页。
② 周谷城：《中国通史》，上册，第133页。

民怎样对付天然”、第三章“诸种部族怎样相处”、第四章“社会次序怎样树立”，密切关联，反映出宗教帮助先民征服自然、解决部族间的战争问题、进而稳定社会次序。第六章“新次序下之经济盛况”，与前面四章亦有联系，显示出部族间的战争源于生存竞争，战争中酝酿出等级次序，而社会次序的确定，促进了西周社会经济的繁荣。在这里，不仅显示了各章之间的联系，而且反映了社会整体与各部分之间的关系，这就是西周社会经济的进步，酝酿着新的历史变化。“西周经济的发达，恰恰成了春秋战国时代政治社会各方面之变动的原因。”[①]春秋战国时期，周王室共主地位的丧失、诸侯国之间的争霸、地主的出现、商人地位的提高，皆直接或间接由西周经济的新发展所引起。这样，第一编“游徙部族定居时代”（周平王迁洛邑以前即公元前770年以前）与第二编“私有田制生成时代”（自周平王元年至新莽元年即公元前770年至公元9年）的关联，就很自然地显示出来了。同时，也反映出从远古到春秋战国时期中国社会的发展趋势。

《中国通史》采用的依中国历史事情之发展次序因事命篇的表现形式，吸收了传统纪事本末体的优点，便于从整体上显示中国历史发展趋势，而叙事时注意编、章、节之间的关联，则克服了传统纪事本末体的缺点，便于体现历史活动之间的有机联系。周谷城从史书体裁出发力图写出完整统一的中国历史。

三、关于选材、文字表述和标目

着眼于整体统一来撰写中国历史，周谷城指出选材应以历史自身为标准，行文应说明史事间之必然联系，标目应表明所述之内容。

史家编纂史书，对材料的选择也与撰述目标密切相关。周谷城认为要维护历史自身之完整，“编著通史之时，始终应以历史自身为选材之标准，或以人类过去活动之自身为选材之标准”[②]。章学诚曾指出，袁枢《通鉴纪事本末》在史实选择上，“决断去取，体圆用神”。周谷城认为应改为“决断去取，一

① 周谷城：《中国通史》，上册，第143页。

② 周谷城：《中国通史》，上册，第30页。

依历史事情自身之完整为标准”。“历史学者之取材，如欲‘无一言之或遗而或溢’，则历史自身之完整，或人类过去活动自身之完整，即是一绝好标准。”①这说明编纂中国通史所选择之史实必须是构成历史自身所必要的环节。这就要求对人类的活动之自身与活动成果应加以区别，不能将活动之成果视为活动自身。周谷城指出，马端临曾将历史分为不相因的治乱兴衰与相因的典章制度，所谓不相因的治乱兴衰似近于活动自身，相因的典章制度似近于活动之成果。郑樵曾立志总诗书礼乐而会于一手，然后同天下之文，贯二帝、三王而通为一家，然而极古今之变。所谓极古今之变，近似于活动之自身，天下之文近似于活动之成果。活动之自身是通史的对象，活动之成果是专史的对象。专史之和亦非通史，只有以人类活动自身为对象的才是通史。当然，活动的成果也可以用以说明活动自身。

基于这种认识，《中国通史》重在叙述中国历史的发展变化，突出了人与自然的斗争、种族斗争、阶级斗争，而略于典章制度、学术文化。如第一篇“游徙部族定居时代”（周平王东迁洛邑以前即公元前 770 年以前），着重阐述了中国先民如何对付自然、诸种族间怎样相处、社会秩序怎样树立以及宗教在其中所起的作用。周谷城认为，先民为解决这几大问题，所作出的种种努力、种种作为，实足以代表当时整个社会活动的全部，宗教也是帮助解决这些问题的。随着这几大问题的逐步解决，生活才逐渐安定，生产才逐渐发展。《中国通史》中也有典章制度、学术文化等内容，但其目的不是为了阐明典章制度或学术文化的发展，而是为了更好地阐述历史发展的有机组织和规律。“完形论虽坚持着人类过去活动之自身为通史之对象，却并不是说专史所叙述之事情，完全不能入通史；反之通史之美备，也许完全要靠专史之精进。”②也就是说，要说明人类过去的活动，可用活动之成果作为材料、手段。《中国通史》第三篇第七章记述了唐代官制、刑制和兵制，其着眼点在说明社会活动。对此，周谷城特意加以说明：“我们于前此各篇各章，从未单独的叙述过官制。一则因通史的任务，应该置重整个社会的活动，不宜多涉静止的制度。二则因静止的制度如官制等，应由专门史（如法制史之类）去叙述，通史中大可不必多谈。但这里却又专述官制者，盖有两个理由。一、隋唐官制，含

① 周谷城：《中国通史》，上册，第 22 页。
② 周谷城：《中国通史》，上册，第 28 页。

有外族所创的成分；述之，可以显示种族斗争对于文化的影响之伟大。著重之点，仍在整个社会的活动。这样的叙述，与第一篇里叙述怎样建立社会次序，第二篇里叙述集权帝国之诸制度，其用意正同，都是拿所述的制度以显示伟大的活动之影响。并不是为着静止的制度的本身而叙述，乃是为着阐明整个的活动而叙述。二、隋唐官制，既是集汉民族与其他各民族之大成，且其体系又较完备，如吏户礼兵刑工等六部之分，几乎成为后世的典型；我们于此，顺便知道中国史上官制的大略，亦是一种收获。”[①]《中国通史》中有关学术文化的记载，如第二篇第六章“随社会而演变的学术思想”、第三编第五章“六朝时代江南的文化”、第十篇第十章“巩固统治的理学”，都是通过学术来说明社会活动。“六朝时代江南的文化”，本应是文化史叙述的对象，在此却是通过对六朝文化的叙述，以说明北方侨民与南方土著之合作。“江南文化云云，正是中原南下的大家世族与江南本土的大家世族合伙造成的伟业。正是侨民与土著之和同的表现。”[②]对理学的叙述也是着眼于说明社会活动。“理学，活动之成果也；若进一步曰：理学可以巩固统治；那便成了活动自身一种很好的说明。”[③]

编纂中国通史所选的材料，关键在于能说明历史之自身，那么文字表述亦在于能表现出历史事情之间的必然关系。人们多认为历史教科书枯燥无味在于其缺乏生动优美的文字，周谷城则认为在于其没有显示出历史自身的完整性。因教科书每一段、每一节、每一章都是孤立的，与前后的章节全无联系，读起来如读历史辞典，不能获得有关历史自身的完整知识，当然不可能有深刻的印象。一本史书，每一段事实，如果是读完了前一段之后不可不知的，则文字虽拙劣，读起来仍有先得我心之感，必有趣味；反之，文字虽美，仍将是干枯无味的。解决历史教科书缺乏可读性的最好办法是显示出所述事情之间的必然联系，体现出历史自身的完整性。大凡读过周谷城《中国通史》的人，多有这样的感觉：其文字并不优美，但前后连贯，脉络清晰，能留下深刻的印象。这是因其所叙之事相互关联，显示出了事情之间的必然联系。

周谷城认为，历史著作是反映客观历史的，其编、章、节表征着历史自

① 周谷城：《中国通史》，上册，第 534 页。
② 周谷城：《中国通史》，上册，第 431—432 页。
③ 周谷城：《中国通史》，上册，第 29 页。

身之各部分，因此，应以有意义之标题表示所叙事情间的必然关系。“维护完形之通史，其文章之内容应与其有意义之题目相符合；诸有意义之题目所代表的诸事情，应该彼此相关联。事情与事情之联系，反映为文章与文章之联系；文章与文章之联系，反映为题目与题目之联系。倘标题全无意义，那便不能表明文章内容之彼此相关，而显示着历史自身之完整性了。”①《中国通史》的编、章、节标目逻辑层次分明，结构严谨。如第五编第一、二章之章、节的标题如下所示：第一章列强对中国之压迫，第一节由英国之对外发展到中英鸦片战争，第二节各国继续以武力逼订不平等条约，第三节在不平等条约之下中国之殖民地化；第二章中国之图强御侮运动，第一节经济方面的图强御侮，第二节政治方面的图强御侮——戊戌维新，第三节政治方面的图强御侮——辛亥革命，第四节教育学术的图强御侮。这些标目，反映出帝国主义对中国的侵略不断加深，中国人民图强御侮运动也不断深入。

周谷城曾这样评价自己的通史教学与撰述：“我教世界通史或写世界通史，首先考虑的是统一整体问题。”“我所著的世界通史，虽谈不上高瞻远瞩，得出了统一整体，但在寻找有机组织、希望得出统一整体方面，是花了工夫的。”②这虽是就世界通史而言的，但同样适合于对《中国通史》的评价。周谷城后来对《中国通史》作过修订，其中，某些观点也有了改变，但写出统一整体的中国历史的编纂旨趣始终未变。修订版《中国通史·导论》指出，历史学的对象“是斗争的过程，是矛盾发展和解决的过程。这样的过程是客观存在的，是完整统一的。我们通过史料，能看得见，抓得住，重点突出，如实表达即可成史书。中国通史的编著，只能是这样。书要用主观的努力来写，但所写的却只是客观存在的、完整统一的斗争过程”③。这里，周谷城仍然将维护历史自身之完整作为撰述目标。

顾颉刚在《当代中国史学》中曾批评20世纪前期的中国通史“多属千篇一律，彼此抄袭”，并指出“编著中国通史的人，最易犯的毛病，是条列史实，缺乏见解”。④周谷城所撰《中国通史》旨在写出完整统一的中国历史，从体

① 周谷城：《中国通史》，第33页。

② 周谷城：《我是怎样研究世界史的》，《周谷城史学论文选集》，第112页。

③ 周谷城：《中国通史（修订本）》，上海：上海人民出版社，2002年，第15页。

④ 顾颉刚：《当代中国史学》，上海：上海古籍出版社，2002年，第81页。

裁的确定到资料的取舍、文字的表述、篇章节的安排，都贯穿着这一撰述宗旨，因而结构严谨，观点鲜明，克服了中国通史编纂中存在的条列史实的弊端，历史发展脉络清晰，自成一家之言，在新的历史条件下继承和发扬了我国古代的“通史”家风。当然，由于周谷城过分地关注通史著作表现历史的完整性，对纪传体、编年体、章节体等史体一概否定，有失偏颇。应该说纪传体、编年体等与纪事本末体一样，都适合于撰写中国通史，同时也都存在着不足之处。这一点章学诚就已经认识到了，所以他提出“仍纪传之体而参以本末之法”，作为史书体裁的发展方向。[①]白寿彝总主编的《中国通史》“在内容上，要求在‘通’字上下功夫，重视各种社会现象的内在联系，重视贯通古今的发展规律”[②]。为了实现这一撰述目标，白寿彝在《中国通史》的体裁方面，吸收我国古代多种史书体裁的优点，使之与章节体相配合，创立了由序说、综述、典志、传记组成的新综合体，也说明了这一点。周谷城区分了史料、史观和客观历史的不同，将人类过去的活动作为历史研究的对象，这在史学认识上是难能可贵的。但同时，他将人类的活动分为活动自身与活动之成果，认为只有活动自身才是通史叙述的对象，学术文化被视为人类活动产物而摒弃于通史之外，或至多只是作为说明人类活动自身的材料，所谓“历史为人类过去的活动，包括人与自然的斗争，种族与种族的斗争；有阶级时，包括阶级斗争”[③]。中国通史的内容侧重于社会变化方面，这样固然便于完整把握中国历史的变迁，但个人的活动、学术文化等被忽略，则难以反映出历史本身的丰富内涵。

---

① 陈其泰：《中国近代史学的历程》，郑州：河南人民出版社，1994 年，第 61 页。

② 白寿彝主编：《导论·题论》，白寿彝总主编：《中国通史》第 1 卷，第 2 页。

③ 周谷城：《中国史学史提纲》，《周谷城史学论文选集》，第 329—330 页。

第十四章 范文澜《中国通史简编》与钱穆《国史大纲》比较研究

20世纪30～40年代出现了中国通史撰述的热潮，这期间产生了数量众多的中国通史著作[①]，其中出版于40年代初的范文澜《中国通史简编》、钱穆《国史大纲》[②]不仅在当时引起了巨大的反响，而且一直影响到当代学者对中国历史的认识。这两部中国通史著作在有关中国历史发展进程、动力、主体以及中国历史与人类历史的关系等方面，都表现出不同甚至对立的观点，代表了这一时期人们对中国历史的两种不同的认识。E. H.卡尔曾指出："历史是历史学家与历史事实之间连续不断的、互为作用的过程，就是现在与过去之间永无休止的对话。"[③]通过这两部中国通史著作的比较研究，不难看出有关历史的认识，不仅根源于认识者的历史观，也是其对社会的认识、历史前途的期待等的反映，历史与现实，过去与未来，总是紧密地关联着。

一、关于历史发展进程

20世纪的新史学家与马克思主义史学家都将中国历史视为一个不断发展的、有因果联系的、并且呈现出阶段性特点的过程。不同的是，马克思主义史学家认为中国历史不仅是变化发展的，而且是一个由低级到高级的有规律的发展过程，其发展规律及其过程表现为不同社会形态的依次更替，因此他

---

① 据中国社会科学院历史研究所编《八十年来史学书目》，20世纪30～40年代出版了40余种中国通史著作。

② 钱穆《国史大纲》（上、下册），重庆商务印书馆1940年出版；范文澜《中国通史简编》（上、中册），延安1941～1942年出版。

③〔英〕E. H.卡尔：《历史是什么？》，陈恒译，北京：商务印书馆，2007年，第115页。

们以社会形态理论和方法考察中国历史发展进程，划分中国历史发展阶段。在对中国历史发展进程的认识上，钱穆《国史大纲》与新史学家基本一致。他认为，中国历史的发展如同一首诗，在舒缓和平之中不断前进。“中国史之进展，乃常在和平形态下，以舒齐步骤得之。”[①]其进步体现为“经济地域之逐次扩大，文化传播之逐次普及，与夫政治机会之逐次平等而已。其进程之迟速不论，而其朝此方向演进，则明白无可疑者”[②]。其中政治制度的演进表现得最为显著。自春秋战国以来，中国社会由封建走向统一，由军人政府变为士人政府，由士族门第到科举竞争，是其进步的主要表现。春秋战国时期是中国历史上变动最激烈的时代，民间自由学术的兴起则是其中最重要的变化。秦汉时期，产生了大一统政府，代替了封建时代。东汉倾覆后，中国历史由统一走上分崩割据的衰运，魏晋南北朝是变相的封建时代，魏晋南北朝的门第为变相的封建贵族。然而混乱之中，学术传统并没有中断，北方在五胡纷扰之后，渐渐找到了新机运，为全盛时期的来临奠定了基础。隋唐时期新的统一政府再次出现。隋代中央政令统一，社会阶级消融，古代之贵族封建以及魏晋以来之门第特权消失。唐承隋制，而拥有一种新精神，建立了较为合理的制度，创造了中国历史的辉煌。唐中叶以后，这种合理的政治思想消失，各种合理的制度随之瓦解，唐之盛世亦不可保。安史之乱后，大时代没落了。两宋时期处于积贫积弱状态，但士大夫以天下为己任的自觉精神的觉醒，又引发了一场政治变革运动。这是中国史上第二次学术发展。元明时期，蒙古族入主中原，建立了非传统的异族政权，自秦汉以来传统的文治政权的意识，始终未被蒙古贵族接受，社会处于混乱之中。朱元璋推翻元朝之后，重建了政权，但其废宰相，实行君主独裁，以严刑酷法对待士大夫，又使传统政治恶化。清朝君主集权进一步加强，学术脱离政治，士大夫以天下为己任的精神也逐渐消沉。“清代中叶的学术虽日盛，而吏治却日衰，正为此故。”[③]正因为这样，清朝的统治也转向衰落。随着列强的入侵，为抵抗外侮，出现了变法自强运动。革新运动失败，辛亥革命爆发。革命之后，旧政权解体，其所遗留下的种种恶势力有待逐步清除，理想的新政权尚有待于逐步试

① 钱穆:《国史大纲·引论》,《民国丛书》第1编第75册，第11页。

② 钱穆:《国史大纲·引论》,《民国丛书》第1编第75册，第20页。

③ 钱穆:《国史大纲》,《民国丛书》第1编第75册，第620页。

验与磨炼，社会处于动荡之中。在这样艰难的过程之中，孙中山倡导的三民主义“始终领导国人以建国之进向”①，并且“将来三民主义之充实与光辉，必为中华民国建国完成之惟一路向”②。从这里可以看出，钱穆是从民族文化的发展、学术思想与政治的关系、士大夫之沉浮等方面，来考察中国历史进程，勾勒中国历史发展脉络的。在他看来，中国历史就是在学术思想的指导下，曲折地、绵延不断地、逐渐地向前发展。

《中国通史简编》考察中国历史进程时，“按照一般社会历史发展的规律，划分中国历史的段落”。范文澜认为这种“试用一般的社会发展原则到具体的中国历史，这是和旧历史完全不同的”③。这是以马克思主义的社会形态理论结合中国历史实际，来研究中国历史进程及其发展阶段的。范文澜认为，中国殷商以前是原始社会，殷商为奴隶社会。夏商时期由于生产力的进步，私有财产制度的逐渐发展，原始公社逐渐解体，奴隶制确立，但是依然保存原始公社制度的残余。西周至秦统一，为初期封建社会。西周时期，随着生产力的发展，农民的社会地位有了提高，拥有了自己的私有财产，他们是农奴而非奴隶，因此西周是中国封建时代的开始。自秦到南北朝，是中国封建社会的第二个阶段。这一时期经济、文化、政治都获得了大发展。长江流域的经济文化在这一时期取得了长足的进步，经济文化中心也由黄河流域扩大到长江流域，到隋统一，中国的经济基础大大地扩大并加强了。隋唐至鸦片战争为中国封建社会的第三个阶段。这一时期社会经济继续发展，宋代开发了闽江流域，元明时期，珠江流域也得到了开发。由于经济基础的扩大，其文化也超过了前一阶段。中国的封建社会就这样螺旋式地发展直至鸦片战争的爆发，鸦片战争以后，中国进入了半殖民地半封建社会。以社会形态理论为指导考察中国历史发展进程，是当时的马克思主义史学家的共同特点，郭沫若、吕振羽、翦伯赞、侯外庐等皆是如此。如吕振羽在《史前期中国社会研究》一书中，指出中国殷商以前为原始公社制社会，殷商为奴隶制社会，从西周开始进入封建制社会，战国时期由封建领主制向封建专制主义过渡，秦统一后进入封建专制主义社会。鸦片战争后中国进入半殖民地半封建社会。

① 钱穆:《国史大纲》,《民国丛书》第1编第75册，第659页。

② 钱穆:《国史大纲》,《民国丛书》第1编第75册，第660页。

③ 范文澜:《关于〈中国通史简编〉》,《新建设》1951年第2期，第21页。

其所著《简明中国通史》则运用这种认识具体地描绘了中国历史进程。翦伯赞的《中国史纲》也是根据社会形态理论和方法来考察中国历史发展进程的。翦伯赞在《历史哲学教程》一书中曾对 20 世纪 20～30 年代各种有关中国历史发展进程的认识进行过分析批判，并认为吕振羽的认识较为合理。他所撰写的《中国史纲》对中国历史阶段的划分与《简明中国通史》略同。尽管马克思主义史学家对中国历史进程的具体认识不尽相同，但却都将其视为一个由原始社会向奴隶社会、封建社会不断发展的过程。

二、关于历史发展动因

无论是范文澜还是钱穆都关注中国历史发展动因问题，但对历史动因的认识却不尽相同，甚至大相径庭。范文澜认为中国历史发展的根本动力是社会经济结构的变化，人民群众的革命斗争则是推动中国历史发展的直接动力。首先，社会经济的发展变化推动中国社会形态从低级向高级发展。他指出，无论是殷商奴隶制的产生，还是西周封建社会的出现，都是社会经济发展的结果。夏禹以前，是原始公社制社会。禹以后，随着生产力的发展，私有制产生了，原始公社制不断崩溃。代夏而起的商朝在生产工具、牧畜业、农业、手工业、商业等各方面有了很大的发展，在此基础上建立了奴隶制国家。西周初年的主要劳动者有自己的一点小份地和小私有财产、自己的家庭，他们是农奴，而不是奴隶，因此此时中国已经进入了封建社会。这说明经济结构的改变，必定引起社会制度相应的变革，原始公社制向奴隶制发展，封建制代替奴隶制，是历史发展的必然趋势。其次，社会经济的发展引起社会形态内部的变化。范文澜认为经济的不断发展，在不同的时期达到了新的高度，同一社会形态内部从而呈现出不同的发展阶段。如自秦至南北朝，经济基础不断地扩大并加强，文化也大进一步。汉以前经济文化的中心在黄河流域，至三国时期长江中下游得到了开发，促进了南方的文化发展；到南朝时长江流域得到了进一步开发，经济赶上了黄河流域，文化发展也超过了北朝。中国历史发展到一个新的阶段。隋唐以来经济基础进一步扩大，闽江、珠江流域得到了开发，文化水平也明显超过了前一阶段，故而中国历史也发展到了更高的阶段。因此，西周至秦统一是初期封建社会、自秦至南北朝为封建社会的第二阶段、隋唐至鸦片战争爆发为封建社会的第三阶段。范文澜还指出，在阶级社会里，生产力的体现者农民阶级反对生产关系的体现者剥削阶级的阶级斗争是推动社会发展的动力。如秦末农民起义推翻了秦朝统治，结束了西周以来的封建领主统治，为建立强大的汉朝奠定了基础；隋末农民战争的结果，建立了更强大的唐皇朝；元末农民起义的结果，是推翻了蒙古贵族的统治，建立了强大的明皇朝。在他看来，农民的革命斗争为社会前进扫清了障碍，推动了中国历史的发展。

对于范文澜所肯定的人民群众的阶级斗争对中国历史的推动作用，钱穆则不以为然。在他看来，下层人民的大规模的反抗斗争，不但不能推动中国历史前进，反而阻碍了中国历史的发展。他指出："中国史上，亦有大规模从社会下层掀起的斗争，不幸此等常为纷乱牺牲，而非有意义的划界线之进步。"[①]在他看来，"汉末黄巾，乃至黄巢、张献忠、李自成，全是混乱破坏，只见倒退，无上进"[②]。对备受人们推崇的太平天国革命，他也予以否定，认为其除了给国家社会以莫大的创伤以外，对民族文化的发展没有任何作用。"此中国史上大规模从社会下层掀起的斗争，常不为民族文化进展之一好例也。"[③]

钱穆认为历史是一个生命生生不息的过程，其在行进过程中，"有持续，亦有变动，而自有其起迄，而成为一事业，或为一生命。历史正为一大事业，一大生命。故历史上之过去非过去，而历史上之未来非未来，历史学者当凝合过去未来为一大现在，而后始克当历史研究之任务"。历史的连续与变化使其如同人的生命一样，生生不息，"起灭中有生命贯注，寂尽中有生机常在"[④]。而在这一生命过程中，文化是其根本，起着决定作用。"民族之抟成，国家之创建，胥皆文化演进中之一阶程也。故民族与国家者，皆人类文化之产物也。举世民族国家之形形色色，皆代表其背后文化之形形色色，如影随形，莫能

① 钱穆：《国史大纲·引论》，《民国丛书》第1编第75册，第11页。

② 钱穆：《国史大纲·引论》，《民国丛书》第1编第75册，第11页。

③ 钱穆：《国史大纲·引论》，《民国丛书》第1编第75册，第11页。

④ 钱穆：《中国今日所需要之新史学与新史学家——本文敬悼故友张荫麟先生》，广东省东莞市政协主编，周忱选编：《张荫麟先生纪念文集》，上海：汉语大词典出版社，2002年，第4、7页。

违者。”[①]因此，民族文化、民族精神就是历史发展的原动力。“全史之不断变动，其中宛然有一进程。自其推动向前而言，是谓其民族之精神，为其民族生命之泉源。自其到达前程而言，是谓其民族之‘文化’，为其民族文化发展所积累之成绩。”[②]历史的变化发展，朝代的兴亡，都系之于民族文化、民族精神生命力的盛衰。所以，钱穆从民族文化、民族精神方面考察中国历史之变迁，并从民族文化演变中寻找中国历史发展之生命力。首先，他认为具有生命力的民族文化、民族精神推动中国历史不断地向前发展。论及中国在汉亡以后没有像西方一样自罗马帝国覆亡即陷于一黑暗时期之惨运，钱穆指出这是因为“汉代之覆亡，特一时王室与上层政府之腐败，而所由缔构此政府推戴此王室之整个民族与文化，则仍自有其生命与力量”[③]。正是这种具生命力的民族文化，推动中国历史向着合理的方向前进。所以，经过魏晋南北朝的战乱、分裂，又出现了强大的隋、唐统一皇朝。“此种转变，无异乎告诉我们，中国史虽则经历了四百年的长期纷乱，其背后尚有活力，还是有一个精神的力量（即是一种意识，或说是一个理性的指导），依然使中国史再走上光明的路。”[④]这种起源于先秦，递衍至于秦汉、隋唐一脉相传的学术思想使中国社会绵延不断。其次，他指出民族文化、民族精神决定历史的变化，朝代的盛衰、政治的成败皆系之于此。论及东汉政权毁灭之后，魏晋南北朝的分裂局面出现时，钱穆认为缺乏一种合理的观念或理论是其根本原因。他指出：“一个政权的生命，必需依赖于某一种理论之支撑。此种理论同时即应是正义。正义授与政权以光明，而后此政权可以绵延不倒。否则政权将为一种黑暗的势力，黑暗根本无存在，必趋消失。”[⑤]而一姓万世的观念使东汉王室与民众隔离，内朝、外朝的分别使东汉王室与士大夫隔离，以致外戚、宦官得以寄生王室之内而促其腐化，走上黑暗的道路。所以，东汉政府的灭亡并不是被黄巾军和董卓等军阀所推翻，而是没有一种政治理想使士族支持统一政权的复兴。“东方的黄巾，乃至西方的边兵，均已逐次削平。若使当时的士族

---

① 钱穆：《国史大纲·引论》，《民国丛书》第1编第75册，第27页。
② 钱穆：《国史大纲·引论》，《民国丛书》第1编第75册，第10页。
③ 钱穆：《国史大纲·引论》，《民国丛书》第1编第75册，第16页。
④ 钱穆：《国史大纲》，《民国丛书》第1编第75册，第283页。
⑤ 钱穆：《国史大纲》，《民国丛书》第1编第75册，第154页。

有意翊戴王室，未尝不可将已倒的统一政府复兴。然而他们的意兴，并不在此。”“国家本是精神的产物，把握到时代力量的名士大族，他们不忠心要一个统一的国家，试问统一国家何从成立。”[①]故而只能出现分崩离析的局面。又如南北朝时期北朝政治能逐渐走上正轨，为隋唐大一统盛运的来临奠定基础，是因为北方士大夫有合理的政治思想。“一种合理的政治制度之产生，必有一种合理的政治思想为之渊泉。北朝政治渐上轨道，不能不说是北方士大夫对政治观念较为正确之故。”[②]安史之乱后，唐朝之所以由盛而衰，亦在于其政治统治背后的思想观念。其强盛是因为各项制度的背后有一个理想或观念为指导；其衰落，乃是这种精神的丧失。“一项制度之创建，必先有创建该项制度之意识与精神。一项制度之推行，亦同样需要推行该项制度之意识与精神。此种意识与精神逐渐晦昧懈弛，其制度亦即趋于腐化消失。盛唐的命运，由于当时各项新制度之创建，及此各项新制度日趋崩溃，而盛唐之盛亦遂不可久保。”[③]所以，“政治社会各方面合理的进展，后面显然有一个合理的观念或理想为之指导。这种合理的观念与理想，即是民族历史之光明性，即是民族文化推进的原动力”[④]。在此，钱穆明确地指出，思想与观念是社会发展的原动力。他甚至认为洪秀全太平天国革命的失败，主要原因在于其没有注意到民族文化、传统势力之重要性，只图激起革命，对传统文化过分蔑弃，终被以保全民族文化礼教和社会秩序的湘军所击败。“粤军的领导人，对于本国文化，既少了解；对于外来文化，亦无领略。他们的力量，一时或够推翻满清[⑤]政权，而不能摇撼中国社会所固有的道德信仰以及风俗习惯。这是洪杨失败最主要的原因。”[⑥]从这一认识出发，钱穆指出，民族文化是中国民族复兴和发展的生命力和源泉。“一民族文化之传统，皆由其民族自身递传数世数十世数百世血液所浇灌，精肉所培壅，而始得开此民族文化之花，结此民族文化之果，非可以自外巧取偷窃而得。”[⑦]因此，“我民族国家之前途，仍将于

① 钱穆:《国史大纲》,《民国丛书》第1编第75册，第156页。
② 钱穆:《国史大纲》,《民国丛书》第1编第75册，第249页。
③ 钱穆:《国史大纲》,《民国丛书》第1编第75册，第300页。
④ 钱穆:《国史大纲》,《民国丛书》第1编第75册，第299页。
⑤ 注：现在称“满清”已不符合出版规范，此处为保持引文原貌。
⑥ 钱穆:《国史大纲》,《民国丛书》第1编第75册，第634页。
⑦ 钱穆:《国史大纲·引论》,《民国丛书》第1编第75册，第27—28页。

我先民文化所贻自身内部获得其生机”[①]。他坚信中国重新崛起，有待于民族国家内部一种新生命力的成长、发展。可见，在中国历史发展动因问题的认识上，范文澜与钱穆有着截然不同的观点。

三、关于中国历史的主体

与对历史发展动力问题的不同看法相关联，钱穆与范文澜在中国历史主体问题上，也提出完全不同的观点。在钱穆看来，只有民族文化的承载者士大夫阶层才是中国历史的主体、中国历史发展的领导者，才能张扬民族精神，促进民族文化的发展。他指出，中国社会的发展、进步，与士大夫阶层在社会中所发挥的作用休戚相关。士大夫在社会生活中发挥积极的作用，才能促进社会的发展和稳定，否则社会只能沉沦。如汉武帝接受董仲舒的建议，独尊儒术，士大夫代替军人、商人成为政治上的主要力量，汉代的文治政府由此造成。“自此汉高祖以来一个代表一般平民社会的素朴的农民政府，现在转变为代表一般平民社会的有教育有智识的士人政府，不可谓非当时的又一进步。”[②]又如宋明以来中国社会处于散漫无组织的状态，有赖地方士大夫的积极领导，社会得以稳定发展。“宋、明理学精神乃是由士人集团，上面影响政治，下面注意农村社会，而成为自宋以下一千年来中国历史一种安定与指导之力量。”[③]所以他指出：“士之本身地位及其活动内容与其对外态势各不同，而中国历史演进，亦随之而有种种之不同。亦可谓中国史之演进，乃由士之一阶层为之支持与领导。此为治中国史者所必当注意之一要项。”[④]他明确提出士大夫阶层是中国历史发展的推动力量。从这种认识出发，他进一步提出，中国的复兴和发展仍然有待于新的士大夫阶层的觉醒和领导。“晚清以来，西化东渐，自然科学之发展，新的工商业与新的都市突飞猛进，亟待有再度兴起的新的士阶层之领导与主持，此则为开出此下中国新历史的主

① 钱穆：《国史大纲·引论》，《民国丛书》第1编第75册，第28页。
② 钱穆：《国史大纲》，《民国丛书》第1编第75册，第105页。
③ 钱穆：《国史大纲》（修订本），北京：商务印书馆，1996年，下册，第812页。
④ 钱穆：《国史大纲》（修订本），下册，第561页。

要契机所在。”[①]钱穆对中国历史主体的这种认识，反映出一种精英创造历史的历史观。

与钱穆相反，范文澜要求颠覆以往以帝王将相、士大夫阶层为历史主人的做法，将人民群众作为中国历史的主体，并力图揭示其在历史中的地位和作用。论及《中国通史简编》的特点时，他指出与以往的历史著作相比，《中国通史简编》的一个重要的特点就是“肯定历史的主人是劳动人民，旧型类历史以帝王将相作为主人的观点被否定了”[②]。范文澜不但肯定了劳动人民在物质生产中的作用，而且肯定和歌颂了他们反剥削反压迫的斗争、他们的爱国精神以及对祖国文化发展做出的贡献。他将历史上劳动人民争生存、争自由的反抗斗争置于中国历史发展的过程中，肯定其合理性及其作用。《中国通史简编》详细地记述了历次大规模的人民反剥削反压迫的阶级斗争，特别是自陈胜、吴广以后历次大规模的农民起义，以具体的历史事实表明人民的革命斗争对中国历史发展起着巨大的推动作用。他指出，中国历史上汉、唐、明三大强盛帝国的出现，是农民起义胜利的结果。“劳动人民的命运就是整个历史的命运，不看清这一件大事，等于忘记了劳动人民是历史主人的原则。”[③]当然，范文澜也看到了农民的不足，如论及西汉新市、平林、赤眉起义军时，指出他们具有保守性、狭隘性、自私性。另外，他充分肯定在国家民族危难时期，人民群众表现出的强烈的爱国情感。他指出，金兵南下时，以宋高宗为代表的大地主只知逃跑、求和，陷害忠良，是人民与爱国将领的英勇反抗，使南宋朝廷免于灭亡。特别是钟相、杨么领导的洞庭湖起义军，拒绝了金人的利诱，斩金使者，并转告宋岳州守官，他们也拒绝了宋朝的诱惑，大义凛然，光明磊落。因此人民群众不仅具有革命斗争传统，同时也具有强烈的正义精神。范文澜还肯定劳动人民对我国的文化发展所作出的巨大贡献。他指出民间是艺术的源泉，一部中国文学史表明“重要的文学多从民间创造出来，经文士采取，经过技术上的修整，始成高级的文学。例如汉清商乐府本是各地民谣，著名小说如《水浒传》、《三国演义》、《金瓶梅》等书，原是民间话

① 钱穆：《国史大纲》（修订本），下册，第812页。

② 范文澜：《关于〈中国通史简编〉》，《新建设》1951年第2期，第21页。

③ 范文澜：《关于〈中国通史简编〉》，《新建设》1951年第2期，第22页。

本”[①]。这些都表明劳动人民不仅是物质财富的创造者，对精神财富的创造也有巨大的贡献。

与对中国历史发展的动力、主体的认识相适应，《国史大纲》与《中国通史简编》撰述的重心也各有侧重。学术文化的发展、士大夫阶层的沉浮是钱穆所关注的重要内容，范文澜则将揭露统治阶级的罪恶、将反映劳动人民的活动作为撰述的重心。范文澜批评以往的史书“连篇累牍，无非记载皇帝贵族豪强士大夫少数人的言语行动，关于人民大众一般的生活境遇，是不注意或偶然注意，记载非常简略”[②]。而他要写的是一部人民所需要的、反映人民大众生活的历史。如有关两汉时期的历史，《国史大纲》记述的内容主要为第三编第七章第四节“平民政府之产生”、第八章“统一政府文治之演进”（包括西汉初年之社会、西汉初年的政府、西汉初年的士人与学术、中央政府文治思想之开始、汉武一朝之复古更化、士人政府之出现、汉儒之政治思想、王莽受禅与变法）、第九章“统一政府之堕落”（包括东汉诸帝及年历、东汉之王室、东汉之外戚与宦官、外戚参加王室之由来、宦官参加王室之由来）、第十章“士族之新地位”（包括士族政治势力之逐步膨胀、东汉之察举与征辟制度、太学清议、党锢之狱、门第之造成、东汉士族之风尚）、第十一章“统一政府之对外”（包括两汉国力之比较、西汉与匈奴、东汉与西羌）。《中国通史简编》记述的内容主要为第二编第二章“对外扩张时代——两汉”，包括第一节“两汉政治概况及农民生活”、第二节“两汉工商业”、第三节“疆域的扩大”、第四节“王莽变法”、第五节“西汉农民起义”、第六节“东汉的政治与党祸”、第七节“东汉农民起义”等。从上述内容可以看出，有关两汉的历史，钱穆的关注重点在学术文化的发展与政治演进、士大夫在政治生活中的作用等，而范文澜对社会经济的发展、劳动人民的生活状态，尤其是农民起义，则予以特别重视。

① 范文澜：《中国通史简编》，石家庄：河北教育出版社，2000 年，下册，第 838 页。
② 范文澜：《中国通史简编·序》，上册，第 4 页。

四、关于中国与世界

将中国历史置于世界历史背景下考察，是19世纪后期才发展起来的一种史学意识。20世纪前期在中国与世界关系问题的认识上，一些学者注重中国与世界上其他国家地区、民族的一致性，另外一些学者则强调中国历史的特殊性。范文澜认为中国历史既具有人类历史的一般属性，也有自己的独特性。论及原始公社制度时，他指出："中国历史同任何民族的历史一样，也就是说，依照历史一般的发展规律，在上古时代，存在过原始公社制度（也称为原始共产制度）。从中国历史开端到'禅让'制度崩溃，正是实行着这个制度的时代。"[①]这说明，中国历史具有人类历史的一般性。正是从这种认识出发，范文澜以马克思主义关于人类历史发展的一般规律为理论指导考察中国历史发展进程。同时，他也看到中国历史具有自身的特点，提出在历史研究中应该探索人类历史发展共同规律在中国历史中的具体表现，必须了解人类历史的共性与中华民族历史的特殊性，才能把握社会发展的法则。"只有真正了解了历史的共同性与特殊性，才能真正把握社会发展的基本法则，顺利地推动社会向一定目标前进。"[②]对中国历史与世界历史关系的这种认识，反映了20世纪30年代后期以来马克思主义史学研究者对待这一问题的态度。1927年大革命失败以后，一些人以"中国国情特殊"为借口，提出马克思主义理论不适合中国国情，反对在中国进行共产主义运动。为了回击这种论调，马克思主义史学家强调人类历史的同一性，并努力证明中国历史没有什么特殊和不同。20世纪30年代末，随着对唯物史观的理解以及对中国历史研究的深入，马克思主义史学家开始从强调人类历史一般性到注重中国历史的特殊性的转变。翦伯赞《历史哲学教程》、侯外庐《中国古典社会史论》等都提出要探讨中国历史的特殊性，侯外庐在《中国古典社会史论》中对此进行了意义深远的探索。范文澜有关中国历史与世界历史的认识也反映了这一时期马克思主义史学家对这个问题的看法。

---

① 范文澜：《中国通史简编》，上册，第17页。

② 范文澜：《中国通史简编·序》，上册，第3页。

钱穆自始至终强调东方和西方的区别、中国历史的特殊面貌与特殊性。他认为，不同的民族文化都有自己的特点，世界文化主要有以中国为主的东方型和以地中海四周为主的西方型两种文化类型。西方型文化的特点为“于破碎中为分立，为并存，故常务于‘力’的斗争，而竞为四围之斗”。而东方型文化则“于整块中为团聚，为相协，故常务于‘情’的融和，而专为中心之翕”[①]。所以，不同民族的历史也各不相同。如中国历史像一首诗，常在“和平”中得到进展，欧洲历史如一幕剧，常在“斗争”中显现其精神，表现为波浪式的推进。[②]因此，中国与西方的差别，不是发展阶段的先后问题，而是不同的文化类型，不同的发展路径。所以他坚决反对以西方历史为标准反观中国历史，而要求从中国历史自身出发研究其民族精神。他说：“鄙意研究中国史的第一立场，应在中国史的自身内里去找求，不应站在别一个立场，来衡量中国史。”“研究中国史，应在中国史的自身内里找求，更应在中国史前后的变动处找求。”[③]这里所说的“不应站在别一个立场，来衡量中国史”，其矛头所指的正是梁启超等新史学家、范文澜等马克思主义史学家以人类历史发展的公理公例和历史规律来指导中国历史研究。钱穆认为，只有从中国历史的特殊性出发，才能将中国历史的真相展现在人们面前。他指出：“写国史者，必确切晓了其国家民族文化发展‘个性’之所在，而后能把握其特殊之‘环境’与‘事业’，而写出其特殊之‘精神’与‘面相’。”[④]故而“治国史之第一任务，在能于国家民族之内部自身，求得其独特精神之所在”[⑤]。范文澜、钱穆在中国历史与世界历史关系问题上所表现出来的这种不同态度，背后蕴含这样的一个认识：人类历史是否具有统一性。范文澜认为，中国历史是世界历史合乎规律的发展过程中的一部分，具有人类历史发展的一般属性，唯物史观所揭示的人类历史发展的一般规律完全适合于中国历史，史学家所要探索的是人类历史发展的一般规律在中国历史中的具体表现。钱穆则认为，不同类型的文化各有其“环境”与“事业”，因而各具个性与精神，不存在共

---

① 钱穆：《国史大纲·引论》，《民国丛书》第 1 编第 75 册，第 20 页。

② 钱穆：《国史大纲·引论》，《民国丛书》第 1 编第 75 册，第 11 页。

③ 钱穆：《如何研究中国史》，蒋大椿主编：《史学探渊——中国近代史学理论文编》下卷，长春：吉林教育出版社，1991 年，第 802—803 页。

④ 钱穆：《国史大纲·引论》，《民国丛书》第 1 编第 75 册，第 8 页。

⑤ 钱穆：《国史大纲·引论》，《民国丛书》第 1 编第 75 册，第 9 页。

同性。因此，他坚决反对以西方概念笼罩中国历史，反对任何以西方历史发展模式研究中国历史、改造中国历史的做法，主张在中国历史自身内部求得对中国历史的了解，寻求中国历史发展的生命力。

五、有关史学研究与历史发展前途的认识

从上面的有关论述中我们不难看出，钱穆的《国史大纲》与范文澜的《中国通史简编》无论是对中国历史进程的考察，还是对中国历史发展动因、中国历史主体以及中国与世界关系的认识，都表现出不同甚至相反的观点，从而形成了两种自成系统的中国历史观。一个是将中国历史视为在民族文化与民族精神的推动下，以士大夫阶层为领导，在和平的环境中以舒齐的步骤发展，不断进步；另一个是强调经济基础在中国历史发展中的决定作用，人民群众的革命斗争对中国历史发展的巨大推动力，中国历史就是在这两股力量的推动下从低级社会形态不断地向高级社会形态发展。这一状况的出现，不仅是因为他们研究、考察中国历史的指导思想存在巨大的差异，也是他们在历史的巨变面前所表现出来的不同应变态度的反映。钱穆的中国通史观更多地体现为传统史学家、传统知识分子面对国家民族危机所采取的应变对策，而范文澜所建构的中国通史体系则反映了马克思主义者对中国历史、中国前途的认识。正如戴逸先生所说："第一次系统地说出了革命者对中国历史的全部看法。"①

20 世纪前期，中华民族处于危难之中，以历史教育民众、开发民智、培养国民爱国心，成为史学研究者的自觉意识。1931 年日本侵略者悍然发动了"九一八"事变，1937 年发动了全面的侵华战争，中华民族到了最危急的时刻。为挽救民族危机，中国人民展开了全面的抗日战争，史学家更加痛切地感觉到应该认真发掘优秀的民族文化遗产，以鼓舞民族精神和加强抗战必胜的信心，同时也感到应通过对整个中国历史的总结，指示中国社会发展前途，增强中国人民抗敌的勇气和对民族的信心。如邓之诚撰写《中华二千年史》，

① 戴逸：《时代需要这样的历史学家——在纪念范文澜诞辰 100 周年学术座谈会上的发言》，《近代史研究》1994 年第 1 期，第 5 页。

旨在以历史事实告诉人民，中华民族两千年来之所以能危而复安、弱而能存、亡而复兴之原因，是因为国人在艰难的处境之中，具有必胜的信心。张荫麟《中国史纲》要“把全部的民族史和它所指向道路，作一鸟瞰”，“给人以开拓心胸的历史的壮观”[①]，鼓励全民族努力创造一个新时代。钱穆“认为在抗战中重建国家，必先复兴文化；要唤起民众，必先认识历史。新通史的最主要任务，是将国史真态，传布本国人民，使其了解祖先对于国家民族的贡献，激发他们热爱、保护本国历史文化的热情”[②]。为解决现实问题指明方向，被他视为通史撰述的重要职责。他曾指出：“今日所急需者，厥为一种简要而有系统之通史，与国人以一种对于已往大体明晰之认识，为进而治本国政治、社会、文化、学术种种学问，树其基础，尤当为解决当前种种问题提供以活泼新鲜之刺激。”[③]在《国史大纲》中，他告诉人们中国社会虽然处于艰难困苦之中，但其生力尚在。“一民族一国家历史之演进，有其生力焉，亦有其病态焉。生力者，即其民族与国家历史所由推进之根本动力也。病态者，即其历史演进途中所时时不免遭遇之顿挫与波折也。人类历史之演进，常如曲线形之波浪，而不能成一直线以前向。”[④]中国现在所遇到的困境，不过是历史发展中的挫折。其所谓的“生力”就是民族文化、民族精神。“我国家民族之前途，仍将于我先民文化所贻自身内部所获得其生机。”他满怀深情地写道：“值此创巨痛深之际，国人试一翻我先民五千年来惨淡创建之史迹，一棒一条痕，一掴一掌血，必有渊然而思，憬然而悟，愀然而悲，奋然而起者。要之我国家民族之复兴，必将有待于吾国人对我先民国史略有知。此则吾言可悬国门，百世以俟而不惑也。”[⑤]他期待国人对中国历史有真正的了解和认识，从而懂得在中国内部寻找社会改革之方案。为此，他批评科学派史学研究者沉溺于琐碎的考据，“与当身现实无预”，“亦于先民文化精神，漠然无所用其情”，也批评革新派以历史为宣传改革现实的工具，对历史并没有真切的认识。钱穆力图通过对中华民族绵延不断的生命力的揭示，期望国人能从国家民族

① 张荫麟撰，王家范导读：《中国史纲·自序》，第1页。

② 张志哲：《钱穆和〈国史大纲〉》，《文史哲》1986年第2期，第70页。

③ 沙公（钱穆）：《评夏曾佑〈中国古代史〉》，《大公报（天津）·图书副刊》第20期，1934年3月31日，第3张。

④ 钱穆：《国史大纲·引论》，《民国丛书》第1编第75册，第22页。

⑤ 钱穆：《国史大纲·引论》，《民国丛书》第1编第75册，第27页。

自身寻找到救亡和复兴的力量源泉，自然地将学术文化、士大夫的活动作为中国历史的重要方面予以研究，认为民族文化是中国历史发展的源泉与推动力，而民族文化的承担者士大夫则是抗战建国的根本力量。因此，他将中国的未来寄托在士大夫身上。钱穆强调中国历史像一首诗，而西方历史像一幕剧，中国历史常在和平状态下以舒齐步骤得以发展，而西方历史则在斗争中显示其生机与活力，竭力突出中国历史与西方的差别，显然是要说明中国历史发展的前途不能寄希望于西方式的革命，救弊纠偏式的改良才是正道。

范文澜撰写《中国通史简编》的一个重要目的，也是以历史教育人民，使人民从历史发展中看到中国社会前进的方向，认清奋斗目标。他指出："我们要了解整个人类社会的前途，我们必需了解整个人类社会过去的历史；我们要了解中华民族的前途，我们必需了解中华民族过去的历史；我们要了解中华民族与整个人类社会共同的前途，我们必需了解这两个历史的共同性与其特殊性。只有真正了解了历史的共同性与特殊性，才能真正把握社会发展的基本法则，顺利地推动社会向一定目标前进。"①可见，他是将揭示中国历史发展的规律，指示中华民族发展前途，作为《中国通史简编》的撰述旨趣。范文澜指出中国历史既遵循世界历史发展规律，经历了原始社会、奴隶社会、封建社会，同时又有自己的特点。"由于中国统治阶级的昏愚贪暴，鸦片战争以来，引导中国走向半殖民地甚至殖民地道路上去。"②"中国人民在统治阶级压迫下，永远不能改善自己的生活，到底非沦为殖民地奴隶不可，因而止有摆脱统治阶级的压迫，才能真正改善生活，得到人类应得的待遇。"③历史上劳动人民为了反抗剥削和压迫，曾进行过艰苦卓绝的斗争，然而都失败了，这是因为没有先进阶级的领导。"封建社会农民起义，只能推翻旧的地主政权，起而代之的依然还是地主政权，对农民不会有什么好处。止有在无产阶级革命时代，农民才能得到正确的领导，才能得到真正的出路。"④这是告诉人们，只有在中国共产党的领导下推翻半殖民地半封建社会，才是中国历史发展的前途和方向。对中国社会和前途的这种看法，使范文澜在考察中国历史时，

① 范文澜：《中国通史简编·序》，上册，第3页。
② 范文澜：《中国通史简编》，下册，第769页。
③ 范文澜：《中国通史简编》，下册，第769页。
④ 范文澜：《中国通史简编》，上册，第118页。

更多地关注劳动人民在中国历史发展中的作用，揭露历史上统治阶级的罪恶。

《国史大纲》《中国通史简编》在当时都引起了巨大的反响，激励着人们的民族爱国热情。1949 年以后，这两部中国通史经历着不同的命运。《中国通史简编》成为史学界占主导地位的历史体系，《国史大纲》则被排斥。然而近十几年来，其命运却发生了戏剧性的变化。《国史大纲》颇受欢迎，《中国通史简编》则被一些学者视为“战时史学”的代表而备受冷遇。这种变化与 20 世纪 90 年代以来的“告别革命”，重新思索人类文明发展道路思潮有关。这又从另一方面说明人们对历史的认识在很大程度上受制于其对现实的理解与对未来的憧憬。

第十五章　世纪的丰碑　珍贵的遗产
——白寿彝先生与中国通史编纂

我国史家历来有撰述通史的传统，形成了“通史家风”。20 世纪的史学家继承和发扬了通史家风，并将中国通史的编纂发展到新的阶段。1901 年梁启超发表了《中国史叙论》，提出要以进化史观重新撰写中国历史，章太炎也提出了撰写新型中国通史的设想和框架。①此后，撰写中国通史就成为 20 世纪许多史家的愿望和追求。1904 年夏曾佑撰写了《最新中学中国历史教科书》，此书以进化史观为指导考察了中国历史发展大势及各阶段的特点。此后，刘师培、王桐龄、陈黻宸、李泰棻、吕思勉、周谷城、钱穆、张荫麟、缪凤林、陈恭禄、邓之诚等，分别撰写了以进化史观为指导的中国通史。范文澜、吕振羽、翦伯赞等各自写出了以唯物史观为指导的中国通史。中华人民共和国成立后，翦伯赞主编了《中国史纲要》，尚钺主编了《中国历史纲要》，郭沫若主编了《中国史稿》，范文澜、吕振羽分别对《中国通史简编》《简明中国通史》进行了修订。经众多学者数十年的努力，中国通史编纂取得了重大成就。白寿彝先生主编的《中国通史纲要》于 1980 年出版，他任总主编的多卷本《中国通史》于 1999 年全部出版。这两部通史著作是对 20 世纪 40 年代以来范文澜等以唯物史观为指导的中国通史编纂的进一步发展。

从 1901 年梁启超倡议撰写新型中国通史，到 1999 年白寿彝先生任总主编的《中国通史》全部出版，这期间，中国史家撰写了 130 余部中国通史著作。尽管这些著作在历史观与撰述风格上不尽相同，其学术价值和社会影响力亦有差别，但都从不同角度反映了 20 世纪史家对中国历史进程、中华文明的世界意义艰难而执着的探索，凝聚着百年史家的心血。白寿彝先生任总主

① （清）章炳麟：《訄书初刻本重订本 · 哀清史第五十九》附有中国通史略例、中国通史目录。

编的《中国通史》，是 20 世纪中国几代史学家对中国通史编纂的总结性和创造性相结合的空前巨著，被誉为“20 世纪中国历史学界的压轴之作”。[①]

一、学术准备与理论准备

白寿彝先生在中国通史编纂中所取得的巨大成功，与他的学术积累和理论修养是分不开的。白先生在思想史、交通史、民族史、史学史等领域所取得的成就，对中国通史教学体系的探索和改革、对中国历史重大问题的研究等，在不同程度上为中国通史的编纂提供了学术方面与理论方面的准备。

白先生早年治学，对哲学有浓厚的兴趣，撰有《先秦思想界三大师》，发表多篇研究朱熹的论文。这种理论兴趣，同他在《中国通史》的研究和编纂中重视理论，特别是重视以马克思主义为指导的理论有密切关系。

1937 年白先生《中国交通史》出版，这是我国第一部中国交通史著作，在当时影响很大，日本学者牛岛俊作将其译成日文出版。这部书的写作对白先生后来的治学道路特别是对中国通史的研究，产生了不小的影响。白先生曾在《中国交通史》重印题记中说：“从我个人治学的进程上看，本书的写作，有它积极的意义。我对于通史的兴趣，对于划分历史时期的兴趣，对于寻找时代特点的兴趣，都是从写这本书开始的。”[②]

白先生从事民族史的研究，始于对伊斯兰教史和回族史的研究。随着研究的深入，他逐步从回族史扩大到民族关系史的研究，并对一些重要理论问题提出了具有创建性的认识。在《论历史上祖国国土问题的处理》一文中，他指出中国历史上疆域的处理与历史上的民族关系密切。[③]在《关于中国民族关系史上的几个问题》一文中指出，历史上民族关系的主流是：许多民族共同创造了我们的历史，各民族共同努力，不断将中国历史向前推进。民族史的研究推动了白先生对中国通史的研究。[④]他曾说：“回族史只是中国史的一

---

① 许殿才：《七十年心血铸就的丰碑——“祝贺白寿彝教授从事学术活动七十周年暨多卷本〈中国通史〉全部出版大会”侧记》，《史学史研究》1999 年第 3 期，第 20 页。

② 白寿彝：《中国交通史・题记》，郑州：河南人民出版社，1987 年，第 2—3 页。

③ 白寿彝：《学步集》，北京：生活・读书・新知三联书店，1962 年。

④ 白寿彝：《白寿彝民族宗教论集》，北京：北京师范大学出版社，1992 年。

部分，必须经常注意它和中国通史的联系。”[①]研究回族史的学者，必须对中国史有所研究，至少有必要的了解。“中国史不了解，没法搞回族史。”[②]正是这种认识，使白先生从本民族史的研究走向中华民族史的研究。另外，民族史的研究，也使白先生对统一的多民族国家的历史，有了更深刻的认识。因此，他任总主编的《中国通史》真正反映了各族人民共同创造了祖国的历史的观念。

中国史学史是白先生的一个重要研究领域，他对中国史学史上重大课题的研究，对中国史学史意义和范围的研究，特别是在中国史学史的学科建设方面成绩卓著。值得注意的是，史学史研究使白先生对中国古代史学遗产形成了辩证的认识，并自觉地继承优良传统，致力于建设具有民族特色的马克思主义史学。20 世纪 60 年代白先生发表了《谈史学遗产》《漫谈史学传统三事》[③]等论文，从理论上阐述了总结、继承优秀史学遗产的重要意义，并对我国古代史学的优良传统进行了初步总结。20 世纪 80 年代初，他以答客问的形式连续发表了 4 篇论文[④]，进一步总结我国古代史学在历史观、历史文献学、史书体裁、历史文学等方面的遗产。在题为《关于建设有中国民族特点的马克思主义史学的几个问题》的演讲中，他强调，建设有民族特点的马克思主义史学，“必须是在我们过去的历史学的基础上，在对我们对过去的史学遗产的总结的基础上来进行工作”[⑤]。可以这样认为，白先生任总主编的《中国通史》在体裁和文字表述方面，颇具民族风格、中国气派，这源自于他对中国史学史的研究，特别是对史学遗产的重视。

白先生很早就从事中国通史的研究。1947 年他发表《评范本〈中国通史简编〉》[⑥]，提出了有关编纂中国通史的一些认识。20 世纪 50 年代初，他负责北京师范大学历史系中国通史教学体系的改革，提出应加强少数民族史的研

---

① 白寿彝：《白寿彝民族宗教论集》，第 186 页。

② 白寿彝：《白寿彝民族宗教论集》，第 216 页。

③ 白寿彝：《白寿彝史学论集》，上册，北京：北京师范大学出版社，1994 年。

④ 这四篇论文分别为：《关于〈谈史学遗产〉——就〈谈史学遗产〉答客问之一》《谈历史文献学——就〈谈史学遗产〉答客问之二》《谈史书的编纂——就〈谈史学遗产〉答客问之三》《谈历史文学——就〈谈史学遗产〉答客问之四》。

⑤ 白寿彝：《白寿彝史学论集》，上册，第 310 页。

⑥ 白寿彝：《白寿彝史学论集》，下册，1994 年。

究，使中国通史真正变成各民族的历史，而不是汉族史。[1]20 世纪 70 年代末，他强调通史的教学要做到贯通古今，阐述了中国通史在“通”方面的要求、通史与断代史的辩证关系。[2]从事中国通史教学和改革的同时，白先生对中国历史的认识也逐渐深入。20 世纪 50～60 年代撰写的一系列学术论文，对中国历史上疆域的处理、历史上的民族关系、官营手工业的性质及其与封建制度、生产力发展的关系等问题进行了研究。20 世纪 70 年代中期以后，在编纂《中国通史纲要》的过程中，逐渐形成了比较系统的中国历史理论体系。他发表的《中国历史的年代：一百七十万年和三千六百年》《关于中国封建社会的几个问题》《关于中国封建社会的发展》《说豪族》[3]等论文，对中国历史发展及其轮廓、中国历史上的疆域、中国封建社会发展阶段、中国封建社会地主阶级的变化及其与封建社会内部分期的关系等问题，进行了系统的阐述，从而对中国历史形成了自己独到的见解和系统的认识。这些探索为大型中国通史的编纂作了很重要的学术上、理论上的准备。

二、历史使命感的激励

如果说其深厚的学术积累和通识器局，为白先生成功编纂《中国通史》提供了学术上、理论上的准备，那么神圣的历史使命感则是激励白先生坚持不懈地从事《中国通史》编纂的动力。

中华人民共和国成立后，范文澜、郭沫若、翦伯赞等各自主编过几种中国通史，但由于种种原因，都没有写完或完整出版。1971 年，周恩来总理在第二次全国出版工作会上，提出要写一部中国通史，国家出版局为此两次组织了写作班子，但都没有成功。此时，白先生虽然没有参与中国通史的编纂，却感到作为一个史学工作者的庄严责任。从此，他时刻牢记总理的嘱托，将撰写中国通史作为历史赋予自己的使命。他曾说：“确实是象（像）不少同志所说的那样，我们这么大的国家，有这么长这么丰富的历史，我们不能只满

① 白寿彝：《白寿彝史学论集》，上册，第 156 页。
② 白寿彝：《白寿彝史学论集》，上册，第 332 页。
③ 白寿彝：《白寿彝史学论集》，上册。

足那么简单的几本小书，这跟我们这个伟大的国家不相称，跟我们的国家地位不相称。”[①]“一个民族没有历史，或研究历史很不够，这不是民族的光荣。”[②]正是这种强烈的责任感，激励着古稀之年的白先生不懈努力，完成对多卷本《中国通史》的编纂。

国际友人对新中国史学著作的渴望，也使白先生感到编写一部满足外国朋友迫切需要的、完整的中国通史，将中华文明传播到世界各地，是自己的职责。在1999年北京师范大学举行的“祝贺白寿彝教授九十华诞暨多卷本《中国通史》全部出版”庆祝会上，白先生感慨万端，他说：“多卷本《中国通史》的完成和出版，确实让我感到很激动。想起在1962年巴基斯坦史学会召开的国际学术讨论会，那是在解放后我国第一次被邀参加的国际学术会议。在会上，中国代表第一个宣读了学术论文。巴基斯坦的学者说，过去我们讲历史以欧洲为中心，现在我们要以东方为中心，用的教材是日本人编的。他们希望看到新中国史学家编出的教材来。1974年，我们又一次访巴，对方用的教材是林语堂编写的课本《我们的国家、我们的人民》。他们仍然没有看见到新中国的作品。这两次访问，外国朋友对中国文化、对中国历史是这样重视，我感到吃惊，同时也为没有写出一个字而感到惭愧。从那时到现在，二十多个年头过去了，我们终于写出了自己的通史，终于可以宣布，我们有了新中国的历史书了。”[③]从这段话中，我们感受到白先生完成历史使命的喜悦，也明白了他是在什么样的历史条件下、以什么样的心情开始编纂《中国通史》的。

三、从《中国通史纲要》到多卷本《中国通史》

第二次访问巴基斯坦归国后，白先生就着手筹划《中国通史》的编纂。经过较长时间的酝酿，他打算约请一些同行编写大、中、小三种中国通史，以满足国内外人民的需要。中型中国通史草稿写出后，白先生不满意，但并

① 白寿彝：《白寿彝史学论集》，上册，第579页。

②《白寿彝教授在大会上的讲话》，《史学史研究》1999年第2期，第3页。

③《白寿彝教授在大会上的讲话》，《史学史研究》1999年第2期，第3页。

不气馁，决定从编写小型中国通史入手。经过三年的努力，他完成了小型中国通史的编纂，即上海人民出版社于1980年出版的《中国通史纲要》。

《中国通史纲要》(以下简称《纲要》)作为普通历史读物，通俗是其主要特点，同时将科学性与通俗性结合起来，深入浅出。白先生曾提到，"《纲要》是一本通俗的历史读物。所谓'通俗'，我的理解是：第一，一般读者能够看得懂，容易理解"。"第二，历史专业工作者也可以读，而且在读了之后能够得到一些新的收获。"[①]从这里可以看出，白先生是将《纲要》的编纂作为一项严肃的学术事业来看待的。《纲要》通俗性与科学性相结合的特点主要表现在：第一，立足于构思全书的体系，勾画出历史的轮廓，突出重点，只叙述重要的历史问题，并突出应特别注意的问题，以便全书重点更加明确，不求面面俱到；第二，对以往多数历史著作很少阐述清楚的疑难问题，如封建社会地主阶级的变化、少数民族在中国历史中的作用和地位、封建社会赋税与地租等，尽量作简明扼要的阐述，避免笼统、含糊；第三，在文字的表述上力求明白、准确、凝练，贯彻马克思主义理论的指导，一般不引用原文，通常将史料今译后使用，在非引原文不可时，也只引用关键性的词句，避免使用过多的术语和专用名词，以便读者理解。《纲要》因其以科学性与通俗性相结合的撰述风格，深受读者欢迎，出版后多次重版，有的学者将其作为最佳历史读物推荐给青年读者。[②]外文出版社也先后出版了英、日、西班牙、德、法、世界语等多个版本，《纲要》在海外也拥有大量读者。

《纲要》的编纂和出版，为撰写多卷本《中国通史》奠定了基础。一方面，《纲要》的编纂进一步推进了白先生有关中国历史进程和特点的探索。白先生在《纲要》题记中写道："我们在努力学习运用马克思主义基本理论的基础上，探索中国历史发展的进程及其特点。"[③]在编纂《纲要》过程中，他对中国历史上的疆域、中国历史的发展线索、中国封建社会发展的阶段、少数民族在中国历史上的地位和作用等问题，形成了较系统的认识。另一方面，《纲要》着眼于建立体系，勾画历史发展的轮廓，突出重点，对《中国通史》的编纂起了提纲挈领的作用。

---

① 白寿彝：《编著〈中国通史纲要〉的一点体会》，《出版工作》1982年第7期，第13页。

② 孟抒：《一本简明通俗的历史读物〈中国通史纲要〉》，《书林》1982年第1期，第55—56页。

③ 白寿彝主编：《中国通史纲要·题记》，第2页。

《纲要》完成后，白先生就开始了对《中国通史》的编纂，经过20年的努力，该书全部出版，为史学界树立了一座丰碑。第一，鲜明的理论特色。《中国通史・导论》以马克思主义为指导，结合中国历史与史学实际，阐述了如何认识中国历史与编纂中国通史的有关理论问题，包括统一的多民族的历史，历史发展的地理条件，人的因素、科学技术与生产力，生产关系与阶级关系，国家与法，社会意识形态，历史理论与历史文献，史书体裁与历史文学，中国与世界等9个方面的问题。在中国通史编纂中，首次以一整卷的篇幅系统地阐述了有关理论问题。白先生任总主编的《中国通史》鲜明的理论特色，也体现在其他各卷之中。如第四卷对秦汉阶级结构和土地所有制等级特点，第五卷对门阀氏族和门阀制度，第八卷对蒙元时期在中国历史与世界历史上的地位等进行了深入的探讨和分析。第二，既反映历史发展的规律性，又反映历史的丰富性。白先生指出《中国通史》"在内容上，要求在'通'字上下功夫，重视各种社会现象的内在联系，重视贯通古今的发展规律"[①]，既要揭示中国历史发展的规律，也要注意反映中国历史发展的丰富内涵。为了实现这一撰述目标，白先生提出多体裁配合、多层次反映历史。他吸收中国古代多种史书体裁的形式，使之与20世纪流行的章节体相结合，创立了新综合体。全书由序说、综述、典志、传记四部分组成。序说，说明基本资料、研究状况和编撰宗旨；综述为全书的主干，论述历史发展总体特征；典志，剖析政治经济制度、军事制度、法律等历史现象；传记，为社会各阶层人物群像。这四部分相互配合、补充，包含了政治、经济、文化、民族、地理环境、典章制度、科学技术、中外关系、历史人物、学术发展史等多方面的内容，立体地、全面地反映中国历史，在很大程度上改变了建国以来由政治、经济、文化、对外关系四大块组成的呆板的中国通史撰述模式。第三，体现了最新学术成就。《中国通史》的编委会由一大批学术造诣精深的学者组成，各分卷的主编多是相关领域的著名学者，参加撰稿的作者有500多位，可谓是人才荟萃，故而能反映出20世纪中国史学的最新成就。如《中国通史・导论》阐述了与中国历史、中国通史编纂有关的重要理论问题，是研究中国历史理论和中国通史编纂理论最深刻、系统的著作。其对统一的多民族历史的认识、

① 白寿彝主编:《导论・题记》，白寿彝总主编:《中国通史》第1卷，第2页。

对地理条件与历史发展关系的认识、人的因素和科学技术与生产力关系的认识等，对有关中国通史编纂体裁及其文字表述形式的认识、中国史与世界历史的关联的认识，都反映了史学界最新的认识成果。《中国通史·远古时代》充分吸收了20世纪考古学成果，从考古学文化入手，清理了中国史前民族、文化及社会的发展脉络，是历史学与考古学相结合的重要成果，也是史前史建设的一部力作。《中国通史·中古时代·元时期》被学者认为是至今最详细、全面的元史著作。其序说部分详细地介绍了国内外各种文字的元史资料，其中有些资料是我国以往的元史研究者没有注意到的或注意不够的。综述部分对以往研究较薄弱的元中期史、西北藩国、元代的民族和宗教、对外关系等进行了深入论述，体现了最新研究成果。《中国通史·近代后编》摆脱了以革命史或中共党史代替中国现代史的旧框架，以现代化为主线勾勒近现代中国历史的发展脉络。对有关问题的认识，如关于第一次国共合作、关于“九一八”事变后各党派的政治主张等，根据史料提出了新认识、新观点。第四，20世纪中国通史编纂的总结性著作。20世纪史家撰写了众多的中国通史，白先生任总主编的多卷本《中国通史》被学者认为最全面、最详尽、最系统，是真正的通史，无论是所涉及的时间跨度之长，还是内容丰富之程度，都是无与伦比的。[①]在体裁方面，《中国通史》吸收了梁启超和章太炎所设想的综合体、流行的章节体及传统史书体裁的优点，采用能容纳丰富历史内容的新综合体，将中国通史的编纂推进到新阶段。《中国通史》完成之时，王毓铨先生曾赋诗：“积一代之智慧，备百世之长编。”这是对《中国通史》的学术地位的恰当评价。

四、关于中国通史编纂学的探索

白先生在研究和编撰《中国通史》的过程中，对中国通史编纂学进行了积极的探索。一般说来，中国历史的范围、中国历史发展的进程及其阶段性特点、民族与民族关系、中国历史与世界发展的关系、基本资料与学术发展

① 许殿才：《七十年心血铸就的丰碑——“祝贺白寿彝教授从事学术活动七十周年暨多卷本〈中国通史〉全部出版大会”侧记》，《史学史研究》1999年第3期，第15页。

史、表现形式、文字的表述方式、多学科的合作等，是中国通史编纂学应关注的重要内容。对这些问题，白先生都进行过认真的思考和研究，形成了一家之言，为我们留下了珍贵的史学遗产。

中国历史是由中国各民族在一定的空间和时间里共同创造的，并与世界历史的发展密切相关，因此疆域、历史年代、民族、中国与世界等是编撰《中国通史》首先需要研究的问题。白先生从理论上对这些问题进行了深刻的阐述。

（1）中国历史的范围、疆域，是人们进行历史活动的舞台。白先生对中国历史上的疆域问题十分重视。他曾将“我们在本国史上怎样处理祖国国土的问题”[①]，作为在中国历史教学和研究中的一个急需解决的问题提出来。这里所说的国土问题就是疆域问题。在处理历史的疆域问题上，有些学者主张以历代皇朝的疆域为中国的疆域，即将殷周史限制在黄河流域，春秋战国史基本上限制在黄河、长江两大流域，而把秦汉隋唐的版图说成是多元统一和辽阔，把元的版图视为跨越亚欧两洲等。白先生反对以历代皇朝的疆域作为撰写中国通史的范围，认为从中国历史发展的总过程来看，这不能说明中国各族人民是如何共同创造祖国历史的。他指出在处理历史上疆域问题时，既要尊重历史，又要从发展意义上看问题，同时也要理解兄弟民族的思想感情和注意对外活动的必要性。基于此，他提出：“中华人民共和国的疆域是中华人民共和国境内各民族共同进行历史活动的舞台，也就是我们撰写中国通史所用以贯串今古的历史活动的地理范围。”[②]中国的历史是中华人民共和国境内各民族共同创造的历史，也包含在这块广大土地上生存、繁衍而现在已经消失的民族的历史。对某些跨国民族，中国通史只写这些民族在我国境内的这部分人的活动，不包括其外国成员的活动；已经消失却曾在中国国土上生存过的民族，以及曾见于传说和记载但还不清楚其与国内现存民族的关系的一些民族，只要有适当的材料，就要写进中国通史；历史上发生在现在国境以外的重大历史活动，或外国人在中国境内的活动，因与中国历史有密切的关系，要写进中国通史；在外国活动的中国人，只要对人类的进步有贡献，对祖国的事业、威望有影响，就应写进中国通史。白先生对中国历史范围的

① 白寿彝：《论历史上祖国国土问题的处理》，《光明日报》1951年5月5日。

② 白寿彝主编：《导论》，白寿彝总主编：《中国通史》第1卷，第79页。

这种认识，既注意到疆域问题同祖国各族人民的密切关系，又注意到中华民族和其他民族或国家的历史联系，摆脱了皇朝史及皇朝疆域的圈子，为史学家正确处理中国通史的编撰范围提供了理论参考。

（2）中国历史发展进程及其阶段性特点。如何认识和表述中国历史发展进程及其阶段性特点，即如何进行历史分期，反映出对中国历史的整体把握，因而是中国通史编撰的一个根本性问题。白先生对此十分重视，指出“历史分期是研究历史发展的重要问题”[1]，并提出有关中国历史发展进程及其阶段性特征的系统认识：距今约 170 万年，是现在所知中国历史上最早的年代；3600 年，是现在所知有文献的历史逐渐展开的年代。自有文字记载以后，中原地区已进入奴隶社会，此前为远古时代（原始社会）。春秋战国，奴隶制在中原地区向封建制过渡，秦始皇统一六国，是封建制在全国占支配地位的标志。封建社会又分为四个时期：秦汉，封建社会的成长时期；三国两晋南北朝隋唐，中国封建社会的发展时期；五代至元末，中国封建社会的进一步发展时期；明清，中国封建社会的衰老时期。1840～1949 年中华人民共和国成立前，中国由封建社会进入半殖民地半封建社会。其中以五四运动为界，分为旧民主主义革命和新民主主义革命两个时期。中华人民共和国成立后，中国跨入社会主义新时代。对中国历史发展进程的这种认识，是马克思主义原理与中国历史实际相结合的杰出成果，特别是对奴隶社会与封建社会的分期、封建社会内部的分期等问题的处理，体现了白先生的卓识。历史上，中国社会往往出现多种生产关系并存的局面，在新旧社会交替时，必然有两种或两种以上的生产关系并存，但新的生产关系在什么时候代替旧的生产关系，从文献上难以考察。“在中国历史上，生产关系跟生产力的矛盾和适应，往往不能突出时代变革的标志，因而总是不能明确地划分历史阶段的年代。”[2]同时，由于地域辽阔，各地发展不平衡，汉族与各少数民族间发展不平衡，一个民族内部的发展也不平衡。这些历史特点，是史学界在历史分期问题上争论不已的重要原因之一。白先生认为，根据中国历史的特点，一方面应放宽视野，在全国范围内考虑历史分期，不要局限于中原地区；另一方面应从不平衡的状态上掌握一个历史时期的整体性。在区分不同的

① 白寿彝主编：《导论》，白寿彝总主编：《中国通史》第 1 卷，第 81 页。
② 白寿彝主编：《导论》，白寿彝总主编：《中国通史》第 1 卷，第 192 页。

社会形态时，他将社会形态的变化视为一个发展过程，如将春秋战国时期视为从奴隶制到封建制的过渡时期，以免牵强附会。处理封建社会内部分期问题时，他从生产力（包括科学技术）的发展、地主阶级变化、阶级斗争的发展、少数民族地区的发展、中外关系变化等多方面揭示出封建社会的发展阶段及其特征，避免了片面性。在历史分期问题上，白先生既重视马克思主义的指导作用，又密切联系中国历史实际，为史学界正确认识中国历史发展进程及其阶段性特征提供了新思路。

（3）民族与民族关系。中国自古以来就是一个多民族国家，只有正确认识中国历史上的民族与民族关系，才能真实地反映出统一的多民族国家的历史。白寿彝先生在民族史研究方面造诣精深，对中国历史上的民族和民族关系，特别是各少数民族对祖国历史的贡献，提出了一系列独到的认识。白先生指出，中国作为一个统一的多民族国家是在漫长的历史过程中形成的，先后经历过单一民族内部的统一，多民族内部的统一，区域性多民族的统一和社会主义的多民族的统一。在全国性统一发展过程中，也出现过分裂，但统一是历史发展的主流。如何看待中国历史上的民族关系呢？白先生认为，从整个历史发展趋势来看，许多民族共同创造了我们的历史，各民族共同努力，不断把中国历史推向前进，是历史上民族关系的主流。中国的历史，是中国各民族共同创造的，历史上的成就，各族人民都有贡献。然而要恰当地体现各民族特别是少数民族对中国历史的贡献，却很不容易，也是不少的历史著作没有很好解决的问题。白先生指出："撰写统一的多民族国家的历史，还是要把汉族的历史写好，因为汉族是主体民族。同时，也要把各民族的历史适当地作出安排，这是我们必须尽量克服的难点。"[①]他将民族的发展与中国历史进程结合起来进行考察，认为民族杂居地区和边疆地区的封建化是封建社会不断发展的一个重要标志。三国两晋南北朝隋唐时期，不同的民族杂居地区先后进入封建化过程，这是封建社会发展时期的一个重要特征。"民族杂居地区的封建化，在中国历史发展过程中意义甚为重大。"[②]五代辽金宋元时期，广大的边疆地区基本上都进入了封建社会，而汉族与各民族间又经历了一次

① 白寿彝主编：《导论》，白寿彝总主编：《中国通史》第1卷，第98页。
② 白寿彝主编：《中国通史纲要》，第233页。

新的融合。这是封建社会进一步发展时期的重要标志。[①]白先生对历史上民族关系的认识，视野开阔，对正确认识历史上的民族关系，具有方法论意义。他将少数民族的历史置于中国历史发展的过程中进行考察，揭示出民族地区在中国历史进程中的作用，阐明了少数民族在中国历史上的贡献和地位。他任总主编的《中国通史》为如何恰当地反映多民族共创中华史，提供了范例。

（4）中国史与世界史。白先生认为，中国是世界的一部分，是在世界的总环境中发展的。特别是近代以来，中国被拖进了资本主义世界，在政治上和经济上实际都从属于资本主义的世界体系。因此，不能离开世界历史来专谈中国的历史。第一，要在历史发展过程中研究中国历史在世界不同时期中的地位，以了解中国对人类的贡献和我们的优点、缺点；第二，了解中外相互关系，包括政治、经济、文化的交流；第三，要作中外历史的比较研究，以了解中国历史的特点。[②]在《中国通史》第1卷《导论》中，白先生设“中国与世界”专章，阐述了中国历史的特点，即具有连续性及国家政权统一的发展和巩固，中国史和世界史的关系，中国史结合世界背景考察的必要及中国史在世界史中的重要性。白先生提倡在世界历史发展的大背景下考察中国历史，有助于探索中国历史独特的发展历程以及中国历史在世界历史中的地位。

中国通史编纂中所涉及的有关基本资料与学术发展史、表现形式、文字的表达方式、多学科的合作等问题，也是中国通史编纂中的重要理论问题，关系到中国通史的编纂能否顺利进行，对这些问题，白先生也进行过认真的思考。

（1）基本资料与学术发展史。白先生曾说，治学如积薪，后来者居上。在史学研究中，有两个方面的工作必须做：一是对基本文献的分析，二是对各个专题的不同成果的分析。在这样的基础上进行的研究工作才能做到后来者居上，也有利于继起者后来居上。[③]白先生任总主编的《中国通史》从第三卷开始以“序说”置于各卷之首，分析基本资料，说明学术发展史及撰述旨趣。基本资料，包括文献资料、考古资料以及民俗学方面的资料。白先生要

---

① 白寿彝主编：《导论》，白寿彝总主编：《中国通史》第1卷，第83—84页。

② 白寿彝：《关于史学工作的几个问题》，《白寿彝史学论集》，上册，第337页。

③ 白寿彝：《治学如积薪，后来者居上》，《白寿彝史学论集》，上册，第420页。

求在大量的资料中挑选重要的部分进行分析，对有关的文献资料进行辨析鉴别，以引导读者进一步深入研究。对学术史的介绍，包括对前人和时人的研究成果的适当总结，说明有哪些问题已经解决，哪些问题正在解决，哪些问题应该提出自己的看法，使读者对各个历史阶段的研究状况特别是学术研究的前沿有一个完整的了解。对基本资料和研究状况的重视，使读者在获得系统历史知识的同时，找到进一步研究的门径和指南，同时，也将中国通史的编纂推进到一个新的阶段。

（2）编纂形式。20 世纪以来，章节体成为中国通史的最主要的表现形式。白先生指出，单一的体裁难以表达中国历史丰富的内容，“历史现象是复杂的，单一的体裁如果用于表达复杂的历史进程，显然是不够的。断代史和通史的撰写，都必须按照不同的对象，采用不同的体裁，同时又能把各种体裁互相配合，把全书内容熔为一体”[①]，探索以新综合体撰写《中国通史》。这种新综合体吸收了编年体、纪传体、纪事本末体、典志体等传统史体及 20 世纪流行的章节体的优点，并加以发展，由序说、综述、典志、传记组成。序说，阐述历史资料、研究状况、存在的问题、撰述宗旨；综述，论述各个历史时期的民族关系、政治军事和社会发展的基本情况，反映历史发展趋势；典志，是关于地理、民族、政治、军事、法律等制度的撰述，可以反映历史的丰富内容；传记，为各方面代表人物立传，以反映人在历史中的作用和历史发展的丰富性。白先生倡导的新综合史体，着眼于从多方面、立体地展示中国历史的发展过程，既反映历史发展的规律性，又反映历史的丰富内容，是一种富有活力的中国通史体裁，在学术界产生了很大的影响，已为不少学者所采用。

（3）文字的表述要求。历史著作的文字表述要求，实际上是指历史撰述中的文风问题。白先生倡导平实的文风，将确切、凝练和生动作为历史表述的三个基本要求。确切，要求真实、准确而又恰当地表述历史内容；凝练，要求以简洁的文字表述丰富的历史内容；生动，要求讲求文采。白先生重视历史的文字表达：一则因为中国史学有重视文字表述的优良传统，二则白先生强调史学工作者应该为全体人民著书立说，向社会提供群众爱读的历史著作。在《多研究点中国历史的特点，多写点让更多人看的文章》[②]一文中，他

① 白寿彝：《白寿彝史学论集》，上册，第 525 页。
② 白寿彝：《白寿彝史学论集》，上册，第 368—370 页。

深刻阐述了文字表述对发挥史学社会效益的重要意义，批评了在这个问题上的模糊认识。白先生主编的《纲要》，在文字的表述上，力求明白、准确、凝练，《中国通史》将文字的表达作为一个重要的理论问题来讨论，足见白先生对中国通史编纂中文字表达形式的重视，同时，也是对当今史学界忽视历史著作的文字表达的针砭。

（4）多学科的合作。大规模的史学研究课题，需要集体协作，才能顺利地完成。中国通史的编纂特别是大型中国通史的撰写是一项复杂的系统工程，更需要多学科的学者通力合作。白先生提倡集体协作，有计划地攻克学术难关。他就史学研究中的相互配合问题指出："史学工作的组织有两个方面。一是组织起来，在党的领导下，把全国的和各地区史学工作者组织起来，进行协作……另外一个，就是规划问题。要搞规划。有的同志学有心得，可以写东西，也可以和旁人一起写。但是，大规模的东西，总还是要集体搞。不仅要集体搞，而且还要有计划，有长远计划。"①他任总主编的多卷本《中国通史》则为多学科学者合作从事史学研究树立了榜样。多卷本《中国通史》采取各卷主编负责制，由各卷主编在统一要求和体裁的基础上，组织和协调各卷的编撰工作，同时，邀请著名学者组成全书的编辑委员会。担任各卷主编和编委会的学者中既有德高望重的名家，也有学术根底深厚的中青年专家。500 多名来自历史学、考古学、文献学、自然科学史等学科领域的研究者，在他们的领导下，分工合作，从事撰述工作。《中国通史》的编纂可以说是多学科的专家、学者的盛大学术协作，担任总主编的白先生在这次学术协作中起到了重要的作用。白先生不但组织了全书的编写工作，提出了整体思路和编纂体例，而且撰写了《中国通史 · 导论》的第一章"统一的多民族的历史"、每卷的题记，并亲自统稿、审稿、定稿、选图编目，的确是名副其实的总主编。这些都是《中国通史》编撰能够顺利进行的重要因素，也为集体撰史提供了经验。

在 20 世纪众多的中国通史中，白先生主编的《中国通史纲要》以对中国历史的宏观把握以及通俗性和科学性相结合的特色为读者所喜爱；他任总主编的多卷本《中国通史》以鲜明的理论体系、具有民族特色的体裁、内容丰富而资料翔实、反映最新学术成果，成为 20 世纪史学的丰碑。而白先生有关中国通史的编纂理论，必将为建立中国通史编纂学提供珍贵的思想资源。

---

① 白寿彝：《白寿彝史学论集》，上册，第 340—341 页。

第十六章　金毓黻论通史编纂

撰写通史，是中国史学的传统，并形成了“通史家风”。20 世纪初兴起的新史学思潮，将通史编纂作为改造旧史学、创建新史学的重要途径与目标。齐思和指出，西方新史学思想的输入，引起了改编国史的运动，而编纂通史的工作，遂成了改造国史的第一步骤。[①]何炳松则认为“新史学的最后目的自然在要求产生一部‘尽善尽美的’全国国民都应该也都能够阅读的通史”[②]。因而，编纂一部理想的中国通史成为 20 世纪中国史家的不倦追求。金毓黻（1887—1962）的治学虽偏向于传统，但对新型中国通史也非常重视。他不仅编著了通俗性的通史读物《中国史》[③]，而且对通史编纂这一史学现象十分关注。他一方面对当时所出版的中国通史著作进行研究与评论；另一方面在论述中国史学发展史时，将通史撰述视为“新史学之建设与新史之编纂”这一“最近史学之趋势”的重要内容予以论列，并在此基础上探讨通史编纂理论。梳理金毓黻在通史编纂问题上的有关认识，将有助于我们进一步了解 20 世纪的中国通史研究与撰述，对今天的通史建设也不无裨益。

一、关于通史之旨趣及其与专史之关系

金毓黻论及 20 世纪前期中国史学发展趋势时曾指出，“最近史学之趋势，可分两端言之，一曰史料搜集与整理，一曰新史学之建设及新史之编纂”，而

① 齐思和：《近百年来中国史学的发展》，李孝迁编校：《中国现代史学评论》，第 144 页。

② 何炳松：《〈中国历代天灾人祸表〉序》，何炳松著，刘寅生、房鑫亮编：《何炳松文集》第 2 卷，北京：商务印书馆，1997 年，第 704 页。

③《中国史》（1942 年正中书局印行）共十章，以历史大事为中心简要地记述了自远古至抗战时期的中国历史，详近略远，旨在使国民明了今日所遭之大变局之故而知应取之道。

“所谓新史学及新史，即用近代最新之方法，以改造旧史之谓也”。具体表现为通史、专史的研究与撰述。“至近人之所谓新史，不出通史、专史二类。”[①]关于通史，他指出：“何者为通史，即普通史之谓”，“取古今史实之全部，而为概括之记述，以求其时间之递嬗，空间之联系为原则者，是之谓通史”[②]。关于通史的这种认识，包含了两个层面的意思，一是通史撰述的范围与方法，二是通史在“通”方面的要求。在金毓黻看来，通史应概括地记述古今全部史实，贵在简要有序而不必详尽周全，同时应于时间、空间两个维度中揭示历史发展进程；在时间上贯穿古今，反映历史发展的连续性与变化；在空间上展现各种现象之相互关联，体现历史发展的统一性。这种通史，正如钱穆所说，当“融贯空间诸相，通透时间诸相而综合一视之”[③]。这是中西史学会通后所形成的新型通史观，也反映了20世纪前期中国通史编纂的特点。周予同论及20世纪初期中国史学的转型时曾指出：“中国史学体裁上所谓‘通史’，在现在含有两种意义：一种是中国固有的‘通史’，即与‘断代史’相对的‘通贯古今’的‘通史’，起源于《史记》；最显著的例子，如《隋书·经籍志》说梁武帝曾撰《通史》四百八十卷，从三皇到梁代（《史通·六家》篇说六百二十卷）。另一种是中国与西方文化接触后而输入的‘通史’，即与‘专史’相对的‘通贯政治、经济、学术、宗教等等’的‘通史’，将中国史分为若干期而再用分章分节的体裁写作。”[④]这是从撰述形式上对中国固有的通史与西方输入之通史予以区分，认为前者重视纵通，而后者关注横通。若从实质上考察，这两种通史正如刘家和先生所言，一则强调历时性的时间之经，以“通古今之变”为指归，一则重视共时性的空间之纬，其内容为一般性的、综合概括性的，以区别于记载某一方面、某一地区的专史。[⑤]20世纪前期所撰之中国通史著作多为这两种类型的通史的糅合：一方面将西方传入的进化史观与“通古今之变”的通史精神相结合，力图揭示历史发展规律；另一方面将与国家、社会、人群有关的政治、经济、制度、学术、民族、风俗等内容纳入

---

① 金毓黻：《中国史学史·附录》，第382、403、406页。

② 金毓黻：《中国史学史·附录》，第406页。

③ 钱穆：《中国今日所需要之新史学与新史学家——本文敬悼故友张荫麟先生》，广东省东莞市政协主编，周忱选编：《张荫麟先生纪念文集》，第7页。

④ 周予同：《五十年来中国之新史学》，《学林》1941年第4辑，第16页。

⑤ 刘家和：《论通史》，《史学史研究》2002年第4期，第7页。

其中，加以融会贯通，概括地反映中国历史发展进程。新史家认为，历史应叙人群进化之现象并求得其公理公例，以激励国民的爱国心。而“欲求人群进化之真相，必当合人类全体而比较之，通古今文野之界而观察之”，然而中国已有之史多“知有一局部之史，而不知自有人类以来全体之史也”，难以满足新史学的要求。[①]学者遂采用西方“通史”的编纂方法以改造中国固有之通史，也就是金毓黻所说的“用近代最新之方法，以改造旧史”。如被誉为“第一部有名的新式通史”之夏曾佑《最新中学中国历史教科书》，“不用旧日编年、纪传、纪事本末等体，而用近世西洋写历史课本的体裁”[②]，一方面对“古今世变”“洞若观火”；另一方面着眼于宗教，也未忘记政制的重要性，对中国民族的发展也给予很大的注意。[③]金毓黻有关通史的认识则是对这种新型中国通史的概括与总结。

清代倡导通史撰述的章学诚曾指出：“史之大原，本乎《春秋》。《春秋》之义，昭乎笔削。笔削之义，不仅事具始末，文成规矩已也。以夫子‘义则窃取’之旨观之，固将纲纪天人，推明大道。所以通古今之变，而成一家之言者，必有详人之所略，异人之所同，重人之所轻，而忽人之所谨，绳墨之所不可得而拘，类例之所不可得而泥，而后微茫杪忽之际，有以独断于一心。及其书之成也，自然可以参天地而质鬼神，契前修而俟后圣，此家学之所以可贵也。”[④]章氏此论深为致力于探索“通史新义”的何炳松所赞赏，他指出：“章氏此地所表示的观念纯粹是我们现在中外史学界共同努力而又还未完全实现的理想。寥寥几句话竟把通史这个观念全部活现在纸上了。”[⑤]“通史定义之分明至此，又何以加焉？”[⑥]在何炳松看来，章氏不仅深刻地阐述了通史之旨趣，而且为通史下了一个明确的定义。金毓黻则不同意何氏之说，认为章氏之论崇古色彩浓厚，难以符合现代通史的要求。他指出：“夫通史之可贵，不仅详人所略，异人所同，重人所轻，忽人所谨而已。又当略人所详，同人所异，轻人所重，谨人所忽，不在事迹之详备，而在脉络之贯通，不在事事

---

① 梁启超：《新史学》，《饮冰室合集·饮冰室文集之九》，第1册，第10页。

② 齐思和：《近百年来中国史学的发展》，李孝迁编校：《中国现代史学评论》，第144页。

③ 周予同：《五十年来中国之新史学》，《学林》1941年第4辑，第16页。

④（清）章学诚著，叶瑛校注：《文史通义校注》卷5·内篇5《答客问上》，上册，第470—471页。

⑤ 胡适：《章实斋年谱　齐白石年谱》，合肥：安徽教育出版社，2006年，第12页。

⑥ 何炳松：《通史新义·自序》，上海：上海书店出版社，1992年，第8页。

求其分析，而在大体之求其综合，所谓成一家之言，固非必要，而通古今之变，则为必具之要义。与其谓为通史，不如径称为普通史，普通亦义同普遍，即含有概括叙述之意，其造端虽大，其措辞则简，不必高语《史记》、《通志》，以马、郑诸氏为师，一人闭户而可殚，假以数年之岁月而可成，此即现代之所谓通史也。”[①]这说明，通史的关键不在于记述详备与成一家之言，而在综合、简要地反映历史发展脉络，通古今之变则是其精髓。从这种观念出发，金毓黻对章学诚所竭力推崇的郑樵的《通志》颇不以为然。在他看来，司马迁《史记》、司马光《资治通鉴》称得上是通史，而郑樵《通志》与梁武帝时所纂之《通史》不过是总辑之史而已。他指出：“《通史》之名，起于会通诸史，亦总辑而为一书之义，与今世之所谓‘通史’，其名虽同，其实异矣。”[②]仿《通史》而作的《通志》“所谓通者，不过通诸断代史而为一书，而去其重复牴牾者耳。语其繁重，亦与断代史等。故吾尝称《通志》为总辑之史，未尝以通史许之也”[③]。《通史》、《通志》与《史记》之区别在于，《史记》能“通古今之变”，而它们则达不到。“刘知幾以《史记》为‘六家’之一，《史记》通上古讫汉武而为一书，不以某一朝代为限，实梁武《通史》之所自昉也。然《史记》具有翦裁，不似《通史》之钞撮前史以前（为）一书，《通志》之病，正同《通史》，此非通史之极则也。”[④]至于《资治通鉴》，金毓黻认为其难能可贵者，“尤在贯穿古今事迹而为一编，凡梁武、郑樵所逊谢而不能为者，而光则绰绰然有余裕矣”。针对学者以《资治通鉴》为政治史之说，他指出，第一，中国古代史籍多偏重于政治，不能以今人之见衡论古人。第二，《资治通鉴》并非只记载政治史。胡三省曾说司马光作《资治通鉴》不特纪治乱之迹而已，至于礼乐、历数、天文、地理，尤致其详。“然则谓《通鉴》一书，属于政治一类者，亦非深符名实之论矣。”[⑤]这说明，《资治通鉴》不仅通古今之变，而且将古今史实之全部纳入其中，是真正意义上的通史。基于这种认识，金毓黻指出，在理想的现代通史未产生之前，《资治通鉴》仍具参考价值。“近顷学人，亦盛论通史，搉其利病，具体之作，则无闻焉。求其比较精善，

---

① 金毓黻：《中国史学史·附录》，第 407 页。
② 金毓黻：《中国史学史》，第 234 页。
③ 金毓黻：《中国史学史·附录》，第 406 页。
④ 金毓黻：《中国史学史》，第 238 页。
⑤ 金毓黻：《中国史学史》，第 262 页。

供人考览者，仍为《通鉴》一书。”[①]不难看出，金毓黻将《通史》《通志》视为总辑之史而非通史，是因为其没能做到脉络贯通而又能综合简要地反映历史发展进程。

通史撰述必定涉及与断代史、专门史、专题史等专史之关系。金毓黻认为专史为通史之一部分。“自全部史实中，抽出其一部，而为比较详尽之纪述，其于时间之递嬗，空间之联系，亦以范围收缩之故，而易于寻求者，是之谓专史。”如断代史“自纵贯之通史，横截而为数段者也”，专门史“又自普遍之通史，纵分而为数部者也”。通史与专史的区别主要表现在记述范围与编纂方法方面，“前者主于联贯，其文贵简要有序；后者贵乎详尽，其文应比次有法，此二者之辨也”[②]。因此，既不能将通史与专史对立，也不可偏于一隅。“歧通史、专史而二之，固为治史者所不许，重视通史，而夷视专史，亦岂通人之见哉。”[③]因为，“通史所述为概括之事实，专史所述具一类之始末，撰通史者，必取资于各专史”[④]。只有吸收专史的研究成果，通史才易于成功。“通史既划其若干部分，而属于专史，而同时复吸收其他部，以入通史范围之内，盖其吸收愈多，包蕴愈广，而通史乃得独成其大。”[⑤]这说明，理想的通史应建立在各个部分都有精确研究的基础上。在强调通史撰述必须以专史研究为基础的同时，金毓黻还指出专题、专史的研究应以求通为旨趣。“部分之研究，其手段也，整个之贯通，其目的也，不能因在手段过程中，得有大量之收获，而遂忘其最后之目的，即不应以部分之研究，而忘却整个之贯通。”[⑥]这表明，专题、专史的研究只是手段，通史的撰述才是最终目标。在历史研究日益碎片化的今天，重温金毓黻这一认识，无疑有助于史学的健康发展。

在20世纪前期的通史撰述中，学者往往难以恰当地处理通史与专史间的关系，不是将专史纳入通史之中，就是将通史变成专史的拼接。金毓黻认为这是通史撰述难以取得令人满意成就的重要原因。梁启超曾立志撰写一部新型中国通史，然终其一生也未完成夙愿，仅留下片段记载。对这一现象，学

① 金毓黻：《中国史学史》，第262页。
② 金毓黻：《中国史学史・附录》，第406、409页。
③ 金毓黻：《中国史学史・附录》，第412页。
④ 金毓黻：《中国史学史》，第334页。
⑤ 金毓黻：《中国史学史・附录》，第412页。
⑥ 金毓黻：《中国史学史・附录》，第436页。

者多有考察。[①]金毓黻认为这是因其未能恰当地处理好通史与专史关系所致。他指出，梁启超具备才、学、识三长，有能力撰写一部完备的新型中国通史，只因其构想的通史"实赅通史、专史二种"[②]，规模宏大，难以完成。"盖梁氏有所著作，皆造端弘大，非百余万言不能尽，久之不能卒业，乃弃去转而之他，如是者非一例，其意中所欲造之新史，迟之又久，不能成功，亦正坐此。"[③]金毓黻还进一步指出，若将通史、专史汇于一书，不但梁启超难以取得成功，其他任何人也是如此。民国初年陈鼎忠、曾运乾有志于撰写通史，试图仿编年、纪事本末、纪传之体及周谱而作纪、传、志、录、谱。全书拟为十五编，一编之中，自为经纬，本通史之规模，寓断代之义例，以期分之可考一代之源委，合之即得千古会归。金毓黻断言，如此合断代史、专门史于一体的巨型通史，绝无完成之日。"若二氏所举之五例，无论为纪为传为录为志为谱，任举其一，皆委曲繁重，累世而不能终其业，而谓一手一足之烈，及身而能观成，不但为吾之所未敢信，抑亦理所绝无之事也。"[④]由此，金毓黻强调通史与专史应各司其职，通史以求通为职志，具体详尽的记述则由专史承担。"愚谓纂造通史，应以普通普遍为涵义，取其概括之事实，只求其通，不求其详，其余之繁而不杀者，则仍让之专史，庶乎各举其职，两不相犯。"[⑤]否则即便勉强成书，也只能是一本通不通、专不专的书，郑樵的《通志》就是例证。在金毓黻看来，通史撰述要取得成功，只能像章太炎在《中国通史略例》中所设想的那样，有所取有所弃，以简驭繁。"惟如章先生所创之体例，此一方有所取，他一方又有所弃，缩千数百卷之书，于百数十卷之内，虽其体裁，是否合于近代通史之新例，盖亦庶几乎近之矣。"[⑥]章太炎所构想的新型通史为百卷，由 5 表、12 典、10 记、9 考纪、25 别录组成。考纪以记帝王，别录以记社会各阶层人物，但仅载与政法、学术、种族、风教有关者，其余

① 如齐思和认为梁启超对西方史学方法很茫然，不知通史撰述建立在专史研究的基础上，而专史又是建立在专题研究基础上，故难以成功。"梁氏不明通俗著述与研究著作之别，而号召天下研究整个的通史，结果他自己用了这'治史所持之器'，并无成绩，而他人用这方法来治史也不会有成绩的。"（齐思和：《近百年来中国史学的发展》，李孝迁编校：《中国现代史学评论》，第 140 页）周谷城认为梁启超对通史的对象不明确，不能以通史为专史之和（周谷城《中国史学之进化提纲》，又见其《中国通史·序言》）。

② 金毓黻：《中国史学史·附录》，第 421 页。

③ 金毓黻：《中国史学史·附录》，第 422—423 页。

④ 金毓黻：《中国史学史·附录》，第 426 页。

⑤ 金毓黻：《中国史学史·附录》，第 425 页。

⑥ 金毓黻：《中国史学史·附录》，第 426 页。

皆列入表中。记以纪事本末形式记载历代大事，典以记民族、制度、经济、学术文化等。金毓黻认为，其以十记专详历代大事，“既树新体之骨干，亦为通史之楷模”。而考纪、别录、记、典着眼于通史“应举大纲，以明人事衍变，制度因革”，其不合于此旨，及繁而难理者，则具列于表，“此为史家详人所略略人所详之法”。[①]这说明，章太炎设想的通史方案符合他所谓现代通史的要求。

二、关于通史之分期与研究、撰述方法

20 世纪的中国通史撰述或参照西方历史分期法或以社会形态学说为理论框架，对中国历史进行分期，以反映其发展的连续性及阶段性特点。如夏曾佑《最新中学中国历史教科书》将中国历史分成上古、中古、近世三大阶段，又细分为传疑、化成、极盛、中衰、复盛、退化、更化七个时期。王桐龄《中国史》则将中国历史分为上古、中古、近古、近世四个阶段。在通史分期问题上，金毓黻认为仿照西史分期法将中国历史划分为三期或四期，难以切合中国历史实际。“盖仿西史分期之法，所谓画虎不成反类犬者也。”[②]他尤其不赞成仿效西史以鸦片战争作为中国近代史的开端。他指出：“以中国近代史起于鸦片战争，议始于蒋氏廷黻，而罗氏家伦应之。其意以为西洋近代史始自法国大革命，为划时代之一段，而吾国应仿效之，自鸦片战争以划分时代。”[③]他认为，若断代为史，将鸦片战争以来之史划分为一阶段是可以的。“横截数段，而为断代之叙述，鸦片战争以来之史实，为其中最后之一段，姑名之为近世史，亦可予学者以研究之便利。”但撰写通史，若以鸦片战争以来为近世史，则上古史从邃古至周末，中古史从秦绵延至清鸦片战争以前。如此，中古史与近世史，“两相比较，似有长短不侔之嫌”。[④]更重要的是，“近代西力之东渐实始于明季清初，讲近世史者似不能遗此一段而不言”。因此，他建议将近世史之开始上溯到明末，以明末清初至鸦片战争前为近世史之前期，从

① 金毓黻：《中国史学史·附录》，第 416 页。

② 金毓黻：《中国史学史·附录》，第 433 页。

③ 金毓黻著，《金毓黻文集》编辑整理组校点：《静晤室日记》，第 6 册，第 4834 页。

④ 金毓黻：《中国史学史·附录》，第 435 页。

鸦片战争开始称为近百年史。“此说亦言之成理，此撰通史者所应折衷考量者也。”①因为，这既可补救中古史过长而近世史过短之弊，又能较好地反映中国历史发展脉络。“惟贯通中国五千年之事迹，而为一书前后，脉络相寻，则近世史可上延于明季，以明西力东渐之来源。”②金毓黻仅从对外关系考察了鸦片战争对中国的影响，却没有认识到鸦片战争以后，中国社会性质、结构也发生了巨大的变化，故而反对以鸦片战争为近代史的开端。但他强调通史分期应反映历史发展脉络，则体现出他对“通古今之变”这一通史要义的重视与对机械地模仿西方史学做法的反感。金毓黻对“通”的这种追求，也体现在其有关通史研究与撰述方法的讨论中。

金毓黻认为研究本国史有两种方式：一曰鸟瞰式治史法；二曰虫蛀式治史法。所谓鸟瞰式的方法，旨在高屋建瓴地从整体上把握历史发展全貌。“置身于史实之外，凌空而俯视全局，历历在目，位置之远近，形状之大小，悉可一览而得，此所谓鸟瞰式治史法也。”虫蛀式方法，意在明确历史发展的细部。“置身于史实之中，一一从事展玩，而从而分析其内容，以寻其症结所在，此所谓虫蛀式治史法也。”这两种方法，一则偏重于宏观把握，一则注重微观分析。“鸟瞰式治史法，如乘飞机升于高空，以俯视某大都市之全景。虫蛀式治史法，如身入某大宅中，而细数其所藏。虫蛀式治史法，亦可曰解剖式治史法，取若干史实一一为之分析，而明其得失去取，非置身于史实者不能为也。”至于通史研究与撰述，金毓黻认为当以鸟瞰式为主，辅之以虫蛀法。“愚谓治通史应以鸟瞰式为主，而以虫蛀式或解剖式辅之，庶乎其可，否则通于此则窒于彼，虽名通史，实史考之丛编耳。”③不难看出，金毓黻倡导以鸟瞰式方法为主研究与编纂通史，旨在对整个历史发展过程有一高屋建瓴式的宏观把握，展现出历史进程的变动与趋势。在他看来，若斤斤计较于细枝末节，不仅难以做到脉络贯通，还有可能将通史变成史考汇编。金毓黻所编著的《中国史》颇重视表述方式。他指出：“本书体例与一般历史教科书不尽相同。教科书胪列历代史实，巨细靡遗，而其弊即在语焉不详，反使读者莫名所以。”“本书所重为历代治乱之大事，而尤注意其变迁之因果关系，盖亦太史公‘通

---

① 金毓黻：《中国史学史·附录》，第435页。

② 金毓黻：《中国史学史·附录》，第435页。

③ 金毓黻著，《金毓黻文集》编辑整理组校点：《静晤室日记》，第7册，第5014页。

古今之变’之意也。”为此，他以重大历史事变为核心，宏观勾勒出中国历史脉络，但“所叙及之问题，则不敢太略，以使读者能明其底蕴为止”[①]。这应是采用以鸟瞰式为主、虫蛀式为辅的叙述方法。

就当时学者所撰之通史著作而言，金毓黻认为，周谷城《中国通史》采用的是鸟瞰式治史方法，而吕思勉《白话本国史》则是虫蛀式方法的代表。“近人吕思勉氏之《中国通史》，系用虫蛀式治史法，着重于分析，如身入大宅之中而细数其所藏。周氏之《通史》不然，不重分析而重观察，凌空俯视，以明其全局情状，此则用鸟瞰式治史法也。”[②]吕思勉所撰通史著作，深受学者好评。顾颉刚在《当代中国史学》一书中称赞其《白话本国史》为中国通史撰述开一新纪元。[③]金毓黻也认为“吕氏此书有系统，有断制，堪称为中国史之第一名作，并世作史诸家未能或之先也”，实现了梁启超所构想的通史撰述计划。其有关历史的认识条分缕析，详细而准确。“凡历代官制之变迁，赋税之沿革，言之最详最确，可谓应有尽有，而绝无影响支蔓之词参乎其中。”尤为可贵的是，书中多精辟之议论。如有关三苗、古世城名与国名关系、隋唐以前郡国选举制、东晋荆、扬二州之地位等问题的论述，“皆具有新解，而无穿凿武断之失”[④]。这说明吕思勉能够深入历史内部，作精深的研究。但就通史撰述而言，金毓黻认为周谷城《中国通史》略胜一筹。“是书以鸟瞰式观察吾国全部之史实，不拘牵于政治纪事，不沾沾为考证之学，是为最有新意，最得要领者。盖于吕思勉《通史》之外，别开生面，以飨读者，诚今日出版界之可称者。”“全书以经济史观为主眼，一贯而下，颇能自成家言。”[⑤]周谷城曾指出，历史自身本是系统完整的，史学研究应从全局出发探讨人类活动各个部分及其相互关系，以获得对历史自身的认识，而史学著作则应反映出历史自身的完整性。但已有的通史，无论是以分朝、分类予以叙述，还是采用纪传体、编年体、章节体，都破坏了历史自身之完整。为了维护历史自身之完整，他强调通史编著在体例上应采纪事本末之体，“因事命篇一依历史事情发展之次序为常格”，对史实的取舍“一依历史事情自身之完整为标准”，

① 参见金毓黻编著:《中国史・凡例》，上海：正中书局，1947年沪7版，第1页。
② 金毓黻著，《金毓黻文集》编辑整理组校点:《静晤室日记》，第7册，第5014页。
③ 顾颉刚:《当代中国史学》，沈阳：辽宁教育出版社，1998年，第77页。
④ 金毓黻著，《金毓黻文集》编辑整理组校点:《静晤室日记》，第2册，第1470、1472页。
⑤ 金毓黻著，《金毓黻文集》编辑整理组校点:《静晤室日记》，第7册，第5003、5039页。

文字则应反映出历史事情之间的必然联系，显示出历史自身的完整性。[①]周谷城以这种理念和方法撰写中国通史，如乘飞机升于高空，以俯视整个中国历史，既显示了历史发展脉络，又反映出各种因素在历史中的作用以及相互间的联系。所以，金毓黻认为周谷城所撰之《中国通史》最得通史之要领。

三、有关通史著作的评价

1943 年 10 月金毓黻收到钱穆所赠《国史大纲》，喜不自胜，撰诗报谢。诗中写道："诸子著新史，持论常断断。夏梁最老辈，缪周亦盛陈。郑君诚晔晔，张子尤彬彬。所惜未终篇，难以资诵循。章作颇丰缛，竟以殒其身。君师吕诚之，造语何嶙峋。闭户勤著书，乃在沈之滨。汩汩复滔滔，其气老益振。及门作高弟，衣钵喻传薪。青固出于蓝，其论乃日新。上下五千载，粲若数家珍。胜义难偻指，渺意俱以申。举重乃若轻，其力比千钧。不翼破云汉，不胫走川津。家弦而户诵，足以慰苦辛。"[②]此段诗文之主旨虽在表彰钱穆《国史大纲》，但也反映了金毓黻对 20 世纪前期中国通史编纂的认识及有关通史著作的评骘。

诗中之夏梁，指夏曾佑、梁启超。梁启超是较早倡导撰写新型中国通史的学者，夏曾佑所撰《最新中学中国历史教科书》是第一部有名的新式中国通史著作，所以金毓黻认为他们是 20 世纪中国通史撰述的先驱。金毓黻曾称赞夏曾佑所撰之通史多创见："夏氏之书仅成三册，未及其半。其精言胜义横见侧出，实为国史之创作。"[③]诗中之缪周，指缪凤林、周谷城；郑君，指邓之诚，"郑"疑为"邓"字之误；张子，指张荫麟；章，指章嵚。缪凤林为金毓黻任职中央大学时的同事，撰有《中国通史纲要》《中国通史要略》。金毓黻曾将他与钱穆、张荫麟进行比较，认为在通史撰述上其不及后二者。"近人治中国通史者，首推钱宾四，次则张君，若缪君赞虞则似不及。"[④]但他对其仍寄予厚望，曾在写给他的信中说："治国史难，治通史尤难，傥今日多得几

① 参见周谷城：《中国通史・绪言》。

② 金毓黻著，《金毓黻文集》编辑整理组校点：《静晤室日记》，第 7 册，第 5251 页。

③ 金毓黻著，《金毓黻文集》编辑整理组校点：《静晤室日记》，第 4 册，第 2320 页。

④ 金毓黻著，《金毓黻文集》编辑整理组校点：《静晤室日记》，第 7 册，第 5059 页。

辈，如左右及宾四、荫麟者，萃其力以治国史，岂不足以通古今之故，成一家之言，发千载之幽光，建永世之伟业乎。张君已矣，来日之责，舍君其谁！”[①]对于周谷城所撰《中国通史》，金毓黻评价颇高，上文已论及其将此书视为鸟瞰式治史的代表。但他认为此书精彩之处在上册，“下卷录《廿二史札记》之成说过多，未免徒塞篇幅，不得谓为精心结撰”[②]。邓之诚撰有《中华二千年史》，金毓黻认为此书“叙次颇有条理，取材亦极矜慎”[③]。张荫麟所撰《中国史纲》，以其构思之巧妙，叙事之优美，为学者所称道。金毓黻阅读后评价道：“觉其叙述之朴实深刻，殊非并世诸作所能及。”“此为通史中之杰作，不愧佳史。”[④]但邓、张之通史皆未写完，所以他说：“所惜未终篇，难以资诵循。”章嵚撰有《中华通史》，金毓黻认为此书“纪载史事最为清晰，为通史中难得之本，非细阅则不之知”[⑤]。章嵚于1931年去世，《中华通史》刊于其身后，故金毓黻说“章作颇丰缛，竟以殒其身”。诗中提及的吕诚之即吕思勉，其撰有《白话本国史》《吕著中国通史》两部通史著作。前者为其20世纪20年代任教于沈阳高等师范学校之教本，故而金毓黻说其“闭户勤著书，乃在沈之滨”。上文已论及金毓黻将此书作为虫蛀式治史的代表，称赞其条分缕析而又多精辟之论，但略嫌其文采不足。“所不足者，依用语体，文俚杂出，辨证之语引用复繁，著者既嫌辞费，读者亦苦不清，美中不足，此其一耑，毋亦于言之无文行之不远之旨，有未喻乎？”[⑥]《吕著中国通史》成书于40年代，故金毓黻说“其气老益振”。钱穆求学常州府中学堂时，吕思勉为其历史地理教师，所以，金毓黻认为其《国史大纲》之撰述继承了吕思勉之衣钵。至于《国史大纲》，金毓黻的评价极高：“此作颇能陈言务去，自出手眼，诚不愧国史之佳作，虽其中用札记体繁简不甚得当，然时有声光流露，佳处自不可掩。”而阅读此书则是一种享受。“读钱氏《国史大纲》，有不忍释手之乐，盖如食牛肉，愈咀嚼愈有味，多日不读书，今读此书，可以遣烦祛闷，诚消夏

① 金毓黻著，《金毓黻文集》编辑整理组校点：《静晤室日记》，第7册，第5092页。
② 金毓黻著，《金毓黻文集》编辑整理组校点：《静晤室日记》，第7册，第5039页。
③ 金毓黻著，《金毓黻文集》编辑整理组校点：《静晤室日记》，第5册，第3516页。
④ 金毓黻著，《金毓黻文集》编辑整理组校点：《静晤室日记》，第8册，第6024—6025页。
⑤ 金毓黻著，《金毓黻文集》编辑整理组校点：《静晤室日记》，第6册，第4541页。
⑥ 金毓黻著，《金毓黻文集》编辑整理组校点：《静晤室日记》，第2册，第1470页。

之佳品也。”[①]孙次舟曾撰文抨击《国史大纲》，金毓黻对此颇为愤慨，斥之为小人行径。[②]所以，他认为钱穆在通史撰述上超越了吕思勉，所谓“青固出于蓝，其论乃日新”。

不难看出，诗文中所提到的这些史家及其所撰述的通史著作，金毓黻是将其作为20世纪前期中国通史撰述之代表来看待的，其中钱穆《国史大纲》则被视为通史撰述之最高成就。此外，金毓黻还对王桐龄、金兆梓、李岳瑞、范文澜、佐野袈裟美、雷海宗等所著中国通史进行过评论。他曾将王桐龄《中国史》与夏曾佑、吕思勉所撰之通史进行比较，认为“王氏之作，包蕴颇富，叙述亦详。大抵其书长于综比，而短于持论”[③]，意为王桐龄善于叙事，但见识不如夏、吕。对于金兆梓所撰《高中本国史》，金毓黻指出：“颇有文学趣味。其现代史一部，似胜于吕思勉之作，古代史仍以吕氏为佳，盖一长于考证，一长于叙述也。”[④]李岳瑞撰有《国史读本》，金毓黻认为此书“剪裁史文颇具匠心”[⑤]。至于范文澜《中国通史简编》，金毓黻指出：“综观编辑大旨，系主唯物史观，以农夫、工人之能自食其力者为国家社会之中心，如君、相、士大夫、富商、豪民皆在排斥之列。”“似此力反昔贤之成说，而为摧毁无余之论，毫无顾忌，又前此尚论诸家所未有也。”[⑥]日本学者佐野袈裟美撰有《中国历史教程》，金毓黻指出：“以异国人谈吾国史事，不无可观。综观其近百年史，为全书之最精者，古代史多取郭沫若氏之说，而以马克思等氏学说比附之。大抵以历代农民暴动为记叙之主体，实则中史之精彩者决不在此，著者特强调言之耳。”[⑦]翦伯赞所撰“中国通史”由金毓黻之子在重庆首为印行，金毓黻指出，此书“系用唯物史观立论”，“销路颇佳”[⑧]。雷海宗编纂的《中国通史选读》，于每章每节之首对一时代、时期之历史予以简要的说明，然后从经、史、百家中选录足以说明一时代之要点、重点者的史料。金毓黻指出：

---

① 金毓黻著，《金毓黻文集》编辑整理组校点：《静晤室日记》，第7册，第5196—5197页。
② 金毓黻著，《金毓黻文集》编辑整理组校点：《静晤室日记》，第7册，第5228页。
③ 金毓黻著，《金毓黻文集》编辑整理组校点：《静晤室日记》，第4册，第2321页。
④ 金毓黻著，《金毓黻文集》编辑整理组校点：《静晤室日记》，第6册，第4356页。
⑤ 金毓黻著，《金毓黻文集》编辑整理组校点：《静晤室日记》，第7册，第4997页。
⑥ 金毓黻著，《金毓黻文集》编辑整理组校点：《静晤室日记》，第8册，第5869页。
⑦ 金毓黻著，《金毓黻文集》编辑整理组校点：《静晤室日记》，第8册，第6023页。
⑧ 金毓黻著，《金毓黻文集》编辑整理组校点：《静晤室日记》，第9册，第6767页。

此书“虽为读本，亦一简明扼要之通史，且为通史中之别裁也”[①]。

以上是不同时期金毓黻有关20世纪前期通史著作的评论，这些评价也从一个侧面映射出他的治学旨趣的变化与治学风格。从20世纪20～40年代，金毓黻的治学旨趣经历了从求精深到求博通的变化[②]，其有关中国通史著作的评价也反映出这种变化。20世纪20年代金毓黻对通史著作的评价主要着眼于其是否能够深入研究问题。如他对夏曾佑《最新中学中国历史教科书》、吕思勉《白话本国史》、王桐龄《中国史》这三部通史著作的评价就是以此为标准的。这三部通史著作都被他视为“近人以新组织编国史者”之善本，但比较而言，他认为王氏之通史不如夏、吕。因为夏、吕之通史能够采用清代汉学家的治学方法作精深的研究，故多创见，而王氏之书却不能。他指出：“凡创一义，必罗举多证，而后折衷一是，断其或然或不然。此清代汉学家治学方法，而吕氏依用之者。”所以其篇中议论多“具有新解，而无穿凿武断之失”[③]。而这恰恰是王氏之短处。王氏之书的短处主要在于：一是王氏之书史料采择不精，轻视官修史书，喜引野史而不知别择。“王氏谓实录官书，专载谕旨奏报，不足以窥见一朝之究竟。说固不为无理，然作史者常取实录十之七、八，而取野史十之一、二者，岂非一则信而有征，一则妄而多诬乎？”二是王氏能浅出而不能深入。“近人治学之法，其取一说必列举多证，衡量再四，而后敢笔之于书。吕氏之书即用此法，是则王氏之所短也。”[④]所以，他虽然称赞王桐龄善于叙事，但认为其所撰通史终究不如吕思勉之书。20世纪40年代，随着金毓黻治学旨趣的变化，他对通史著作的评价也随之有所改变。此时，他提出通史研究应以鸟瞰式为主，辅之以虫蛀式，因而对以鸟瞰式方法观察国史的周谷城《中国通史》的评价超过了以虫蛀式为主的吕思勉的《白话本国史》，如上文所言，他认为周氏之通史最得通史要领。有学者曾指出，金毓黻的治学风格表现为求是而不强同，不偏于一隅。[⑤]其有关通史著作的评价也反映出这一特点。如范文澜《中国通史简编》以唯物史观为指导，其治史之主旨显然与金毓黻异趣，但金毓黻并没有因此而否定此书的价值。他指出：“虽

① 金毓黻著，《金毓黻文集》编辑整理组校点：《静晤室日记》，第9册，第6887页。
② 参考桑兵：《金毓黻与南北学风的分合》，《近代史研究》2008年第5期。
③ 金毓黻著，《金毓黻文集》编辑整理组校点：《静晤室日记》，第2册，第1470页。
④ 金毓黻著，《金毓黻文集》编辑整理组校点：《静晤室日记》，第4册，第2321页。
⑤ 桑兵：《金毓黻与南北学风的分合》，《近代史研究》2008年第5期。

然此书立论虽多与余异趣，然亦不无一二可取，且因其观点不同，更可为余立说之反证。爰就其书撷取宋代数事，以供研讨，讵可以其多为异论从而捐弃之耶！”其中对宋代弊政的抨击，虽“不无形容太过之失，然当日朝中情况，确有矫枉过正之处，有此一针见血之纪载，亦足以资警惕”①。对《中国通史简编》的这种评价，正是金毓黻治学求是而不求强同态度的体现。

20 世纪史家所撰中国通史，从类型上看大致可分为通俗性的中国通史读物、学校教科书和学术型通史著作。20 世纪前期所撰述的通史多为前两类，尤以教科书体系的通史为主，如夏曾佑、刘师培、吕思勉、雷海宗、邓之诚、周谷城、张荫麟、缪凤林、钱穆等所撰之通史皆为大、中学教本。金毓黻有关现代通史的论述，既是对这两类通史尤其是教科书体系通史特点的概括、总结，也是对这两类通史著作的规范、要求。20 世纪后期中国通史的撰述突破了教科书体系，如范文澜主编、蔡美彪续编《中国通史》、白寿彝任总主编的多卷本《中国通史》等通史著作直追《史记》，内容详博而脉络贯通。这是金毓黻讨论通史撰述时所未出现的新情况。金毓黻有关现代通史的认识，也与其对通史作用的认识密切相关。在其编著的《中国史》绪言中，他写道：“我们是中国人，便都有明了中国的必要。然而要明了现在的中国，先必须明了过去的中国；明了过去与现在的中国，然后我们才能推测将来的中国。这个明故、知今和测来的工作，便是历史的内容，是历史学家的使命，也就是每个国民所应尽的义务。”②值得注意的是，对通史作用的这种认识也是 20 世纪前期学者的普遍认识。如缪凤林撰写《中国通史要略》欲“就我国族所以开拓广土抟结庶众及历久长存之本原，与其政治文化社会各种变迁之荦荦大者，略述其根柢与趋向”，以饷学子，实现书生报国之志。③而中国通史著作要发挥这种作用，理应简要而有系统。钱穆曾指出：“鉴古知今，端赖历史。今日所缺，则并非以往积存历史之材料，而为今日所需历史之知识。良以时代变则吾人所需历史之知识亦变。古来历史亦时时在变动改写之中。今日所急需者，厥为一种简要而有系统之通史，与国人以一种对于已往大体明晰之认识，为进而治本国政治社会文化学术种种学问树其基础，尤当为解决当前种种问

① 金毓黻著，《金毓黻文集》编辑整理组校点：《静晤室日记》，第 8 册，第 5869—5871 页。

② 金毓黻：《中国史·绪言》，第 3 页。

③ 缪凤林：《中国通史要略·自序》，第 1 册，第 1 页。

题提供以活泼新鲜之刺激。”[1]因此，金毓黻对现代通史的要求，体现了20世纪前期中国通史撰述的时代特征。

金毓黻将通史编纂作为中国史学发展最近趋势之一端进行探讨，这不仅是总结通史编纂成就，更是为了建设新史学。其有关通史定义的界定、撰述方法的探讨以及通史与专史关系的厘定等，旨在规范通史的研究与撰述，从而推动新史学的发展。这些认识也将成为当代通史研究与撰述的思想资源。

---

① 沙公（钱穆）:《评夏曾佑〈中国古代史〉》,《大公报（天津）·图书副刊》第20期，1934年3月31日，第3张。

第十七章　略论当代中国通史研究与撰述之趋势

20 世纪八九十年代以来，随着学者对马克思主义史学反思的深入，史学界痛感中国通史研究与撰述存在着严重的公式主义、教条主义弊端，这就迫切要求史学研究者建立具有民族特色的中国通史体系，撰写反映中国历史实际的通史著作。但在如何认识和评价既有的中国通史体系问题上，史学研究者们却存在着分歧。于是，在通史研究与撰述中出现了两种发展趋势：一是进一步发展和完善马克思主义中国通史体系，以救弊纠偏；二是放弃这种体系，或重新构建通史新体系，或以新的撰述方式编纂通史新著，从而从根本上解决问题。这是史学研究者为建设具有民族特色的中国历史体系而进行的艰难探索。

一、20 世纪 80 年代以前的中国通史研究与撰述

重视通史的研究与撰述是中国史学的传统。《竹书纪年》《世本》是较早的通史性著作，司马迁的《史记》则确立了通史撰述的规模，而他提出的“究天人之际，通古今之变，成一家之言”的撰述宗旨，奠定了通史编纂的理论基础。此后，不断有史家继承司马迁的事业，撰写出《通典》《资治通鉴》《通志》《文献通考》等通史名著。清代史家章学诚将这种通史传统概括为“通史家风”。

20 世纪前期的中国史家继承了“通史家风”，并在新的历史条件下予以发扬光大，分别构建了以进化史观为指导的近代中国通史体系和以唯物史观为

指导的马克思主义中国通史体系。19世纪末20世纪初，进化史观传入中国，改变了国人的历史观念。章太炎、梁启超等积极倡导撰写以国民为主体的新型中国通史，开启了20世纪中国通史研究与撰述的新方向。而以夏曾佑《最新中学中国历史教科书》为代表的一批新型中国通史著作的产生，标志着古代类型的中国通史向近代类型的中国通史的转变。这种转变，正如余英时在《20世纪中国国史概念的变迁》中所指出的，是朝代史范式转向国史范式。[①]

章太炎曾指出，“所贵乎通史者，固有二方面：一方以发明社会政治进化衰微之原理为主，则于典志见之；一方以鼓舞民气、启导方来为主，则亦必于纪传见之”[②]。这种撰述旨趣，表明中国通史已从探究“王迹所兴，原始察终，见盛观衰”转变为对人类进化发展原理的阐发；从“述往事，思来者”，为帝王治国为政提供借鉴转移到激发国民的爱国情感、指示历史前途与未来方面。《中国史叙论》《新史学》是梁启超依据进化学说与西方史学原理，为撰写一部新型中国通史而进行的理论构想。前者重在描绘新型中国通史蓝图，后者旨在清算传统史学的弊端。梁启超指出，以往的史书“皆为朝廷上之君若臣而作，曾无有一书为国民而作者也”[③]，所以存在着四弊二病三恶果。所谓二十四史，不过是二十四姓之家谱，相斫书。他呼吁史学革命，建立反映人群进化发展及其公理公例的新史学。不难看出，章太炎、梁启超都试图以阐发社会进化过程及其原理、以国民为中心、促进国家民族富强的近代中国通史代替以反映朝代变迁、探讨皇朝盛衰之故、为帝王提供统治术的古代通史。这对20世纪中国通史研究与撰述产生了深刻的影响，直至马克思主义中国通史体系形成，其影响才逐渐减小。

马克思主义中国通史体系形成于20世纪40年代。范文澜《中国通史简编》、吕振羽《简明中国通史》、翦伯赞《中国史纲》等马克思主义通史著作，以五种社会形态学说为理论框架，将中国历史视为从低级向高级发展的有规律的过程，并以其鲜明的特色有别于近代类型的中国通史。这就是人民群众取代了含混不清的群体、国民，以社会形态的更替而不是政治制度、文化的变迁，作为考察中国历史发展的依据，撰述重心也由“文化史”即社会制度、

① 余英时：《人文与理性的中国》，程嫩生、罗群等译，上海：上海古籍出版社，2007年，第357页。
② 章太炎：《致梁启超书（一九〇二年七月）》，汤志钧编：《章太炎政论选集》，上册，第167页。
③ 梁启超：《新史学》，《饮冰室合集·饮冰室文集之九》，第1册，第3页。

社会生活、学术思想等转移到经济与阶级斗争方面。翦伯赞曾将马克思主义中国通史体系概括为“把中国历史贯串在一条以人民群众为主体、以经济为骨干、以阶级斗争为动力的主流上”[①]。

中华人民共和国成立以后，马克思主义史学确立了主导地位，马克思主义中国通史体系也成为通史研究与撰述的基本模式，并在20世纪五六十年代得到进一步发展。范文澜《关于中国历史上的一些问题》、翦伯赞《对处理若干历史问题的初步意见》，系统地阐述了通史研究与编纂所涉及的理论问题。范文澜、吕振羽对成书于20世纪40年代的通史著作进行了全面的修订，尚钺、郭沫若、翦伯赞等分别主编了新的中国通史著作。这是这一时期中国通史所取得的代表性成果。同时，由于政治上“左”的思潮影响，史学研究中教条主义地对待马克思主义的倾向严重，中国通史研究与撰述也日益程式化。

二、中国通史研究与撰述面临的困境

在20世纪80年代的“史学危机”讨论中，僵化的中国通史体系常常成为人们诟病的对象。有学者指出，“史学危机”主要表现在两个方面：一是传统的史学价值观念的危机，二是流行史学体系的危机。[②]所谓流行史学体系，指的是既有的中国通史体系。那么，就中国通史研究与撰述而言，这意味着其理论体系存在着严重问题。

马克思主义史学的发展，是与对社会形态理论的理解和认识联结在一起的。五种社会形态学说一直被认为是唯物史观的基本原理，是对人类历史普遍规律的概括和总结。马克思主义中国通史体系就是以此为理论架构而建立的。20世纪80年代以来，史学界对社会形态理论的理解突破了五种社会形态学说，并提出了新的认识。

因此，对中国通史弊端的诊断，首先是围绕着社会形态理论及其与中国历史实际之关联这一问题展开的。一些学者仍坚持五种社会形态学说是关于人类历史进程的科学理论，但不再强调五种社会形态依次更替是各个民族、

① 翦伯赞：《翦伯赞历史论文选集》，第29页。

② 王学典：《史学，“危机”何在》，《20世纪中国史学评论》，第296页。

国家的必经之路，承认不同民族、国家、地区发展的具体道路有别。基于此，他们认为以往中国通史所存在的问题，在于教条主义地理解和运用马克思主义理论，由此造成对中国历史的简单化认识。史学研究者应该通过发展和完善马克思主义中国通史体系，以改变僵化的通史研究模式。然而，这种观点并没有成为史学界的共识。有学者指出，中国通史所面临的问题，不仅仅是在运用马克思主义理论时出现了偏差和失误，更严重的是对马克思主义理论的理解有误。其一，五种社会形态学说是对欧洲历史进程的概括，不是人类历史发展普遍规律，不能以之安排中国历史。"马克思和恩格斯所说五种生产方式的历史发展顺序是就欧洲社会发展史而言的，并不适用于中国社会发展史。"[①]其二，五种生产方式只是逻辑上的历史发展顺序，而非现实历史发展顺序。马克思、恩格斯所说的五种生产方式，并不是从历史研究中得出的，而是由欧洲资本主义推溯出来的逻辑经济形态。"把这种逻辑的历史顺序看作既成的历史发展顺序，是完全错误的。"[②]其三，现在所说的五种生产方式的含义是斯大林确定下来的，未必符合马克思、恩格斯的原意。马克思、恩格斯并没有将五种生产方式作为世界通行图式，是斯大林对其进行了武断地发挥并以此安排人类历史。[③]中国的马克思主义史学家，将斯大林阐释的五种生产方式模式当作人类历史普遍规律剪裁中国历史，其所"讲的中国历史大多是按照某种公式编制出来的，而不是就中国历史本身的发展过程如实编写的"[④]。因此，"应当破除按五种生产方式或相应的社会形态构成的中国历史体系，代之以中国历史本身固有的发展体系，即破除旧体系，建立新体系"[⑤]。

其次，既有的中国通史体系形成于新民主主义革命时期，带着那个时代的烙印。审视中国通史所面临的困难时，这也是关注的重点。有学者指出，民主革命时期的马克思主义史学，强调的是阶级与阶级斗争，是反帝反封建的历史篇章。现在关注的是中华民族在世界历史上的地位，是中国历史上的辉煌篇章。以阶级斗争为纲的马克思主义历史学已经完成了历史使命。[⑥]更有

① 田昌五：《中国历史体系新论续编》，第 174 页。
② 田昌五：《中国历史体系新论续编》，第 216 页。
③ 田昌五：《中国历史体系新论续编》，第 216 页。
④ 田昌五：《中国历史体系新论·前言》，第 1 页。
⑤ 田昌五：《中国历史体系新论续编》，第 217 页。
⑥ 田昌五：《中国历史体系新论》，第 4 页。

学者指出，新民主主义革命时期的马克思主义史学是一种以“战时历史观念”为灵魂的从属于救亡与战争的“战时史学”。以范文澜《中国通史简编》为代表的通史体系是一种“战时历史框架”。中华人民共和国成立后本应走出“战时史学”，但由于国内外政治环境的影响，不但没有做到，反而深陷其中。[①]总之，在这些学者看来，既有的中国通史体系已经不符合时代的需要，必须予以超越。

由上可知，史学界对中国通史研究与撰述所面临的困境，存在着不同的认识，因而解决问题的取向也各不相同。一些学者力图在中国通史体系内部寻找摆脱困境的方法，另一些学者则要求突破这种体系，试图以一种新的方式解说中国历史。这表明中国通史处在一个新的转折时期。

三、当代中国通史研究与撰述之趋势

当代中国通史的研究与撰述朝着两个方向发展，一个是在既有通史体系基础上，补偏救弊；另一个是打破既有的通史体系，或构建通史新体系，或以新的方式撰写通史新著。

1. 发展与完善马克思主义中国通史体系

为解决中国通史研究与撰述中所存在的弊端，坚持既有中国通史体系者进行了多方面的探索。一些学者在已有的体系框架下，吸收史学研究新成果，调整通史内容，如减少阶级斗争的分量，增加社会生活史方面的内容等，以期使枯燥、干瘪的通史教材变得充实、丰富。这主要体现在 20 世纪 80 年代出版的和 90 年代以来修订的通史著作中。更有一些研究者致力于发展和完善马克思主义中国通史体系，使之具有中国民族特色。其中，白寿彝先生在这一方面进行了艰辛的探索。从 20 世纪 80 年代初主编的《中国通史纲要》到 1999 年全部出版的多卷本《中国通史》，清楚地反映了这一点。白先生的努力主要体现在以下几个方面。

（1）重视多种因素在历史发展中的作用。白先生在继承以往马克思主义

---

① 王学典：《中国当代史学思想的基本走向——就〈二十世纪后半期中国史学主潮〉答客问》，《20 世纪中国史学评论》，第 143—150 页。

史学重视经济结构、人民群众活动的基础上，对其所忽视的因素如地理条件、科学技术、学术文化等进行了深入探讨。尤其是对国家职能、中国历史上生产关系与阶级关系的认识，摆脱了简单化、教条主义的倾向。如关于生产关系，白先生提出了多种生产关系并存、地主阶级在封建社会处于矛盾的主要方面等观点，避免了将复杂的历史简单化。

（2）从多方面揭示中国历史发展阶段。历史分期曾是马克思主义史学纷争不已的一个问题。白先生抓住中国历史上多种生产关系并存与社会经济发展不平衡这一特点，提出划分历史阶段，一方面应放宽视野，在全国范围内考虑历史分期，不要局限于中原地区；另一方面应从各民族、各地区发展的不平衡的状态上掌握一个历史时期的整体性。多方面划分历史发展阶段克服了以往历史分期问题上存在的简单化、公式化毛病。

（3）注重反映统一的多民族国家发展历程。白先生深入探讨了中国历史上民族关系的发展趋势以及统一的多民族国家的形成历程、特点，将少数民族的发展置于中国历史的总进程中予以考察，恰当地反映了各民族共创中华史，为撰述统一的多民族国家历史提供了典范。

（4）展现中国历史的丰富内涵。以往的通史基本上由政治、经济、思想文化、民族关系几大块组成，只有骨骼，没有血肉，尤其看不到人的活动和完整的制度。白先生吸收传统史书体裁的优点，使之与流行的章节体相配合，创立了由序说、综述、典志、传记相互配合的新综合体，多层次地、立体地反映中国历史。综述勾勒历史发展大势，典志记述各种制度及相关专题，传记剖析历史上各类人物的活动。这样，中国通史既有骨骼，又血肉饱满，在反映中国历史过程的同时，又展现了其丰富的内涵。

以上几个方面，对克服通史研究与撰述所存在的公式主义弊端，改变僵化的撰述模式，有着积极的意义。多卷本《中国通史》被史学界誉为最全面、最详尽、最系统，是真正的通史，是“一部高质量、高水平的通史”，是“20世纪中国历史学界的压轴之作”。[①]这表明，白先生对马克思主义中国通史体系的发展和完善是卓有成效的。

① 许殿才：《七十年心血铸就的丰碑——“祝贺白寿彝教授从事学术活动七十周年暨多卷本〈中国通史〉全部出版大会”侧记》，《史学史研究》1999年第3期，第16—18页。

2. 中国通史新体系的建构与新著的编纂

田昌五提出的中国历史新体系、曹大为有关新编《中国大通史》的理论构想，反映了史学界重新构建中国通史体系这一要求。

田昌五的中国历史新体系，是以洪荒论、族邦论、大循环论的历史构成为特征，三次历史大循环为理论框架。所谓洪荒时代，从中国大地上有人类的降生起，直到 1 万年前的氏族社会为止。这是从生物人到社会人的进化过程。族邦时代从 5000 年前至 2400 年前止，宗族的兴衰降替是其发展主线。封建帝制时代，上承族邦时代，下至辛亥革命推翻帝制为止，其主线是三次历史大循环，表现为周期性循环式跳跃前进。中国目前已经进入了以市场经济为基础的第四次大循环，并将由此以新的姿态走向世界。[①]《中国大通史》则参照“马克思、恩格斯依据劳动资料、生产力类型，将人类历史演进从宏观上划为采集渔猎、农业文明、工业文明三大时代”这一理论框架，“依据生产力、生产关系和社会结构为主要标准，综合政治体制等多种因素考察判断”，将中国历史划分为原始文化、农耕文明、向工业文明转轨三大阶段。其中，农耕文明阶段又分为宗法集耕型家国同构农耕社会（夏—春秋战国）、专制个体型家国同构农耕社会（秦汉—清中期）。向工业文明转轨阶段分为半殖民地半封建社会：扭曲的近代化进程（19 世纪后期—20 世纪前期）、社会主义初级阶段：向现代化推进（20 世纪中后期）。[②]

不难看出，新通史体系之“新”首先体现在不再将中国历史纳入五种社会形态框架中。田昌五曾指出，以往的史学存在的一个主要问题，是“把中国历史纳入既定的五种生产方式的模式，而不顾中国的历史实际，让人很难看出其中有多少中国历史特色和气派来”[③]，应当取消这种做法，按中国历史的自然发展过程划分历史阶段。曹大为则认为，马克思并没有将五种社会形态作为世界通行图式，无视中国历史实际，以之剪裁中国历史，这不是历史唯物主义的科学态度。新编《中国大通史》“不再套用斯大林提出的‘五种社会形态’单线演变模式作为裁断中国历史分期的标准”[④]。这表明，是否以五

① 田昌五：《中国历史体系新论续编》，第 27 页。

② 曹大为：《关于新编〈中国大通史〉的几点理论思考》，《史学理论研究》1998 年第 3 期，第 20—24 页。

③ 田昌五：《中国历史体系新论》，第 5 页。

④ 曹大为：《关于新编〈中国大通史〉的几点理论思考》，《史学理论研究》1998 年第 3 期，第 20 页。

种社会形态学说为理论架构，是新、旧通史体系的重要区别。所以，在这些通史新体系中，五种社会形态学说不再是从宏观上把握中国历史所必须依赖的理论工具。

其次，摆脱外来模式的束缚，从历史实际出发构建中国型的历史发展模式，也是其在“新”的方面的表现。在马克思主义史学上，中国历史曾被西洋化，也曾被看作早熟的东方型。田昌五则认为，中国历史既不是什么西方型，也不是东方型，而是地地道道的中国型，用任何模式套改或剪裁中国历史都是错误的。从这种认识出发，他力图从中国历史自身概括出其发展模式。如将古代社会命名为族邦时代，就是“根据古代社会的特点提出来的”[①]。因为，中国在氏族社会解体后，没有像希腊、罗马那样产生个体家庭，也没有像印度等东方国家那样进入农村公社，而是以宗族共同体的形式跨入文明社会。由家庭、家族、宗族和姓族组成的宗族结构，构成了中国古代社会形态的基本特征。所以，“研究中国古代社会，必须把握这种宗族社会模式和经济模式。套用任何外来模式，都将是隔靴搔痒，解决不了任何问题”[②]。曹大为也认为中国在跨入文明门槛时，经历了一条颇为独特的道路。氏族首领直接转化为剥削阶级新贵，血缘组织与国家形态熔铸一体，奠定了宗法农耕型社会的基本格局，一直影响中国历史的发展。宗法制度是有别于西方的中国古代社会深层结构的基本特征。《中国大通史》将紧紧地抓住这一特征，贯穿到对整个中国历史的研究中，从而科学地说明中国历史发展的特点和规律。这说明，他们都力图建构符合中国历史实际的通史体系。

田昌五等提出的中国历史新体系，还处在理论建构阶段。20 世纪 90 年代末以来所编纂的一系列中国通史新著，如樊树志《国史概要》、王家范《中国历史通论》、启良《中国文明史》、张岂之主编《中国历史》、姜义华主编《中国通史教程》等，则以不同于以往通史著作的风格呈现在人们面前。其中，《中国历史》《中国通史教程》是受教育部委托编纂的面向 21 世纪高等学校的课程教材。这反映出中国通史的研究和撰述已经开始了新的转向。

概括地说，这些通史新著在以下几个方面表现出鲜明的特点：

（1）撰述旨趣的变化。从章太炎、梁启超倡导的新型中国通史，到马克

---

① 田昌五：《中国历史体系新论续编》，第 37 页。

② 田昌五：《中国历史体系新论》，第 61 页。

思主义中国通史，莫不以揭示历史发展规律为首要任务。通史新著鉴于以往对历史规律的揭示，大多是用中国历史事实为马克思、恩格斯已经发现的规律提供例证而已，不再以此作为撰述目标，而是着重探索中国历史自身的特点和面貌，以帮助人们更好地认识现实。姜义华指出，以往的通史多用历史发展规律将中国历史贯穿起来，“我们在考虑如何贯通与汇通时，不敢以为已把握或能够准确揭示历史发展规律，只希望扼要而简洁地说明，中国历史的创造者中国人、中华民族如何历史地形成，他们在不同世代如何利用历史形成的各种主客观条件，一边承继先前世代已形成的传统，一边通过自己的实践改变旧的环境，从而使历史的中国一步步发展演变为现今的中国，使历史上的中华文明一步步发展演变为现今的中华文明”[①]。可见《中国通史教程》旨在阐明今日之中国、中华文明的由来。张岂之主编《中国历史》也将介绍中国历史的基本面貌和发展过程，介绍中国历史上关于国家行政制度、社会管理、经济管理、文化政策和社会生活等方面的情况，揭示中国历史的发展趋势与中国文化的基本内容，是其主要编写目的。[②]这种撰述旨趣在其他的通史新著中也有所反映。

（2）在体系方面，放弃了以五种社会形态学说为理论框架的通史体系，代之以中国历史固有的发展线索。如樊树志“决定摈弃传统教材的社会发展史模式”，确定以宏观的视野展现中华文明史的主线。[③]张岂之则“提出中国通史体例按中国历史上的朝代划分段落，几个朝代可以划为一段，仍是按历史上的朝代顺序来写，不在各段标题上附加社会形态的概念”[④]。姜义华认为，有关社会形态理论本身还很不完善，有待于作出新的概括和总结。《中国通史教程》“没有径直按照社会经济形态的更迭来划分历史时期”，而是以“作为族类形态的中国、作为地理与国家形态的中国、作为文明形态的中国、作为世界联系中的中国”在形成和发展过程中，“所发生的几次重大的质的飞跃与转变作为划分历史时期的根据”。[⑤]体系的变化是通史新著最根本的变化，也

① 姜义华主编：《中国通史教程·〈中国通史教程〉几个问题的说明》，上海：复旦大学出版社，2005年，第1卷，第2页。

② 张岂之主编：《中国历史·总序》，北京：高等教育出版社，2001年，第1页。

③ 樊树志：《国史概要·后记》，上海：复旦大学出版社，1998年，第493页。

④ 刘宝才：《关于重编中国通史教科书的几点考虑》，《华夏文化》1995年第1期，第11页。

⑤ 姜义华主编：《中国通史教程·〈中国通史教程〉几个问题的说明》，第1卷，第4—5页。

是其区别于以往中国通史的最突出的地方。其旨在避免以社会发展史模式套改中国历史，从而抹杀中国历史的特点。

（3）随着通史体系的改变，在表现中国历史进程方面，也不再以社会形态的演变展示历史发展脉络及其阶段。如《中国历史》以“朝代更替和历史事件相结合：将历史发展的脉络大体叙述清楚”，并以历史发展的自然段落（朝代）划分历史阶段，将中国历史分为先秦、秦汉魏晋南北朝、隋唐宋、元明清、晚清民国、中华人民共和国等发展阶段。《中国通史教程》以族类形态的中国、地理与国家形态的中国、文明形态的中国、世界联系中的中国的形成和发展，作为把握中国历史进程的基本线索。据此，将中国历史发展演变过程划分为七个阶段：①中华族群、中华酋邦、中华古代文明与文化孕育与萌芽阶段（远古时代至公元前 20 世纪左右）；②中华族群、中华早期国家、中华古代文明基本架构形成阶段（公元前 20 世纪至公元前 3 世纪中期）；③中央集权的多民族统一国家与大一统的中华古代文明确立阶段（公元前 3 世纪晚期至 3 世纪）；④在新的民族混合与重组基础上，大一统的中华族群、中华国家、中华文明辉煌发展阶段（3 世纪初至 13 世纪中期）；⑤大一统的中华族群、中华国家和中华古代文明普遍发展与局部更化阶段（13 世纪中期至 19 世纪中叶）；⑥中华民族、中华国家、中华文明开始向现代民族、国家和文明转型阶段（19 世纪中叶至 20 世纪中叶）；⑦中国向现代民族、国家和文明全方位转型（20 世纪中叶开始）。[①]不难看出，这是试图从中国历史实际中抽绎出中国历史发展线索，并以之把握中国历史进程及其发展阶段。

（4）在内容上，以中华民族在历史上所取得的成就为撰述重点，以往通史中占有重要位置的农民起义和农民战争，则只是作为重大的历史事件予以处理。如《中国历史》“全书所凸现的是所谓‘制度与文化’的演变，至于阶级、阶层关系的论述只是在围绕制度与文化以及历史事件、历史人物的活动中有所反映，这就和以往一些历史教材有了很大的差异”[②]。对于人民群众，关注的已不是其所进行的阶级斗争，而是他们生活于其中的社会基层组织及衣食住行等日常生活。这种转变，是有关人类文明史认识之变化的反映。当人们不再将历史看作一幕幕阶级斗争史，而是先民艰苦创业史，自然会将关

① 姜义华主编：《中国通史教程·〈中国通史教程〉几个问题的说明》，第 1 卷，第 5—7 页。
② 张岂之：《〈中国历史〉（六卷本）介绍》，《中国大学教学》2000 年第 2 期，第 10 页。

注的重点从阶级斗争、政治斗争转移到总结历史遗产方面。

需要指出的是，放弃以五种社会形态学说作为中国通史理论架构的学者，不是要否定社会形态理论，而是不赞成以五种生产方式套改中国历史，力图建立反映中国历史实际的通史体系。是否达到这一目标，则另当别论。

四、民族化中国历史体系的探索

前面所论及的中国通史研究与撰述的两种发展趋势，尽管在多个方面都存在着差别，但所追求的目标却是一致的，即充分利用本土资源，建设具有民族特色的中国历史体系，撰写出反映中国历史实际和特点的通史著作。这也反映了 20 世纪 80 年代以来中国史学的发展方向。

20 世纪前期中国史学实现了从传统到现代的转变。这种转变是在西方学术的影响下发生的，这就存在着如何将外来观念、理论、方法与中国历史实际相结合，并在此基础上建立本土化的中国历史解释体系的问题。马克思主义史学初创时，针对形形色色的以“中国国情特殊论”为借口的反马克思主义者，着重强调人类历史的一般性，以证明马克思理论完全适合中国，不免将中国历史比附西方历史，从而忽视其特殊性。后来人们批评郭沫若陷入了“公式主义的泥沼中”，即因此原因。抗日战争时期，在学术中国化的号召下，马克思主义史学家开始清算公式主义弊端，从强调“历史发展的一般性”，转向在坚持“一般性”的同时注重对中国历史特殊性的探索。侯外庐是这一转向的杰出代表。他将中国丰富的历史资料与马克思主义理论，作统一的研究，提出了中西文明发展不同路径说：希腊、罗马（古典的古代）是从家族到私产再到国家，新陈代谢，是革命的路线；中国（亚细亚的古代）是由家庭到国家，国家混合在家庭里面，新旧纠葛，是维新的路线。这一学说的意义，在于为摆脱公式主义的束缚，实现“新历史学的古代法则中国化”指示了方向，并提供了范例。对此，白寿彝先生曾予以高度的赞扬，指出侯外庐对马克思主义史学的特殊贡献，在于“他研究中国历史是想把马克思主义史学理论中国化，也可以说把马克思主义史学理论民族化”，呼吁史学研究者“把他创始的马克思主义史学民族化的工作继续下去”[①]。白先生的史学研究正是沿着侯外庐所开辟的历史科学民族化道路发展的。这在中国通史研究领域，表现为“在努力学习运用马克思主义基本理论的基础上，探索中国历史发展的进程及其特点”[②]。瞿林东先生曾指出，多卷本《中国通史》的理论构架，“不是可以简单地从马克思主义的书本中找到的，而是在马克思主义指导下，通过对中国优良的史学遗产的批判继承并进行创造性的研究才能摸索到的”[③]。从前面有关论述中也可以看出，白先生对中国历史与通史编纂中的重要理论问题，都以马克思主义理论结合中国历史与史学作出了新概括或提出了新认识。这表明，白先生不仅继承了侯外庐开创的马克思主义史学民族化事业，而且将其推进到一个新阶段，即致力于建设具有民族特色的中国历史体系。毫无疑问，这种具有民族特色的历史体系是在已有的中国历史体系的基础上发展的。

然而，对主张以新的方式解读中国历史的学者来说，既有的中国历史体系，不是从中国历史实际出发，而是按照五种生产方式模式建立起来的。因五种生产方式模式与中国历史实际方枘圆凿，又搬出东方不发达奴隶制和封建社会长期停滞说。因此，既有的中国历史体系是公式化的马克思主义史学体系。田昌五指出：“中国马克思主义历史学的各个流派都是以对亚细亚生产方式的解释开始，然后按照五种生产方式的模式建立起来的，而不是从中国的历史实际出发，用马克思主义的解剖刀进行剖析，由此建立的历史学体系……都不是或不完全是有中国特色的马克思主义历史学体系。”[④]以往的马克思主义史学各流派虽然成绩斐然，但都没能逃脱公式主义、教条主义。对于中国历史问题的讨论，始终在五种生产方式范围内转圈子，达不成共识。要建设有中国特色的马克思主义史学体系，必须打破既有的中国历史体系，创立新体系。而田昌五所提出的中国历史新体系，是从中国历史实际出发建立的，因而是具有中国特色的马克思主义史学体系。这表明，打破既有的中国通史体系，构建中国历史新体系，旨在建设有中国特色的马克思主义历史

---

① 白寿彝：《白寿彝史学论集》，上册，第415—416页。

② 白寿彝主编：《中国通史纲要 · 题记》，第2页。

③ 瞿林东：《白寿彝先生的史学思想和治学道路》，《白寿彝史学的理论风格》，第85页。

④ 田昌五：《中国历史体系新论续编》，第187页。

学体系。侯外庐先生论及马克思主义史学民族化时，曾指出："所谓'民族化'，就是要把中国丰富的历史资料，和马克思主义历史科学关于人类社会发展规律，作统一的研究，从中总结出中国社会发展的规律和历史特点。"[1]这是说，"民族化"的根本是在马克思主义理论的指导下，运用丰富的中国历史资料，总结出中国社会发展的规律和历史特点。从这个意义上说，有关具有民族特色的中国历史体系的建设，还处于探索阶段，任重道远。

20 世纪 80 年代以来，史学界通过对马克思主义史学的回顾、反思，认识到马克思主义史学民族化是走出公式主义、教条主义误区的正确道路，也是中国史学发展的正确方向。因此，史学研究者在积极引进西方史学理论、方法的同时，致力于有中国特色的历史学建设。中国通史研究与撰述中对本土化中国历史体系的探索，正是这一史学发展趋势的重要组成部分。

① 侯外庐著，中国社会科学院历史研究所、中国思想史研究室编：《侯外庐史学论文选集·自序》（上），北京：人民出版社，1987 年，第 18 页。

第十八章　建立中国通史编纂学的初步设想

撰写通史是中国史学的传统。成书于战国时期的《竹书纪年》《世本》是较早的通史性的历史著作，这反映出中国史学在兴起的阶段就有追寻历史渊源的兴趣。《史记》则是第一部气势恢宏的纪传体通史，记述了从传说中的黄帝到汉武帝太初年间中国社会各个方面的变化发展，为通史撰述确立了规模，树立了榜样。魏晋南北朝时期，梁武帝与元晖分别组织学者编纂了《通史》《科录》等通史著作。中晚唐时期，通史撰述有了很大发展，产生了许嵩《建康实录》、韩潭《统载》、杜佑《通典》、高峻《高氏小史》、马总《通历》、陈鸿《大统记》、姚康《统史》等一系列通史著作。宋元以来，通史撰述出现高潮，鸿篇巨制不断涌现。司马光《资治通鉴》、郑樵《通志》、袁枢《通鉴纪事本末》、马端临《文献通考》等通史巨著，标志着中国古代史学的新发展。清代史学家章学诚曾将这一史学传统概括为“通史家风”。20 世纪的中国史家继承和发扬了“通史家风”，并将通史编纂发展到一个新的阶段。从 1900 年章太炎提出撰写新型中国通史著作、1901 年梁启超发表《中国史叙论》，到 1999 年白寿彝先生任总主编的多卷本《中国通史》的全部完成，百年中，出版了 130 余部中国通史著作，众多的史学家为此付出了艰辛的努力，凝聚着百年来中国史学家的心血。这种不间断的实践，积累了丰富的通史撰述成果和理论认识，这些是当代中国通史编纂进一步发展的基础和前提。因此，我们认为有必要建立中国通史编纂学，系统地总结中国通史编纂的实践与理论，以推动当代中国通史撰述水平和质量的提高，同时促进历史编纂学的丰富和发展。有关中国通史代表作以及中国通史编纂的理论和方法，学者们已经进行了一定程度的研究、总结，这些为中国通史编纂学的建立奠定了基础，准备了条件。本书试图在前人和当代学者有关研究的基础上，提出建立中国通史编纂学的初步设想。

一、建立中国通史编纂学的必要性

建立中国通史编纂学，首先是为了进一步总结中国通史编纂及其理论遗产。白寿彝先生曾指出，治学如积薪，后来者居上，因此，他十分重视对史学遗产的研究。有关中国通史的研究、撰述是中国史学遗产极其重要的组成部分，需要对其进行系统地总结。尤其重要的是，当代中国通史编纂要取得新的成就，更需要对前人有关这方面的成果进行研究。瞿林东先生曾指出："研究史学遗产，对其作出系统的、科学的总结，从而给后人留下一份新的遗产，这是现时代史学工作者的历史责任。"[①]这说明了总结史学遗产与当代史学、未来史学发展的关系。从这种意义上来说，总结中国通史编纂及其理论遗产，以便后来者居上，也是当代史学研究者的责任。历代中国通史编纂给我们所留下的丰厚的遗产，史学研究者已经做了不少的具体工作，如对著名通史著作、编纂者的研究，对 20 世纪中国通史编纂特点、成就的估计等。然而，正如白寿彝先生所说，"了解、研究一门学科的已有成就，实际上是对本学科的自我批评。这不是对个人，而是对这个学科已有的成果进行探讨、评论"[②]。因此，对中国通史编纂遗产的总结，不能满足于对个别史家、著作的研究，也不能满足于对某一阶段成果的总结，而是需要全面探讨中国通史编纂在实践与理论方面的成就。这就要求我们建立中国通史编纂学，以便系统地总结中国通史编纂各方面的成果。

其次，建立中国通史编纂学有利于推动当代中国通史的编纂。总结是为了开拓，总结中国通史编纂及其理论遗产，为的是使当代中国通史的编纂在前人已经达到的水平上继续提高。通过对中国通史编纂实践及其理论遗产的研究，一则可以了解前人在这方面已有的成就、提出的问题以及存在的不足，从而提出新的认识；二则能够正确地认识和明确当代中国通史研究和编纂的起点，提高撰述水平。事实上也正是如此。如白寿彝先生任总主编的多卷本

---

① 瞿林东：《史学遗产和史学研究——读〈谈史学遗产答客问〉书后》，《白寿彝史学的理论风格》，第 10 页。
②《座谈中国史学史之史》，《史学史研究》1985 年第 1 期，第 1 页。

《中国通史》在如何达到“通”的问题上，总结了中国史学上以司马迁、杜佑为代表的和以郑樵、马端临为代表的两派通史编纂者有关“通”的主张，提出既反映历史发展的规律，又反映历史的丰富性的撰述目标，从而将“通史家风”发展到一个更高的层次。张岂之先生组织编纂《中国历史》时，首先对自章太炎以来20世纪中国通史编纂进行了一番调研，以确定《中国历史》的创新点及其撰述目标。[①]王家范先生撰写《中国历史通论》时，也对20世纪的中国通史编纂进行了一番回顾和总结。[②]当代中国通史编纂者对中国通史撰述及其理论成就的总结和吸收的这种自觉意识，表明中国通史编纂自身的发展已经将中国通史编纂学的建立提到日程上来了。

再次，建立中国通史编纂学能够促进历史编纂学的丰富和发展。中国通史编纂学是历史编纂学的一个重要组成部分，中国通史编纂学能为历史编纂学的发展提供有关的研究成果，丰富其研究内容，促进其研究的深入。如在中国史学史上，个人修史与集体修史是历史编纂的两种组织形式。随着史料积累的不断增加，社会发展的日益复杂，个人撰写历史著作，尤其是大型的历史著作日益困难，需要众人合作。从唐代开始，集体修史逐渐成为史书编纂的主要形式。集体修史也有其弊端，其中最大的问题是难以成一家之言和充分发挥史家个人的才能。刘知幾因此对史馆修史提出尖锐批评，章学诚、万斯同等也不赞成集众修史。故而，如何解决集体修史与成一家之言以及充分发挥史家个人才能之间的矛盾，就成为历史编纂学中的一个重要的理论问题。司马光主持的《资治通鉴》、翦伯赞主编的《中国史纲要》、白寿彝任总主编的多卷本《中国通史》等为集体写史提供了较为成功的范例。总结这些中国通史编纂在组织方面的经验，对历史编纂学中有关修史工作的组织问题的研究大有裨益。此外，有关中国通史编纂的体裁、体例、文字表述、中国通史著作的类型等研究，对历史编纂学的发展也有促进意义，所以，从促进历史编纂学的发展的角度来说，也有必要建立中国通史编纂学。

建立中国通史编纂学不仅必要，而且可行。第一，中国通史编纂的丰富实践与所积累的成果、历代史家对中国通史编纂的理论思考，为中国通史编

① 参见方光华：《从以往中国历史教材谈新教材的编著》，《华夏文化》1995年第1期；刘宝才：《关于重编中国通史教科书的几点考虑》，《华夏文化》1995年第1期。

② 参见王家范：《中国历史通论·绪言：对〈中国历史通论〉的考虑》，上海：华东师范大学出版社，2000年。

纂学的建立提供了丰富的研究资料。第二，前人与当代学者有关中国通史编纂的研究，为中国通史编纂学的建立准备了条件。因此，在吸收当代学者中国通史编纂研究的有关成果的基础上，通过进一步对中国通史编纂实践与理论的研究，能够建立起中国通史编纂学。

二、关于中国通史编纂学的初步设想

中国通史编纂学是对中国通史编纂过程及其理论的研究与认识，大致包括这样几个方面的内容：中国通史编纂史、中国通史编纂的基本理论、中国通史编纂的主要方法、中国通史编纂的学术价值与社会价值。

1.中国通史编纂史述略

这是有关中国通史撰述及其理论发展历程的阐述。在中国史学史上，通史的撰述源远流长。在史学产生的先秦时期，通史的撰述已经萌芽。司马迁的《史记》是中国史学的一座丰碑，也为通史的撰述树立了典范。魏晋南北朝时期，朝代更替频繁，因而断代史撰述兴盛，但通史的编纂并没有中断，梁武帝、元晖分别组织编写的《通史》《科录》表明了这一点。同时，通史之名因《通史》一书而得以确立。盛唐时期，不少史学家具有通古今之变的历史思想，这种思想发展到中晚唐时期，形成了撰写通史的风气。“概括说来，这个时期的通史撰述的新成就有三个特点：一是体裁多样，二是出现了有影响的著作，三是开拓了历史撰述的新领域。这不仅是唐代史学上的重要成就，也是中国史学发展过程中具有转变风气之重大意义的成就。”[①]宋元时期，出现了通史撰述的高峰，产生了司马光《资治通鉴》、郑樵《通志》、袁枢《通鉴纪事本末》、朱熹《通鉴纲目》、马端临《文献通考》等影响深远的通史巨著。明清时期，通史编纂向通俗方向发展，出现了《历代通鉴纂要》《御批通鉴辑览》《纲鉴易知录》之类的通史读物。中国古代史学在其发展过程中逐渐形成了通史撰述传统。20 世纪的中国史家继承了中国古代史学的通史家风，从章太炎、梁启超到白寿彝，众多的史学家将中国通史作为自己的撰述目标，其中有些中国通史著作具有里程碑意义，反映了 20 世纪中国史学研究所达到

① 白寿彝主编：《中国史学史教本》，北京：北京师范大学出版社，2000 年，第 105 页。

的水平。

在中国通史编纂实践发展的同时，有关通史编纂理论也不断丰富。司马迁将“究天人之际，通古今之变，成一家之言”作为《史记》的撰述宗旨，从此“通古今之变”就成为历代通史编纂者的追求目标。郑樵继承了司马迁“通古今之变”的撰述旨趣，并进一步阐发了“会通之义”，论述了撰写通史的重要意义。刘知幾、章学诚等史家则对通史撰述进行了较为系统地阐述。章学诚论通史，包括这样几个方面：第一，概述了通史撰述的源流；第二，提出了通史编纂有六便二长三弊；第三，解释了“通”的含义；第四，批评断代为史而以“通”题名者，是循名不思其义；第五，提出了“通史家风”这一史学范畴。[①]20世纪史学家对中国通史编纂理论的建设更为自觉。章太炎、梁启超、何炳松、钱穆、周谷城、张荫麟、吕振羽、范文澜、翦伯赞、白寿彝等都从理论的高度对中国通史撰述进行过思考和研究。如梁启超在《中国史叙论》中提出了中国通史的理论构想，在《中国历史研究法》一书中着重说明了一部通史应该如何做，在《中国历史研究法补编》中阐述了专史与通史研究的关系。周谷城论述了撰写一部完整、统一的中国通史著作的理论和方法。张荫麟提出了中国通史撰述中史料的选择及综合的原则和方法。范文澜、翦伯赞、白寿彝等则提出了有关中国历史和中国通史编纂的系统理论。

以上说明，中国通史在实践和理论方面都积累了丰富的成果，这个领域的发展已经到了需要对之进行系统的发掘和总结，建立中国通史编纂学的时候了。

2.中国通史编纂的基本理论

这里所说的中国通史编纂的理论，是关于中国通史编纂的指导思想或观念。通史精神，年代、民族与范围，通史与相关学科的关系，在世界历史背景下的考察等问题，涉及以什么样的思想或观念撰写中国通史，可以说是中国通史编纂的基本理论问题。

1）通史精神

这是有关中国通史撰述旨趣的一个重要问题，也是一部史书之所以被认

---

① 瞿林东：《会通与断代——观察历史的两种视野》，《中国古代史学批评纵横》，北京：中华书局，1994年，第82—83页。

为是通史的根本原因，历代史家对此都十分重视。司马迁撰《史记》要求“究天人之际，通古今之变，成一家之言”；杜佑撰《通典》着眼于“酌古通今”；郑樵撰《通志》提倡“会通之道”“会通之旨”，以“同天下之文，极古今之变”为撰述目标。凡此等等，都是古代史家对通史精神的不同表述方式。20世纪的中国通史撰述继承了这一思想并予以发扬，将“通古今之变”发展为探讨历史的规律性，将“同天下之文”发展为反映历史的丰富性。章太炎、梁启超、夏曾佑、吕思勉等史家将揭示人类进化发展之过程及其原理，来作为中国通史的撰述宗旨。范文澜、白寿彝等史学家认为中国通史一方面应将历史发展的脉络显示出来，体现出历史发展规律，另一方面应该反映历史发展的丰富内涵，即将贯通和博洽有机地结合起来，从而将“通史精神”推向更高的层次。从“通古今之变”到既反映历史发展的规律性，又反映历史发展的丰富性，表明中国史家对通史精神的认识不断深化。

很显然，“通”是中国通史著作的核心所在。这种“通”体现在两个方面，一是纵通，即“通古今之变”，这是对通史著作的基本要求。施丁先生论及中国史学中“通”的传统时指出，“不通古今之变，则无以言通史！”[①]刘家和先生也认为，一部史书所述时间长且不止一朝一代，只是作为通史的必要条件，真正的通史必须具备通史精神，即“通古今之变”。[②]这表明一部史书在时间上即便贯穿古今，若不能通古今之变，仍然算不上是合格的通史著作。二是横通，即反映各种社会现象之间的内在联系。一部高水平的中国通史著作既要达到纵通，也要做到横通，在此基础上达到会通。正如白寿彝先生所提出的，中国通史编纂“在内容上，要求在‘通’字上下功夫，重视各种社会现象的内在联系，重视贯通古今的发展规律”[③]。

当代中国通史的编纂在“通”的方面应以既反映历史发展的规律性，又反映历史发展的丰富性为撰述目标。要达到这样的目标，需要继承我国古代史学重视通古今之变、会通各家学术的优良传统。更重要的是，认真研究历史资料，将资料上升到理论化的高度；认真研究各个历史时期各种社会现象之间的联系，透过现象揭示历史的本质，在历史的沿革流变之中显示出中国

---

① 施丁：《说“通”》，《史学史研究》1989年第2期，第10页。

② 刘家和：《论通史》，《史学史研究》2002年第4期，第9页。

③ 白寿彝主编：《导论·题记》，白寿彝总主编：《中国通史》第1卷，第2页。

社会的发展规律。[①]

2）范围、民族、年代

范围是历史活动的“舞台”。一个民族或国家、地区的历史总是一定的人群在一定的时间和空间中的活动，因此无论是通史还是断代史，历史范围都是不可忽视的因素。有关中国历史的范围，史学研究者有不同的认识。一是以历代皇朝的疆域为中国历史的地理范围，这种观点以孙祚民先生为代表，重在说明中国疆域的变化、中国作为统一的多民族国家是历史形成的。二是以清皇朝中叶的疆域为中国历史的地理范围，这种观点以谭其骧先生为代表，所强调的是中国历史的范围是历史上自然形成的。三是以中华人民共和国的疆域为中国历史的地理范围，白寿彝是这种观点的提出者。他认为在处理中国历史疆域问题时，既要考虑中国疆域的发展历史，又要从发展的意义上看问题，更重要的是要考虑各民族的感情、对外活动的必要性。[②]所以，“中华人民共和国的疆域是中华人民共和国境内各民族共同进行历史活动的舞台，也就是我们撰写中国通史所用以贯串今古的历史活动的地理范围”[③]。相比较而言，第三种观点较为全面，既注意到疆域问题同祖国各族人民的密切关系，摆脱了皇朝史及皇朝疆域的圈子，又注意到中华民族和其他民族或国家的历史联系。我们认为在当代中国通史编纂中，以中华人民共和国的疆域为中国通史的地理范围比较恰当。

民族是历史活动的主体。中国通史的撰述历来重视民族史，如《史记》《资治通鉴》等古代通史都有关于各民族历史的记述。20 世纪的中国史家更是将各民族发展史作为中国通史撰述的一个重要内容。在当代，中国通史应该是一部统一的多民族国家的历史，已经成为史学研究者的共识。但如何反映各族人民共创中华史，尤其是恰当地体现出各少数民族对中国历史的贡献，仍是中国通史编纂中的一个重要问题。20 世纪前期的一些中国通史著作将中国历史视为汉族与其他民族相互竞争的历史。建国以来的中国通史著作多从汉族与各少数民族的友好关系的不断发展以及各少数民族对边疆地区的开发方面，来体现各民族共创祖国的历史。这虽然反映了中国历史是多民族的历

① 白寿彝主编：《导论》，白寿彝总主编：《中国通史》第 1 卷，第 327—328 页。
② 白寿彝：《关于中国封建社会的几个问题》，《白寿彝史学论集》，上册，第 4 页。
③ 白寿彝主编：《导论》，白寿彝总主编：《中国通史》第 1 卷，第 79 页。

史，却没有很好地突出各少数民族的历史在中国历史中的地位。白寿彝先生在《中国通史纲要》与多卷本《中国通史》中，将少数民族地区的发展与中国历史发展进程结合起来考察，在中国历史发展进程中体现各少数民族的历史地位。这为中国通史编纂反映统一的多民族国家的历史提供了新的思路。

年代，实际上就是历史记载的断限问题。中国通史所涉及的年代，从理论上说应该是从中国大地上有人类活动以来到成书所及之时。但在实际编纂中，由于种种原因并非如此。如上限，《史记》起自五帝时代，张荫麟《中国史纲》以商朝为上限，邓之诚《中华二千年史》始自秦朝，等等。其主要原因在于史前时代缺乏确凿的文字记载以及先秦史研究的薄弱，因而作者就从其认为较为可信的时代开始叙述中国历史。随着考古学的发展、史前史与上古史研究的进步，从有人类在中国大地上生活开始写中国历史已经成为中国通史编纂的通例。对于下限，写到作者所生活的年代的通史著作也不多。中国通史在时间上贯通古今，是其“通”的特点在形式上的体现。有关年代，还涉及历史纪年的问题。古代以帝王年号纪年的方法，在20世纪初期受到学者的猛烈抨击，如梁启超在《中国史叙论》中指出，以帝王称号纪年是最野蛮的方法，应该废除，建议以孔子生年纪元。20世纪的中国通史著作在纪年问题的处理上莫衷一是，或以黄帝纪年，或以公元纪年，或以民国纪年，还有以帝王年号纪年的，等等。历史纪年应以方便中国历史的叙述和读者的阅读为原则。因此，我们认为，中华人民共和国成立以来所编纂的一些中国通史著作，辛亥革命以前以帝王年号纪年为主，兼顾公元纪年，辛亥革命后采用以公元纪年的方法，较为妥当。

3）通史与断代史、专史、专题研究的关系

断代史、专史、专题研究是中国通史编纂的基础，同时断代史、专史、专题的研究要有通史的眼光或理念。

（1）没有断代史、专史、专题研究成果的积累，很难产生高水平的中国通史著作。对于这一点，20世纪的史学家有着较为深刻的认识。梁启超曾指出：“作通史本不是一件容易的事情。专史没有做好，通史更做不好。若是各人各做专史的一部分，大家合起来，便成一部顶好的通史了。”[①]何炳松、齐

---

① 梁启超：《中国历史研究法·中国历史研究法补编》，北京：东方出版社，1996年，第153页。

思和、范文澜、翦伯赞等也强调断代史、专史、专题研究对中国通史撰述的重要性。在各种专史中，考古学、中国史学史、民族史等与中国通史的关系尤为密切。中国通史中的史前时代部分需要利用考古学成果予以重建，历史时代部分需要利用考古资料丰富其内容。中国史学史是对中国史学的遗产和史学活动进行反思、总结、发掘。中国通史的编纂需要从中汲取养料，借鉴经验，进行学术创新。中国历史是中华各民族共同创造的，没有对中华各民族历史的深入研究，就不可能写出一部完整的、真正意义上的中国通史。但这并不是说有了断代史、专史的基础，通史的水平就自然提高了，更不是说通史是断代史、专史的简单相加或拼凑。所以梁启超又指出："普遍史并非由专门史丛集而成。作普遍史者须别具一种通识，超出各专门事项之外，而贯穴乎其间。夫然后甲部分与乙部分之关系见，而整个的文化，始得而理会也。是故此种事业，又当与各种专门学异其范围，而由史学专门家任之。"[①]因此，通史撰述者必须具别识心裁，能够超越各类专史又贯穿其间，只有这样才能洞悉各种历史现象之间的联系，通古今之变，担负起通史编纂的重任。

（2）专题、专史、断代史研究需要有通史的视野、基础。白寿彝先生曾指出，断代史研究者"不搞通史，你就不能理解这段历史在历史过程中占什么地位。说不出来，你这个断代史的水平就很差。所谓断代史，是指全部发展过程中的这一段嘛。连这一段在全部发展中的地位都不知道，这算个什么断代史呢？"[②]这是说如果没有通史的视野、基础，很难写出高水平的断代史著作。专史的研究也是如此。白寿彝先生在谈到回族史研究时也指出，研究回族史的学者必须"要有中国通史的修养"，"中国史不了解，没法搞回族史"。[③]这是因为不了解整个历史背景，研究者就可能视野狭小，从而影响研究的深入。

（3）通史与断代史、专史、专题的研究相互促进，共同推进中国史学的发展。钱穆先生论及历史研究方法时曾指出，若真要研究历史，首先要研究通史，略知通史大体，再深入研究某一断代史。对一部断代史有了研究，再

① 梁启超：《中国历史研究法》，第 42 页。

② 白寿彝：《关于史学工作的几个问题》，《白寿彝史学论集》，上册，第 332 页。

③ 白寿彝：《关于回族史工作的几点意见》，《宁夏社会科学》1984 年第 1 期，第 13 页。

回头研究通史，又继而研究另一部断代史。如此往返不息地研究下去，才能贯通古今，获得对整个历史的了解。[①]白寿彝先生也指出：通史与断代史“这两个是辩证的，互相联系的，同时都要并进的。通过通史提高断代史的水平，反过来也提高了通史的水平”[②]。这说明通史与断代史、专史、专题的研究可以相互配合，不断深化对中国历史的认识。近年来，上海人民出版社在出版了多卷本《中国通史》之后，又推出了中国断代史系列丛书，最近正在出版专题史系列丛书。他们的这些举措正是看到了通史与断代史、专史、专题的研究互相促进的联系，以共同构筑中国史学大厦。

4）在世界历史背景下的考察

中国是世界的一部分，是在世界历史的大环境中发展的，要了解各个历史时期中国历史的特点及其在世界历史中的地位，就必须结合世界历史背景对中国历史进行考察。在中国通史研究和编纂中，一方面应将中国历史放在与外部世界的比较中进行研究，以深化对中国历史特点的认识；另一方面应将中国历史置于与外部世界的联系中进行考察，恰当地反映出中国历史在世界历史发展中所处的位置以及对世界历史的贡献。

将中国与外部世界进行比较，是结合世界历史背景进行中国史研究的一个重要方面。这是通过将同一历史时期的中国与其他国家、地区进行比较，以区别其异同，从而加深对中国历史的认识。进行这种研究，应该注意的是，需要对比较对象进行深刻的研究，以免流于简单的比附或类比，失之肤浅。在与世界历史的联系中认识中国历史的地位，也是在世界历史背景下考察中国历史的一个重要方面。翦伯赞曾指出：“我们研究中国史，必须注意中国史与世界史的关联，以及由此而引起之变动。并且必须考察由于这种变动而产生之经济生活、政治变局，以至艺术、宗教之新的内容。只有如此我们才能了解中国史中每一个时代在世界史中所处的地位，从而在不同的地位中所展开之不同的活动。”[③]这是说，只有在与世界历史的联系中考察中国史，才能恰当地显示出各个时期中国历史在世界历史发展中的位置，更好地把握中国历史。

---

① 参见钱穆：《中国历史研究法》，北京：生活·读书·新知三联书店，2001年，第10页。

② 白寿彝：《关于史学工作的几个问题》，《白寿彝史学论集》，上册，第332页。

③ 翦伯赞：《略论中国史研究》，《历史哲学教程·附录》，第264页。

在世界历史背景下考察中国历史，还应该在世界历史发展进程中考察中国历史。时至近代，中国与外部世界的关系与以前有了很大的不同，1840年鸦片战争以后，中国被拖进了世界资本主义体系，中国历史与世界历史更紧密地联系在一起。因此，研究近代中国历史必须结合世界资本主义发展这一历史背景。白寿彝先生曾指出："西方资本主义势力在东方，在全世界范围的扩张，这恰恰是中国跨入近代的总的历史环境或世界背景。如果离开这个背景来考虑中国近代史上的开端问题，那末我们对于当时中国历史处境的认识，将不会超过道光皇帝之流的清代统治者的水平。"①这说明将中国近代史置于近代世界历史进程中予以考察，对深刻认识中国近代历史的发展多么重要。

在世界历史背景下考察中国历史需要克服两种倾向，一是夸大中国与其他国家的差别，二是忽视中国历史自身的特点。前者，钱穆的《国史大纲》表现得较为突出，其过分地强调了中国历史的特殊性；后者，往往存在于20世纪以社会发展形态为理论指导的中国通史著作之中，常见的现象是以社会形态的抽象论述代替对丰富的中国史实的具体分析。

3.中国通史编纂的主要方法

1）中国通史著作的类型

吴玉章曾将中国通史分为三种类型："一种是简单明了的，只说出研究的结论而不把一切研究的辩论放在里面。目的是在为初学的人大概知道中国历史的发展概略。应扼要而不繁杂，篇幅不宜多。一种是比较详细的，能更深刻地表现时代更具体的内容，引证的史实更多。这是为中等以上学校用的教本而作。还有一种是为历史研究而作，内容可以丰富一些，各种辩论可以多收一些，使旧史材料不至遗漏。至于叙述，用通俗的白话体写出来是好的，但必须把原文及出处附在中间或稿末，这样来表示'信而有征'。"②这是根据学术性、使用对象划分中国通史著作的类型，并对不同类型的中国通史著作提出撰述上的要求。钱穆认为通史有各种各样的写法："譬如写一部为某一部分人看的，如为成年人看的，为中学生看的，为儿童看的，为研究历史的人

① 白寿彝主编：《导论》，白寿彝总主编：《中国通史》第1卷，第372页。

② 吴玉章：《关于〈中国通史稿〉第一编的一封信（1941年）》，中共四川省委党史工作委员会《吴玉章传》编写组编：《吴玉章文集》，重庆：重庆出版社，1987年，下册，第843页。

看的，都可以。”[①]这是从中国通史的阅读对象对其进行分类。这里我们根据阅读对象和学术性将中国通史著作划分为通俗性历史读物、历史教科书、学术著作等三种类型。

通俗性的中国通史读物，以一般读者为阅读对象，以普及历史知识为主要撰述目标，在写法上应该通俗易懂，生动形象。通俗性的中国通史读物就其本身来说，也可分成两类，一种是以普及历史知识为目标，另一种是既注重历史知识的叙述，又注重中国历史体系的阐述，以便读者在获得历史知识的同时，对中国历史有一个整体认识。第一种是以青少年和文化层次较低的读者为阅读对象，应以图文并茂和说故事的方式作为表述形式。第二种主要是为历史研究者以外的具有中等以上文化的读者所写，使其对中国历史有一个基本了解。这两类中国通史都应生动形象、简明扼要，可读性是对其在撰述上的基本要求。历史教科书型的中国通史，在古代主要供统治者、士大夫阶层阅读，在 20 世纪主要供各级学校教学之用，大学中国通史教材在 20 世纪中国通史著作中占很大比例。这类通史注重体系的完整，内容的丰富，学术性较强，好的教科书往往能成一家之言。大学中国通史教材，不但要叙述中国历史发展过程，而且要阐述中国历史发展过程中各个发展阶段、各方面、各种因素之间的联系，揭示中国历史发展的规律。“通”是对这类中国通史的基本要求。教科书型中国通史的编纂，应克服条列史实、缺乏见识的弊端，也应尽量避免程式化的写作模式。

学术型的中国通史著作以研究中国历史为目标，既要反映中国历史发展的过程及其规律，又要体现出中国历史的丰富内涵。司马迁提出的“究天人之际，通古今之变，成一家之言”，郑樵提出的极古今之变、同天下之文的“会通之旨”，范文澜提出的“直通”“旁通”基础上的“会通”，白寿彝提出的既反映历史的规律性又反映历史的丰富性，等等，都是对这类中国通史的撰述要求。这类中国通史著作一般规模较大，往往需要集体协作完成，因此在撰述中要防止将中国通史变成断代史或专史的拼凑，名为通史，却缺乏通史精神。

对中国通史著作划分类型，旨在说明不同类型的中国通史著作的特点及

---

① 钱穆：《中国历史研究法》，第 15 页。

其撰述要求，以便编纂者采用合理的编纂原则，恰当的方法，满足不同读者的需要。

2）中国通史著作的表现形式

体裁、体例是历史著作的重要表现形式，也是中国通史著作表现形式的重要方面。体裁是指中国通史著作的外部表现形式，体例是指中国通史著作的内部结构以及表述上的要求。纪传体、编年体、纪事本末体、纲目体是古代中国通史常用的体裁。20 世纪中国通史的编纂以章节体为主，同时，传统的史书体裁经过改造、创新之后，继续为编纂者所采用。中国通史编纂中这种多种体裁并存的现象说明以下几点：一是可以采用不同的体裁表现中国历史内容，这也是从不同的角度认识和叙述中国历史进程的反映。如宋代史家写出了编年体的通史《资治通鉴》、纪事本末体通史《通鉴纪事本末》、纲目体通史《通鉴纲目》、纪传体通史《通志》，分别从时间、人物、事件的角度说明中国历史发展过程。二是各种不同的体裁各具优点，也都存在不足，中国通史的体裁需要不断创新。如纪传体能容纳丰富的历史内容，却难以清晰地反映中国历史发展的脉络、趋势。编年体能反映历史发展的脉络，但事以时隔，首尾难以完整，也难以容纳丰富的史实。于是袁枢创立了纪事本末体，“文省于纪传，事豁于编年”[①]。但纪事本末体亦有其弊，如事与事之间缺乏联系，容量较小。章节体便于综合叙述中国历史发展过程，体现历史过程中各种因素之间的联系，但却难以反映出中国历史的丰富内涵，尤其是人物的活动和典章制度。白寿彝先生有鉴于此，以纪传体为基础，吸收章节体、编年体、纪事本末体等史体的优点，创立了一种由序说、综述、典志、传记组成的新综合体，希望通史既反映历史的规律性，又反映历史的丰富性。三是应该根据不同的撰述目标选择恰当的体裁。如教科书类型的中国通史采用章节体比较合适，用这种体裁写出的中国通史线索清楚、层次分明、提纲挈领，便于教学。若采用纪传体或新综合体就显得繁琐。相反，以既反映中国历史发展的规律性，又反映中国历史发展的丰富性为目标的学术型中国通史著作，则应该采用新综合体。因为单一的体裁难以反映复杂的历史进程。四是各种通史体裁之间取长补短。如章节体中国通史吸收了纪事本末体叙事完整的优

① （清）章学诚著，叶瑛校注：《文史通义校注》卷 1 · 内篇 1《书教下》，上册，第 51 页。

点。新综合体吸收了纪传体、编年体、章节体的长处。因此有关史体的创新应该在吸收已有体裁优长的基础上进行。

文字表述，也是中国通史的表现形式。因中国通史著作所面向的对象不仅仅是历史研究者，还包括一般的读者，因此，对文字表述有较高的要求。《史记》《资治通鉴》等古代通史名著都注重文采，由于其善于写人物、语言、战争等，许多篇章脍炙人口。20 世纪的一些中国通史著作也注意文字的表述，如范文澜的《中国通史简编》、张荫麟的《中国史纲》、翦伯赞的《中国史纲》等。我们认为应以白寿彝先生所提出的确切、凝练、生动，作为对中国通史撰述在文字表述方面的基本要求。所谓确切，是指真实地、准确地、恰当地表述历史；凝练，要求以简洁的文字表述丰富的内容，言已尽而意无穷；生动，是要将历史写活，使人如临其境。在这三者之中，确切是基础，凝练和生动是进一步的要求。当然，不同层次的中国通史著作对文字的表述也有不同的要求。相对而言，通俗性的中国通史读物更需要注重生动，要做到生动，细节的叙述很重要。教科书型的中国通史著作应注意文字表述的凝练。学术型的中国通史著作，则凝练与生动应当并重。

3）中国通史编纂的学术组织工作

这是关于中国通史编纂的组织形式或路径问题。个人修史和群体修史是中国通史编纂的基本组织方式，如《史记》由司马迁个人完成，《资治通鉴》由司马光与刘攽、刘恕、范祖禹等共同撰写。个人写史的长处在于能充分发挥史家才能，写出具有特色和个性而能成一家之言的通史著作。但随着史料积累的丰富，社会生活的日益复杂，中国通史的撰写越来越需要群体合作，尤其是大型的中国通史著作。然而，群体协作撰写中国通史，亦有弊端：一是难以充分发挥史家个人的才能，二是难以成一家之言，因此，需要吸收个人写史的优点。倘若将个人写史的特点与群体修史的长处有机地结合起来，群体修史也可以成一家之言。如司马光主持编纂的《资治通鉴》既体现了群体智慧，又自成一家，因而与司马迁的《史记》齐名，成为中国史学发展的又一座高峰。

纵观中国通史编纂，我们认为群体修史要取得成功，一是需要具通识器局、认真负责的主事者，二是参加编纂的人员应是与主事者志同道合的专家学者，三是应发挥编纂人员个人的才能。因为有具通识器局的主事者总揽全局，就能克服集体修史难成一家之言的弊端；编纂成员与主事者志同道合，则易达成共识，有利于编纂工作的顺利进行；编纂人员为专家，则能担负起他们所承担的那一部分的任务，写出具有较高学术水平的初稿；能发挥个人的才能，就能弥补集体修史埋没个人专长的缺点。司马光《资治通鉴》、翦伯赞《中国史纲要》、白寿彝总主编的《中国通史》等被认为是集体撰写中国通史的成功之作。其编纂过程说明，志同道合的专家学者，在具通识器局、认真负责的主事者的领导下，既分工合作、相互配合，又能发挥个人的才能，是集体修史的成功经验。如翦伯赞不仅具有很高的理论水平和史学修养，而且在编纂中付出了艰辛的劳动，从体例、写作提纲的确立，到定稿，他都认真把关，还亲自撰写了先秦史部分。参加编纂人员如吴荣曾、邓广铭、田余庆等，都是中国史研究某一方面的专家。他们在翦伯赞的领导下精诚合作，发挥各自的专长，成功地撰写了《中国史纲要》。

4.中国通史编纂的学术价值与社会价值

1）中国通史编纂的学术价值

中国通史的研究和撰述是中国史学的重要组成部分，从学术方面来说，中国通史的编纂首先是对一定历史阶段的中国历史研究成果的总结，往往代表着一定时期中国史学发展的水平；其次，促进了中国史学的发展；最后，为相关学科的发展提供基础。

编纂通史，一方面需要吸收前人有关研究成果，另一方面要求在综合前人成就的基础上进一步提高。因此，通史编纂既是对前人有关研究成果的总结，也反映了当时中国史学发展的水平。如司马迁《史记》在总结前人成就的基础上进行新的创造，为中国史学的发展树立了一座不朽的丰碑。白寿彝先生指出："《史记》对长期的历史记载，从编纂学上、历史学上作了总结，把秦始皇到汉武帝的全国大一统局面反映到历史领域里面来了。""司马迁的贡献是带总结性的，是突出的，是长期的历史研究成果的集中体现。"[①]这是说《史记》集汉初及以前史学成果之大成。司马光的《资治通鉴》、郑樵的《通志》等通史著作，也都达到了当时史学发展的最高水平，成为那个时代的史学代表作。瞿林东先生在总结20世纪中国史学成就时曾指出："20世纪中国

① 白寿彝：《史学遗产六讲》，北京：北京出版社，2004年，第152页。

史学最突出的成就是关于中国通史的研究、认识和编撰。”中国通史著作“在探索中国历史的发展脉络、揭示中华文明的世界意义方面，的确反映了20世纪中国史家所走过的艰难而光荣的历程”①。可以这样认为，中国通史的确实是一个时代史学发展水平的集中体现。

中国通史的编纂对中国史学发展的积极促进作用，首先表现在一部成功的中国通史著作，往往能吸引学者不断地从事史学研究和撰述。如司马迁的《史记》、司马光的《资治通鉴》、袁枢的《通鉴纪事本末》等中国通史著作完成后，有不少的学者对之进行补编、续编、改编或研究，从而推动史学不断发展。其次，中国通史的编纂促进史书体裁的完善和创新，推进历史编纂学的发展，如20世纪中国史书体裁的变革对中国通史的编纂起了重要的作用。夏曾佑成功地运用章节体撰写了《最新中学中国历史教科书》，此后，章节体成为主要史体。而白寿彝所创造的新综合体中国通史体裁，被学者用于地方史、民族史、断代史的编纂。最后，中国通史的撰述还能促进断代史、专史、专题史的发展。断代史研究者如果具备通史知识，就能明白所研究的这一段历史的来龙去脉，也就能够准确地把握这一段历史在整个中国历史发展中的位置，所撰写的断代史就能克服只见树木、不见森林之弊。专史是对中国历史的某一方面进行研究，更需要中国通史为其提供研究的背景知识。白寿彝先生论及民族史的研究时指出：“只有对中国历史发展的全过程有了比较正确的把握时，才能对民族史研究作出适当的科学的结论。”②这说明中国通史是相关学科发展的基础。

2）中国通史编纂的社会价值

与断代史、专史、专题研究相比，中国通史的编纂与社会的联系更为密切，这主要表现在：其一，述往事，思来者，深切关注时代与社会的发展；其二，培养历史认同感，增强民族凝聚力；其三，普及历史知识，进行爱国主义教育。可以这样认为，在某种程度上，中国通史著作与社会的关系集中体现了史学的社会功能。

忧患意识，是中国史学的优良传统，而在中国通史编纂中表现得尤为突出，对时事的忧虑和历史前途的关注，往往是中国通史撰述的思想基础。如

① 瞿林东：《二十世纪的中国史学（下）》，《历史教学》2000年第5期，第12页。

② 龚书铎、瞿林东：《白寿彝先生的史学思想和治学道路》，《北京师范大学学报》1989年第1期，第5页。

司马光面对北宋时期积贫积弱的局面，编纂《资治通鉴》，“专取关国家盛衰，系生民休戚，善可为法，恶可为戒者，为编年一书”，希望治国为政者能“监前世之兴衰，考当今之得失，嘉善矜恶，取是舍非，足以懋稽古之盛德，跻无前之至治”[①]，从历代治乱兴衰之中，明白治国安邦的道理，挽救社会危机。20 世纪前期中国的民族危难日益严重，中国通史编纂中的忧患意识因而更为深沉，从章太炎、梁启超、张荫麟、吕思勉、钱穆到范文澜、吕振羽、翦伯赞、吴泽，众多的史学家都将中国通史编纂与民族命运、祖国前途联系起来，力图通过史学激发民族爱国情感，从而使中国能够自立于世界民族之林。因此，每当社会发生巨变时，人们总要回顾历史，以吸取经验教训，从而出现编纂通史的热潮。

中国是一个多民族的国家，自秦汉以来更是一个统一的多民族国家。在中国民族的发展过程中，中国通史撰述对培养、增强历史文化认同感与民族凝聚力起到了十分重要的作用。如司马迁《史记》对多民族历史的记述以及各民族关系的态度对民族文化认同和民族心理都产生了很大的影响。炎黄文化成为中华民族文明的象征，与《史记》的有关记载是分不开的。白寿彝先生主编的《中国通史纲要》以及多卷本《中国通史》等，向读者展示了统一的多民族国家形成和发展的历程。人们通过阅读这些中国通史著作，了解到各民族如何共同创造祖国的历史，明白今天统一的多民族国家是在历史发展过程中，由各民族经过不断的艰苦奋斗逐步形成的，从而增强对中华民族的认同感、凝聚力、责任感，自觉地维护民族团结，反对分裂中华民族、分裂祖国的行径。

普及历史知识，培养爱国主义感情，也是中国通史编纂的社会作用的一个重要形式。这在 20 世纪表现为一种自觉的意识。从章太炎、梁启超到白寿彝，这百余年中，中国通史编纂者都强调通过历史教育激发国民的民族爱国感情。钱穆曾指出：“欲其国民对国家有深厚之爱情，必先使其国民对国家已往历史有深厚的认识。欲其国民对国家当前有真实之改进，必先使其国民对国家已往历史有真实之了解。”[②]他认为编纂中国通史的目的就在于此。事实上，许多读者正是通过阅读中国历史著作，了解祖国的光荣和伟大，所经历

---

①（宋）司马光编著，（元）胡三省音注：《资治通鉴·进书表》，北京：中华书局，1956 年，第 9607—9608页。

② 钱穆：《国史大纲·引论》，《民国丛书》第 1 编第 75 册，第 3 页。

过的艰难和曲折，从而更加热爱祖国，为建设祖国自强不息。

应该指出的是，中国通史的学术价值和社会价值是辩证统一的。司马迁、司马光、翦伯赞、白寿彝等众多史家所编纂的中国通史著作都反映了这一点。史学有什么用，中国通史的编纂在一定程度上已经明确地作了回答。

纵观中国史学发展，历代史家都钟情于中国通史的撰述，撰写一部理想的中国通史著作是许多史学研究者魂牵梦萦之事。这主要是因为：其一，中国通史著作能够较为全面地展现中国历史发展的进程，反映出人们对中国历史的系统认识，大凡关注中国历史发展进程，追求“通变”与“会通”之道的史家多以撰述通史为目标；其二，中国通史编纂是对一定时期中国历史研究成果的总结，代表了这一时期中国史研究的整体水平，断代史、专史、专题的研究，都是为撰写一部理想的中国通史作准备的；其三，中国通史的编纂最能体现史学与社会的关系，每当社会发生巨变时，人们总要回顾历史，以吸取经验教训，从而出现编纂通史的热潮。在当代，中国通史的撰述仍是中国史学发展的重要方面，有学者甚至指出中国通史的编纂和研究将是21世纪中国史学研究的一个热点。因此，总结和探讨中国通史编纂的理论和方法，应是当代史学研究的一个重要课题。

第三编

少数民族史学研究

第十九章　刘知幾论民族史撰述

清代史家章学诚曾以“刘言史法，吾言史意”以示其与唐代史家刘知幾的区别。这虽不免有贬低刘知幾之嫌，但也相当准确地指出了刘知幾史学的特点——重视对历史编纂的研究。刘知幾论及其《史通》之撰述目的时，也指出：“若《史通》之为书也，盖伤当时载笔之士，其义不纯。思欲辨其指归，殚其体统。”①这表明他的史学研究主要是从历史编纂学的角度“商榷史篇”，总结历史撰述之利弊得失，旨在规范史著编撰，促进史学发展。中国自古是一个多民族国家，形成了撰写多民族历史的优良传统，民族史学是中国史学的重要组成部分。虽然在刘知幾的时代尚未形成民族史学这一概念，《史通》也没有对民族史撰述进行系统的阐述，但刘知幾在讨论有关历史编纂问题时，往往涉及民族史的编撰问题，体现了他对民族史学的认识。本书试图对此作一探讨，以深化对刘知幾史学理论的认识，并为当代民族史学的建设提供有益的思想资源。

一、关于民族史撰述的原则

这里所说的民族史撰述，主要是指史家对少数民族历史的记载。在民族史的撰述中，首先面临的问题是如何正确地认识少数民族及其政权的历史地位，其次是恰当地处理民族间的关系。司马迁、班固、范晔等史家从同源共祖的观念出发，将少数民族历史作为中国史的一部分，阐述其源流、特点以及与中原王朝的关系，所撰之史则成为多民族史撰述的杰作。然而在民族矛

① （唐）刘知幾撰，（清）浦起龙释：《史通通释》卷10《自叙》，上册，第291页。

盾尖锐、民族政权对峙时期，历史编撰者往往因狭隘的民族立场或现实利益的影响，难以如实地反映各个民族的历史以及理性地看待民族间的关系。隋唐之际史家李大师曾指出，南北朝时期“南书谓北为‘索虏’，北书指南为‘岛夷’。又各以其本国周悉，书别国并不能备，亦往往失实”。有鉴于此，他决心从统一的角度撰写一部南北朝史。“常欲改正，将拟《吴越春秋》，编年以备南北。”①可见，如何认识与对待各个民族以及民族间的关系，是民族史撰述中的一个原则性的问题。

刘知幾批判地总结了以往史家在民族问题上的有关认识，从天下一家、华夷无别的观念以及忠于史事的立场出发，提出应该给予少数民族政权应有的历史地位，反对囿于民族情感而对其任意贬低。在他看来，少数民族所建立的政权犹如列国时代的诸侯，分裂时代偏居一方的割据者，是整个中国历史的组成部分，不能抹杀其名号，视其为僭盗者。论及晋人对待十六国时期少数民族政权的态度时，他指出：“续以金行版荡，戎、羯称制，各有国家，实同王者。晋世臣子党附君亲，嫉彼乱华，比诸群盗。此皆苟徇私忿，忘夫至公。自非坦怀爱憎，无以定其得失。”②这一段话反映了刘知幾在民族问题上所持的态度，从中可以得出三点认识。第一，建立国家的少数民族统治者不是群盗而是王者，对他们的历史地位应予以肯定。萧方等的《三十国春秋》保存了少数民族统治者的名谥，并称之为王，颇为刘知幾所欣赏。他指出：“至萧方等始存诸国名谥，僭帝者皆称之以王。此则赵犹人君，加以主号；杞用夷礼，贬同子爵。变通其理，事在合宜，小道可观，见于萧氏者矣。”③第二，晋人贬低少数民族统治者，一方面是为了袒护君亲，另一方面则是憎恨少数民族入主中原。正因为他们“苟徇私忿，忘夫至公”，故而不能理性地对待少数民族及其政权历史。第三，在分析晋人民族观念之错误的基础上，指出“坦怀爱憎”是如实地反映少数民族历史的必要条件。这一点非常重要，其实质是提出了民族史撰述的一个重要原则。所谓“坦怀爱憎”，与刘勰《文心雕龙·史传》所提出的“素心”说，应是一个意思。刘勰因史家述远则诬矫，记近则回邪，提出“析理居正，唯素心”，即不为主、客观因素所蔽，不

①《北史》卷100《序传》，北京：中华书局，1974年，第3343页。
②（唐）刘知幾撰，（清）浦起龙释：《史通通释》卷4《称谓》，上册，第107页。
③（唐）刘知幾撰，（清）浦起龙释：《史通通释》卷4《称谓》，上册，第107页。

带先入之见，以公正之心撰史。而在民族史撰述中，因文化、习俗、种族的差异，民族情感以及现实利益的纠缠，最易产生偏见，即“苟徇私忿，忘夫至公”。因此，“坦怀爱憎”尤为必要。“坦怀爱憎”这一民族史撰述原则的提出，反映了刘知幾的远见卓识，对民族史的编撰也具有积极的推动作用。白寿彝先生、瞿林东先生等对刘知幾在民族问题上的有关认识曾予以高度评价。白先生指出：“这是刘知幾从历史家应有的忠于史实的立场来立论的，在当时这是进步的思想。”[①]瞿先生则认为其“反映了力图从历史事实上严肃地看待民族历史的态度和思想，具有进步的意义”[②]。这表明刘知幾对民族问题的认识是很有见地的。

刘知幾在民族问题上的这种认识还表现在对东晋史家孙盛的批评之中。孙盛曾提出，《左传》对吴、楚二国的记载、《汉纪》有关匈奴的记载简略，其原因在于作史者“贱夷狄而贵诸夏”[③]。刘知幾认为这种说法毫无事实根据，纯属妄加猜测。“可谓强奏庸音，持为足曲者也。”他指出，春秋时期“诸国错峙，关梁不通”，并且吴、楚僻居南方，与鲁国山河阻绝，故而“史官所书，罕能周悉”[④]。这是从春秋时代的历史实际说明《左传》“书吴、楚则略”的原因所在。他还从《左传》对戎子驹支、长狄、葛庐、郯子这些夷狄之琐事的详细记载这一事实，进一步说明左丘明不可能因为吴、楚是“蛮夷而固略也”[⑤]，以达到“贱夷狄而贵诸夏”的目的。至于荀悦《汉纪》，刘知幾指出，系抄撮班固《汉书》而成，“其取事也，中外一概，夷夏皆均，非是独简胡乡，而偏详汉室”[⑥]，根本不存在所谓略匈奴之事，故无从说得上是“贱夷狄而贵诸夏”。刘知幾与孙盛在评价《左传》《汉纪》有关民族史撰述问题上的分歧，实际上是不同的民族史观在史学批评上的反映。孙盛身处民族矛盾尖锐之时，强调的是夷夏之辨，主张贵中华而贱夷狄，自然认为前代史家在民族问题的处理上也是如此。刘知幾从历史与史学两方面力证《左传》《汉纪》对夷狄与诸夏绝非厚此薄彼，旨在说明历史撰述不必要也不能“贱夷狄

---

① 白寿彝主编：《导论》，白寿彝总主编：《中国通史》第1卷，第19页。
② 瞿林东：《中国史学史纲》，第403页。
③（唐）刘知幾撰，（清）浦起龙释：《史通通释》卷7《探赜》，上册，第210页。
④（唐）刘知幾撰，（清）浦起龙释：《史通通释》卷7《探赜》，上册，第210页。
⑤（唐）刘知幾撰，（清）浦起龙释：《史通通释》卷7《探赜》，上册，第210页。
⑥（唐）刘知幾撰，（清）浦起龙释：《史通通释》卷7《探赜》，上册，第210页。

而贵诸夏”。这与他所提倡的“坦怀爱憎”的民族史撰述原则是一致的。

在众多被刘知幾批评的史书中，魏收的《魏书》是最为其所诟病的一部。其中一个重要的原因，就是魏收在民族问题上“爱憎出于方寸，与夺由其笔端”[①]。刘知幾指出，魏收“既党北朝，又厚诬江左”，一方面袒护北魏，为其隐恶虚美，另一方面诋毁南朝，歪曲事实。第一，对北魏建国之初鄙陋习俗曲加粉饰。“《魏书》称登国以鸟名官，则云‘好尚淳朴，远师少皞’；述道武结婚蕃落，则曰‘招携荒服，追慕汉高’。自余所说，多类于此。”[②]刘知幾认为，北魏在其初年还不知道典籍，以鸟名官、与蕃落结婚，这是他们的习俗。将这说成是“远师少皞”“追慕汉高”，无疑是虚美。第二，记载北魏与南朝（刘宋）之争战，“如事有可耻者，则加减随意，依违饰言”[③]。第三，为北魏争正统，污蔑南方汉族政权。魏收以东晋为僭伪，表明北魏是正统，以南朝为岛夷，表明北魏是华夏文明的正宗。“魏收著书，标榜南国，桓、刘诸族，咸曰岛夷。是则自江而东，尽为卉服之地。”[④]又承沈约妄说，诋毁南方政权。“沈氏著书，好诬先代，于晋则故造奇说，在宋则多出谤言，前史所载，已讥其谬矣。而魏收党附北朝，尤苦南国，承其诡妄，重以加诸。遂云马睿出于牛金，刘骏上淫路氏。可谓助桀为虐，幸人之灾。”[⑤]总之，“魏收以元氏出于边裔，见侮诸华，遂高自标举，比桑干于姬、汉之国；曲加排抑，同建邺于蛮貊之邦”[⑥]。在刘知幾看来，魏收可以说是民族史撰述上最恶劣的典型，因而深恶痛绝。“寻其生绝胤嗣，死遭剖斫，盖亦阴过之所致也。”[⑦]平心而论，魏晋南北朝时期所撰之史书在民族问题的处理上，大多存在着偏见，只是《魏书》更为严重罢了，刘知幾似乎不必因此对其大肆攻击。况且从今天的观点来看，《魏书》虽然存在着这样那样的不足，但其仍是记载4～6世纪中叶中国北方民族历史进程的一部重要史书，并且是这一时期民族融合新发展的历史总结。[⑧]但这恰恰反映了刘知幾要求在民族问题上采取客观

① （唐）刘知幾撰，（清）浦起龙释：《史通通释》卷4《称谓》，上册，第109页。
② （唐）刘知幾撰，（清）浦起龙释：《史通通释》卷6《浮词》，上册，第160页。
③ （唐）刘知幾撰，（清）浦起龙释：《史通通释》卷17《杂说中》，下册，第488页。
④ （唐）刘知幾撰，（清）浦起龙释：《史通通释》卷5《因习》，上册，第138页。
⑤ （唐）刘知幾撰，（清）浦起龙释：《史通通释》卷5《采撰》，上册，第116页。
⑥ （唐）刘知幾撰，（清）浦起龙释：《史通通释》卷7《曲笔》，上册，第197页。
⑦ （唐）刘知幾撰，（清）浦起龙释：《史通通释》卷5《采撰》，上册，第116页。
⑧ 瞿林东：《中国史学史纲》，第264—265页。

公正的态度，忠于史实，坚决反对党同伐异、损害历史真实的史学观。

值得一提的是，刘知幾在《史通》之《史官建置》《古今正史》篇中，将十六国、北魏、北周等少数民族政权的史官制度及其史书与汉族皇朝同等对待，作为中国史学的重要内容予以记述，体现出“坦怀爱憎”的胸襟。在《史官建置》篇中，他指出：“至若偏隅僭国，夷狄伪朝，求其史官，亦有可言者。”[①]这里所说的偏隅僭国，指的是与曹魏并立的吴、蜀二国，而夷狄伪朝则指十六国。这是将十六国时期少数民族政权与吴、蜀割据政权相提并论。而有关北魏、北周史官的设置则与曹魏、隋唐皇朝置于同等地位加以叙述。在《古今正史》篇中，记述十六国、北魏、北周历史的纪传体、编年体史书，都是作为正史来看待的。对少数民族史官与史籍的这种处理，体现出刘知幾的卓识，这也是肯定少数民族政权历史地位的一种形式。

刘知幾有关民族史及民族关系的认识，是对以往史家在这个问题上积极成果的总结，同时也是隋唐时期大一统社会现实和观念在历史撰述思想上的表现。隋唐统一之后，实施积极开放的民族政策。唐太宗曾指出：“自古皆贵中华，贱夷、狄，朕独爱之如一，故其种落皆依朕如父母。”[②]唐初民族关系融洽，出现“胡、越一家，自古未有”的局面，唐太宗因而被少数民族尊为“天可汗”。魏晋南北朝时期以来南北、胡汉彼此对立、仇恨的情绪，“非我族类，其心必异”的观念，到隋唐时已被天下一家、胡越不分、人无彼我的意识所代替。刘知幾正是从这种新形势下来认识和处理以往的少数民族及其政权的历史的。这可以从他对《隋书·经籍志》有关十六国史籍著录的批评中看出。《隋书·经籍志》因袭阮孝绪《七录·纪传录》伪史的做法，将记载十六国的史籍独立出来置于“霸史”类。刘知幾指出：“当晋宅江、淮，实膺正朔，嫉彼群雄，称为僭盗。故阮氏《七录》，以田、范、裴、段诸记，刘、石、苻、姚等书，别创一名，题为‘伪史’。及隋氏受命，海内为家，国靡爱憎，人无彼我，而世有撰《隋书·经籍志》者，其流别群书，还依阮《录》。”[③]在这里，刘知幾一方面说明了《七录》以十六国史为伪史的历史原因，另一方面批评《隋书·经籍志》在“海内为家，国靡爱憎，人无彼我”的时代，仍

---

①（唐）刘知幾撰，（清）浦起龙释：《史通通释》卷11《史官建置》，下册，第312页。
②（宋）司马光编著，（元）胡三省音注：《资治通鉴》卷198《唐纪十四》，第6247页。
③（唐）刘知幾撰，（清）浦起龙释：《史通通释》卷5《因习》，上册，第138页。

然沿袭分裂时代的图书分类法。众所周知，刘知幾在论及古今正史时，是将十六国史籍作为正史的一部分来看待的。他对《隋书·经籍志》的这种批评，其实质是要说明，在天下统一、民族融合的形势下，史家应该从新的角度重新看待以往的历史。这反映了在隋唐大一统局面下，史学家在有关多民族国家历史认识与撰述问题上的新见解和新要求。

二、关于民族史撰述的体例

刘知幾以善言史体为学者所称道。在他看来，史家对史体的选择不仅仅是采用何种表现形式的问题，而且反映了史家对历史的理解以及编撰目的，历史撰述之“辨指归”需要通过“殚体统”来体现。对于少数民族史撰述，刘知幾认为采用世家这一体例比较合适。萧子显《南齐书》以《索虏传》记述北魏史事，他认为应改为世家。“考其传体，宜曰世家。”[①]世家为纪传体五体之一。刘知幾曾指出：“其编次之体，与本纪不殊。盖欲抑彼诸侯，异乎天子，故假以他称，名为世家。”[②]这是说，本纪与世家的区别不在体裁方面，而在名分方面。本纪载帝王，世家述诸侯。梁武帝《通史》将三国时期的吴、蜀二国列为世家，受到刘知幾的称赞：“及魏有中夏，而扬、益不宾，终亦受屈中朝，见称伪主。为史者必题之以纪，则上通帝王；榜之以传，则下同臣妾。梁主敕撰《通史》，定为吴、蜀世家。持彼僭君，比诸列国，去太去甚，其得折中之规乎！”[③]这是说《通史》以世家记述吴、蜀之史，反映了吴、蜀二国的历史实际，颇为恰当。至于少数民族政权，在刘知幾看来，其统治者虽称帝称王，但与春秋战国时期的诸侯国，三国鼎立时期的吴、蜀二国情形类似。若将其列入本纪，固然不妥，而像东晋那样比之于群盗、南朝史家那样称之为虏，列入传记之中，亦不符合历史实际，故以列入世家为宜。可以看出，刘知幾试图从体例上说明少数民族在中国历史中的位置。他对《晋书·载记》的肯定也体现了这一点。

---

① （唐）刘知幾撰，（清）浦起龙释：《史通通释》卷 2《世家》，上册，第 43 页。
② （唐）刘知幾撰，（清）浦起龙释：《史通通释》卷 2《世家》，上册，第 41—42 页。
③ （唐）刘知幾撰，（清）浦起龙释：《史通通释》卷 2《世家》，上册，第 43 页。

唐初所修《晋书》，以载记统括十六国时期的少数民族政权。对此，刘知幾予以高度赞扬："可谓择善而行，巧于师古者矣。"[①]所谓巧于师古，是指善于继承《东观汉记》。瞿林东先生指出，"《晋书》的成就还突出地表现在它对民族关系在历史撰述上的处理。它继承了《东观汉记》所用的'载记'体例，创造性地以其记十六国君臣事迹、国之兴废，并着眼于僭伪，不再渲染'华夷'。这跟南北朝史家撰史互以对方之史为'传'且以'索虏'、'岛夷'相称，不仅有表述上的区别，更有认识上的发展：它同'五代史'在处理南北关系上是一致的，反映了隋唐统一后'天下一家'的思想"[②]。朱大渭先生也指出，《晋书》"以两晋政权为正统，以十六国为偏霸的'载记'体的创新，就是大一统思想在编撰史著方面的体现，从而解决了汉族正统中心与胡族偏霸政权融于一体的难题"[③]。马铁浩先生则认为，"《晋书》以'载记'之体记述十六国史，融伪史入正史，蕴涵着史家对十六国历史的肯定"[④]。这说明载记这一体裁较好地解决了历史撰述中民族史的表述问题。刘知幾也正是在这种意义上赞扬《晋书·载记》的。从体例上看，载记与世家在本质上是相通的，都是用来记载列国诸侯、偏霸一隅的割据者的。因而刘知幾建议以世家记述少数民族史，也赞成采用载记这一名称。

唐代以前的少数民族在其建立政权以前，多依附于其他民族政权，当其建立民族国家以后，又多与其他民族政权处于同时并世的状态。这反映到历史撰述上就涉及断限问题，即与其他民族在时间与空间上的关系问题。刘知幾曾批评《魏书》失于断限："自五胡称制，四海殊宅。江左既承正朔，斥彼魏胡，故氐、羌有录，索虏成传。魏本出于杂种，窃亦自号真君。其史党附本朝，思欲凌驾前作，遂乃南笼典午，北吞诸伪，比于群盗，尽入传中。但当有晋元、明之时，中原秦、赵之代，元氏膜拜稽首，自同臣妾，而反列之于传，何厚颜之甚邪！又张、李诸姓，据有凉、蜀，其于魏也，校年则前后不接，论地则参商有殊，何预魏氏而横加编载？"[⑤]这是说，《魏书》为十六国和南方政权立传，是不明断限。第一，只有正统皇朝之史可以囊括周边民

① （唐）刘知幾撰，（清）浦起龙释：《史通通释》卷4《题目》，上册，第92页。
② 瞿林东：《中国史学史纲》，第301—302页。
③ 朱大渭：《〈晋书〉的评价与研究》，《史学史研究》2000年第4期，第46页。
④ 马铁浩：《〈晋书·载记〉的正统观及其成因》，《史学史研究》2007年第4期，第21页。
⑤ （唐）刘知幾撰，（清）浦起龙释：《史通通释》卷4《断限》，上册，第97页。

族，为之立传。北魏非正统，《魏书》是一国之史而非一代之史，不应记载非本国史，将十六国、东晋南朝纳入其中，是私心自用。第二，十六国中的一些政权曾是北魏的宗主国，另一些政权与北魏无论是在时间上还是空间上都没有关系，将其列入传中，是厚颜和多事。众所周知，《魏书》为十六国及同时并世的东晋、南朝政权立传，是站在以北魏为正统的立场上，对中国历史进行整体把握。刘知幾对《魏书》断限的批评，基本上囿于正统观念，在今天看来并不十分恰当，但却与他对少数民族政权的定位及其在撰述上的要求是一致的。刘知幾还提出，有关少数民族史事“前撰已著，后修宜辍”，否则不仅失于断限，而且纯属多余，如“骈指在手”“附赘居身”。“若夷狄本系，种落所兴，北貊起自淳维，南蛮出于槃瓠，高句丽以鳖桥获济，吐谷浑因马斗徙居。诸如此说，求之历代，何书不有？而作之者曾不知前撰已著，后修宜辍，遂乃百世相传，一字无改。盖骈指在手，不加力于千钧；附赘居身，非广形于七尺。为史之体，有若于斯。”[①]这是对断代史中有关少数民族史记述的批评，仅从断限上考虑不无道理，但也过分地拘泥于断限，只顾及断代史非本代史不书的要求，没有考虑撰写民族史追述渊源的需要。而要解决这种记载重复的问题，则必须如章学诚所指出的那样以通史代替断代史。

三、关于民族史撰述的文字表述

文字表述也是历史撰述中的一个重要问题，《史通》中的“言语”“叙事”“浮词”“烦省”“摸拟”等篇章，就这个问题进行了讨论。在文字表述上，刘知幾提倡“尚简”“用晦”，以质朴的语言准确地反映历史，要求采用当世口语、方言，表现出时代特点；反对魏晋南北朝以来靡丽的文风，也反对一味地模仿古人。至于民族史撰述，刘知幾一方面主张采少数民族语言即“国语”入史，另一方面反对妄加粉饰，华而不实。其旨在反映少数民族历史特点，并确保其记载的客观真实性。

刘知幾认为语言是随着时代的发展而变化的，而语言的变化又反映了时代的变迁，社会风俗的变革。“夫《三传》之说，既不习于《尚书》；两汉之

① （唐）刘知幾撰，（清）浦起龙释：《史通通释》卷4《断限》，上册，第97—98页。

词，又多违于《战策》。足以验氓俗之递改，知岁时之不同。”[①]史家若一味地模拟古人，不能对当世口语、方言“从实而书”，必然会出现“周、秦言辞见于魏、晋之代，楚、汉应对行乎宋、齐之日”的现象，以致“伪修混沌，失彼天然，今古以之不纯，真伪由其相乱”。[②]这不仅有碍于真实地反映历史，而且将使后世之人无从了解社会历史的变化发展。“苟记言则约附《五经》，载语则依凭《三史》，是春秋之俗，战国之风，亘两仪而并存，经千载其如一，奚以今来古往，质文之屡变者哉？”[③]基于这种认识，刘知幾要求民族史撰述采纳少数民族语言，反对改夷音为华语或遗落其国语，以期从语言方面反映少数民族历史特点与社会变化。然而，魏晋南北朝以来，史家因少数民族语言质朴无文，不是将其改为华语，就是遗弃。崔鸿《十六国春秋》、魏收《魏书》、牛弘《周史》等“必讳彼夷音，变成华语”，而令狐德棻《北周书》则“阙而不载”。对此，刘知幾提出了尖锐的批评。他指出：“自二京失守，四夷称制，夷夏相杂，音句尤媸。而彦鸾、伯起，务存隐讳；重规、德棻，志在文饰。遂使中国数百年内，其俗无得而言。”[④]这是说崔鸿、魏收、李百药、令狐德棻等对少数民族语言不能从实而书，以致人们难以真切地了解数百年来中原地区的历史特点和社会变化。他还指出：“自杂种称制，充牣神州，事异诸华，言多丑俗。至如翼犍，道武原讳；黑獭，周文本名。而伯起革以他语，德棻阙而不载。盖厖降、蒯聩，字之媸也；重耳、黑臀，名之鄙也。旧皆列以《三史》，传诸《五经》，未闻后进谈讲，别加刊定。况齐丘之犊，彰于载谶；河边之狗，著于谣咏。明如日月，难为盖藏，此而不书，何以示后？”[⑤]这是从历史编纂学的角度批评魏收、令狐德棻等不以少数民族语言入史，难为后来者所取法。

魏晋南北朝以来文风绮靡，受此影响，史家撰史也刻意于文辞。“或虚加练饰，轻事雕彩；或体兼赋颂，词类俳优。文非文，史非史。”[⑥]这种不良的文风在民族史撰述中也有所表现。第一，不仅改夷音为华语，而且将近代华

---

①（唐）刘知幾撰，（清）浦起龙释：《史通通释》卷6《言语》，上册，第150页。
②（唐）刘知幾撰，（清）浦起龙释：《史通通释》卷6《言语》，上册，第150—151页。
③（唐）刘知幾撰，（清）浦起龙释：《史通通释》卷6《言语》，上册，第153页。
④（唐）刘知幾撰，（清）浦起龙释：《史通通释》卷17《杂说中》，下册，第495—496页。
⑤（唐）刘知幾撰，（清）浦起龙释：《史通通释》卷6《叙事》，上册，第179—180页。
⑥（唐）刘知幾撰，（清）浦起龙释：《史通通释》卷6《叙事》，上册，第180页。

语改为古代华语，以示文雅。如“裴景仁《秦记》称苻坚方食，抚盘而诟；王劭《齐志》述洛干感恩，脱帽而谢。及彦鸾撰以新史，重规删其旧录，乃易‘抚盘’以‘推案’，变‘脱帽’为‘免冠’。夫近世通无案食，胡俗不施冠冕，直以事不类古，改从雅言”。刘知幾指出，这种做法将使研究者无从考察少数民族的历史变迁、社会变化。“欲令学者何以考时俗之不同，察古今之有异？”[①]第二，滥加修饰，华而不实。如崔鸿、魏收、牛弘等所撰之民族史，“妄益文彩，虚加风物，援引《诗》、《书》，宪章《史》、《汉》。遂使沮渠、乞伏，儒雅比于元封，拓跋、宇文，德音同于正始”。这种现象，刘知幾斥之为“华而失实，过莫大焉”。[②]第三，刻意模拟六经、三史。如牛弘撰《周史》，“夫以记宇文之言，而动遵经典，多依《史》、《汉》”[③]。其“述太祖论梁元帝曰：‘萧绎可谓天之所废，谁能兴之者乎？’又宇文测为汾州，或谮之，太祖怒曰：‘何为间我骨肉，生此贝锦？’此并《六经》之言也。又曰：‘荣权吉士也，寡人与之言无二。’此则《三国志》之辞也。其余言皆如此，岂是宇文之语耶？”[④]这种记言方法，在刘知幾看来，“何异庄子述鲋鱼之对而辩类苏、张，贾生叙鹏鸟之辞而文同屈、宋，施于寓言则可，求诸实录则否矣”[⑤]。裴松之曾指出：“凡记言之体，当使若出其口。”[⑥]牛弘模拟六经、三史言辞，文雅有余，真实性不足，所以遭到刘知幾的严厉批评。如果说刘知幾主张采纳少数民族语言，不赞成改夷音为华语，是为了体现少数民族史的民族特点。那么，他反对民族史撰述妄加修饰，则是为了真实地反映少数民族历史。无论是“妄益文彩，虚加风物”，还是模拟经典，仿效前代史书，都将造成历史记载失真，难以为实录。

与民族史撰述中的模拟古人、妄加文饰的风气相对应，人们评价民族史著时，也往往以文辞是否典雅为标准。令狐德棻所撰之《北周书》变俚语为雅言，刻意修饰，多为论者所称赞。“世称近史编语，唯《周》多美辞。”[⑦]“世

① （唐）刘知幾撰，（清）浦起龙释：《史通通释》卷6《叙事》，上册，第179页。
② （唐）刘知幾撰，（清）浦起龙释：《史通通释》卷6《言语》，上册，第151页。
③ （唐）刘知幾撰，（清）浦起龙释：《史通通释》卷18《杂说下》，下册，第510页。
④ （唐）刘知幾撰，（清）浦起龙释：《史通通释》卷18《杂说下》原注，下册，第510页。
⑤ （唐）刘知幾撰，（清）浦起龙释：《史通通释》卷18《杂说下》，下册，第511页。
⑥《三国志》卷22《桓二陈徐卫卢传》，北京：中华书局，1959年，第642页。
⑦ （唐）刘知幾撰，（清）浦起龙释：《史通通释》卷18《杂说下》，下册，第511页。

之议者，咸以北朝众作，《周史》为工。盖赏其记言之体，多同于古故也。”[①]对这种褒奖浮华之风，刘知幾提出尖锐的批评：“夫以枉饰虚言，都捐实事，便号以良直，师其模楷，是则董狐、南史，举目可求，班固、华峤，比肩皆是者矣。”[②]这是说，若以妄加文饰为历史撰述的榜样，那么史将不称其为史了。他指出，《北周书》“虽文皆雅正，而事悉虚无”[③]。其所谓的典雅，无非是抛弃质朴的少数民族语言，一意模拟古人，然而历史记载的真实性却因此而大受损害。“其书文而不实，雅而无检，真迹甚寡，客气尤烦……遂使周氏一代之史，多非实录者焉。”[④]这是批评《周书》过分崇尚文辞而违背了历史真实。刘知幾也讲求史文表述之美。在《史通·叙事》中，他指出：“夫史之称美者，以叙事为先。”“夫国史之美者，以叙事为工。”[⑤]但他所倡导的是文而不丽，质而非野。这与《北周书》“文而不实，雅而无检，真迹甚寡，客气尤烦”，截然两途。在刘知幾看来，文辞的修饰必须以保证历史记载的真实性为前提，若讲求文辞而使所撰之史多非实录，则是不可取的。

刘知幾对少数民族史撰述文字表述上的要求，与他所倡导的实录史学是紧密相连的。班固评价司马迁《史记》时曾指出：“自刘向、扬雄博极群书，皆称迁有良史之材，服其善序事理，辨而不华，质而不俚，其文直，其事核，不虚美，不隐恶，故谓之实录。”[⑥]刘知幾继承了这种实录原则，倡导“良史以实录直书为贵”[⑦]。而要撰成实录，不仅需要心术端正，而且要求文直事核。“夫史之叙事也，当辩而不华，质而不俚，其文直，其事核，若斯而已可也。必令同文举之含异，等公幹之有逸，如子云之含章，类长卿之飞藻，此乃绮扬绣合，雕章缛彩，欲称实录，其可得乎？”[⑧]过分地修饰文辞，追求华丽辞藻，必定损害实录。刘知幾提倡直笔写史，反对曲笔。其中直词是直笔的一个重要内容。所谓直词就是“叙述当时”“务在审实”[⑨]。曲笔则包括

---

①（唐）刘知幾撰，（清）浦起龙释：《史通通释》卷6《言语》，上册，第152页。
②（唐）刘知幾撰，（清）浦起龙释：《史通通释》卷6《言语》，上册，第152页。
③（唐）刘知幾撰，（清）浦起龙释：《史通通释》卷18《杂说下》，下册，第511页。
④（唐）刘知幾撰，（清）浦起龙释：《史通通释》卷17《杂说中》，下册，第500—501页。
⑤（唐）刘知幾撰，（清）浦起龙释：《史通通释》卷6《叙事》，上册，第165、168页。
⑥《汉书》卷62《司马迁传》，第2738页。
⑦（唐）刘知幾撰，（清）浦起龙释：《史通通释》卷14《惑经》，下册，第409页。
⑧（唐）刘知幾撰，（清）浦起龙释：《史通通释》卷7《鉴识》，上册，第205页。
⑨（唐）刘知幾撰，（清）浦起龙释：《史通通释》卷7《直书》，上册，第193页。

舞词、腴词、曲词等，即对史文妄加修饰。刘知幾批评崔鸿、魏收、牛弘等抛弃少数民族语言，刻意模仿五经、三史，是因为其所撰之史“华而失实”，未能反映历史真实。他批评《北周书》“文而不实，雅而无检”，也是因为这种所谓的典雅文辞，“遂使周氏一代之史，多非实录”。可见，刘知幾对民族史撰述中不良文风的抨击，是因为这种文风损害了民族史记载的真实性，有悖于实录史学原则。

刘知幾有关民族史撰述文字表述的主张，对后世产生了深刻的影响。元修辽、金二史，接受了他的观点，大量地采纳了契丹族、女真族的国语。《辽史》编撰者指出：“辽之初兴，与奚、室韦密迩，土俗言语大概近俚。至太祖、太宗，奄有朔方，其治虽参用汉法，而先世奇首、遥辇之制尚多存者。子孙相继，亦遵守而不易。”[①]为了反映这种历史特点，决定采其国语入史，“故史之所载，官制、宫卫、部族、地理，率以国语为之称号”[②]，并避免对其“国语”随意文饰，以免失真。“若其臣僚之小字，或以贱，或以疾，犹有古人尚质之风，不可文也。”[③]辽、金二史编撰者对辽、金历史特点的认识及从实而书的撰史态度，体现了他们的史识，也是他们采纳刘知幾采少数民族语言撰史意见的结果。为《史通》作注的清代学者浦起龙对此是有深刻的认识的。他说：“元人采遗山史稿撰《金源史》，特载《国语解》一册，谓其有古人尚质之风，不可文也。其得子玄氏之意者欤！”[④]应该指出的是，辽、金史不仅采国语入史，而且撰有《国语解》，对“国语”加以说明。《国语解》可视为对刘知幾有关民族史撰述文字表述观点的发展。

刘勰的《文心雕龙·史传》对南北朝以前史学进行了批评总结，提出了史学撰述的原则，但对民族史撰述未加措意。刘知幾是较早地关注民族史撰述的史学批评家，其对民族史撰述问题的认识涉及民族史撰述的原则、体例、文字表述等多方面的内容，这不仅是对民族史撰述的理论总结，更是对民族史撰述的规范、要求。刘知幾有关民族史撰述的理论，对当今的民族史学建设仍有积极意义。今天所提倡的以平等的态度对待各民族的历史，与刘知幾

---

①《辽史》卷 116《国语解》，北京：中华书局，1974 年，第 1533 页。

②《辽史》卷 116《国语解》，第 1533 页。

③《金史》卷 135《金国语解》，北京：中华书局，1975 年，第 2891 页。

④（唐）刘知幾撰，（清）浦起龙释：《史通通释》卷 6《言语》，上册，第 153 页。

提出的“坦怀爱憎”的民族史撰述态度以及从“国靡爱憎，人无彼我”的角度来认识和处理少数民族历史的方法，有着本质的联系。而刘知幾倡导的采少数民族语言入史的主张，对民族史著生动、形象、真实地反映各少数民族的历史特点，具有重要的参考价值，更是今天的民族史学应当予以继承和发展的史学遗产。

第二十章　王鹗与元代金史撰述

元代所修宋、辽、金三史，《金史》最为后世所称道。《四库全书总目提要》指出："其首尾完密，条例整齐，约而不疏，赡而不芜，在三史之中，独为最善。"[①]赵翼也认为："《金史》叙事最详核，文笔亦极老洁，迥出宋、元二史之上。"[②]为《金史》作校勘的施国祁更是推崇备至："金源一代，年祀不及契丹，舆地不及蒙古，文采风流不及南宋。然考其史裁大体，文笔甚简，非《宋史》之繁芜；载述稍备，非《辽史》之阙略；叙次得实，非《元史》之讹谬。"[③]论及《金史》独善的原因，学者大多认为，一是金亡后，其遗臣不忘故国，刘祁撰有《归潜志》、元好问有《中州集》《壬辰杂编》等，元修《金史》多取刘、元之书。二是"金代实录本自详慎"，卫绍王一代虽记注无存，但元初王鹗多加查访，所以"《金史》旧底固已确核，宜纂修诸人之易藉手也"[④]。三是"元人之于此书，经营已久，与宋、辽二史取办仓卒者不同"[⑤]。有关金代实录以及刘祁、元好问与《金史》撰述的关系，学者已多有阐发。至于讨论元人对《金史》的经营以及元修《金史》底本的核查，则不能不论及金末元初著名学者王鹗。王鹗（1190—1273），字百一，曹州东明（今山东东明）人，金哀宗正大元年（1224年）状元，任奉直大夫、应奉翰林文字、同知制诰兼国史院编修官。天兴二年（1233年）哀宗出奔蔡州，王鹗因丁（祖母）忧而处蔡州城中，授尚书省右司都事，升左右司郎中兼翰林修撰。蔡州城破，将被杀，为元将张柔所救，馆于保州十余年。忽必烈在潜邸时，遣使

---

①（清）永瑢、纪昀主编，四库全书总目提要编委会整理：《四库全书总目提要》，第266页。

②（清）赵翼著，王树民校证：《廿二史札记校证》（订补本）卷27《377金史》，北京：中华书局，1984年，下册，第597页。

③ 施国祁：《金源札记·自序》，丛书集成初编本，第117册，台湾：新文丰出版公司，1986年，第538页。

④（清）赵翼著，王树民校证：《廿二史札记校证》（订补本）卷27《377金史》，下册，第597页。

⑤（清）永瑢、纪昀主编，四库全书总目提要编委会整理：《四库全书总目提要》，第266页。

迎至漠北，甚为礼遇。中统元年（1260 年）忽必烈即帝位，授翰林学士承旨。至元元年（1264 年）加资善大夫，至元五年（1268 年）致仕。金亡后，王鹗以保存故国之史为己任，不仅撰有《汝南遗事》一书，而且多次建议撰修金史，促成并主持了元初金史的撰修。王鹗与元代金史撰述之关系，有关论著中虽有所论及，但仍有进行专题研究的必要。[①]

一、元代金史撰述的开创者

元代金史之撰述大致可分为元初、元中期、元末三个阶段。元初奠定了金史撰述的基础，元末完成了撰修工作，中期则因宋、辽、金三史正统之争，虽多次组织撰修，但收效甚微。元初金史的撰述，是由王鹗倡导组织的。当元世祖还在潜邸时，他就建议纂修金史，并推荐金旧臣杨奂、元好问、李冶为撰修官。"初公侍王邸，屡以史事为言，尝举杨奂、元好问、李冶，宜令秉笔。"[②]此时，修史条件未具备，其建议没有被采纳。中统二年（1261 年）设翰林院，张柔也将所获金朝实录呈送朝廷，王鹗再次请求设馆修金史。他在《立史院奏帖》中指出："自古有可亡之国，无可亡之史。兼前代史纂，必代兴者与修。盖是非与夺待后人而可公故也。"[③]这是从历史传统方面说明编纂金史的重要性。为了进一步说服元世祖设馆修史，他还指出："自古帝王得失兴废班班可考者，以有史在。我国家以威武定四方，天戈所临，罔不臣属，皆太祖庙谟雄断所致。若不乘时纪录，窃恐岁久渐至遗忘。金实录尚存，善政颇多。辽史散逸，尤为未备。宁可亡人之国，不可亡人之史。若史馆不立，后世亦不知有今日。"王鹗对史学的认识是深刻的，不但从历史传统上阐述了撰修辽、金史是元朝的责任，更从现实出发强调"若史馆不立，后世亦不知有今日"。这是从历史与现实两方面充分说明了修史的必要性，因而得到元世

① 凡涉及《金史》编纂的论著对王鹗撰述金史之事皆有所涉及，对王鹗史学活动进行专门研究的则有陈学霖《Wang O's contribution to the history of the Chun Dynasty》（《香港大学冯平山图书馆金禧纪念论文集（1932—1982）》，香港：香港大学冯平山图书馆，1982 年）、任崇岳《王鹗与〈汝南遗事〉》（《驻马店师专学报（社科版）》1990 年第 1 期）等文。

②（元）苏天爵：《元朝名臣事略》卷 12《内翰王文康公》注文，北京：中华书局，1985 年，第 3 册，第 197 页。

③（元）王恽撰，杨晓春点校：《玉堂嘉话》，元明史料笔记丛刊《玉堂嘉话　山居新语》，北京：中华书局，2006 年，第 41 页。

祖的支持。“上甚重其言，命国史附修辽金二史。”[①]

金亡后，学者从不同目的出发要求撰修金史。忽必烈的谋臣刘秉忠指出：“宜因新君即位，颁历改元。令京府州郡置更漏，使民知时。国灭史存，古之常道，宜撰修《金史》，令一代君臣事业不坠于后世，甚有励也。”[②]颁行新历与撰修前代史，是新王朝建立后需要进行的两件重要的事情。行新历表明革故鼎新，修胜国之史则表示与前代的继承关系，旨在确立本朝的正统地位，并安抚前代遗臣。刘秉忠就是从这个角度建议撰修金史的，所以他强调“国灭史存，古之常道”。但此时，忽必烈还在潜邸，修史请求，只能备议而已。金遗臣元好问则将亡国之痛、故国之思，寄托于保全故国历史文化之中，以撰述金史为己任，为此，虽颠沛流离不忘著述，然终因乐夔阻挠，无缘抄录金代实录，致使修史之愿未遂，愤而构野史亭，从事金代史事的辑录。当元初设馆修金史时，他却已抱恨而逝。王鹗倡导撰修金史，兼有元好问、刘秉忠之意。作为金旧臣，他与元好问一样对故国满怀眷念之情，以传承故国历史文化为己任。而作为世祖所器重的新贵，他又对元王朝充满期盼。与元、刘二人不同的是，他的修史建议终为世祖所采纳，从而成为元代金史撰述的开启者。

为了使金史撰述能够顺利进行，王鹗作了大量的准备工作：一方面请求以右丞相史天泽监修国史、左丞相耶律铸监修辽史、平章政事王文统监修金史；另一方面推荐金遗臣与当时著名学者参与修史。“时元、杨已物故，又举李冶及李昶、王磐、徐世隆、图克坦公履、郝经、高鸣为学士，杨恕、孟攀鳞为侍制，王恽、雷膺为修撰，周砥、胡祗遹、孟祺、阎复、刘元为应奉。凡前金遗老及当时鸿儒搜抉殆尽。”[③]这里“元”指元好问，“杨”指杨奂。王鹗最初建议忽必烈修辽、金史时，就推荐他俩与李冶担任撰述之职，可以看出，王鹗准备撰述金史的阵容是强大的。同时，王鹗还亲自拟定了《金史》大纲，并且对编修人员的安排与修史所需费用、场地等细事也进行了周密的考虑。王恽《玉堂嘉话》卷一记载：“公又亲笔作金史大略付恽，如帝纪、列

①（元）苏天爵：《元朝名臣事略》卷12《内翰王文康公》，第3册，第197页。
②《元史》卷157《刘秉忠传》，北京：中华书局，1976年，第3691页。
③（元）苏天爵：《元朝名臣事略》卷12《内翰王文康公》注文，第3册，第197页。

传、志书，卷秩皆有定体，其传须三品有显烈者立。”[①]这里所说的王鹗亲笔所作之史，就是《玉堂嘉话》卷八所载的由王鹗拟定的《金史》大纲，其中包括帝纪九（太祖、太宗、熙宗、海陵庶人、世宗、章宗、卫绍王实录缺、宣宗、哀宗实录缺）、志书七（天文志五行附、地理边境附、礼乐郊祀附、刑法、食货交钞附、百官选举附、兵卫世袭附）、列传（忠义、隐逸高士附、儒行、文艺、列女、方技、逆臣忽沙虎、诸王后妃开国功臣在先）。可以看出，这个大纲已确立了金史撰述的规模，所以王恽认为“《金史》，王文康公定夺”。对于编纂人员，王鹗作了这样的安排：“编修且要二员，直须选择魏太初、周干臣。”“谓如仲谋兼编修，徒单云甫受直学士兼同修，李仁卿学士兼同修。”中统二年（1261 年），虽设立了翰林兼国史院，但未立官署。为此，王鹗对修史所须场所也作了筹划：“如他日同修、编修人来，房屋决少，目今便合商议起盖。盖下房屋，都在文庙，已后也得用。”[②]不难看出，对于金史之撰述，王鹗真是殚精竭虑。应该指出的是，《元史・世祖本纪》与《元史・王鹗传》有关王鹗上书请求修国史，兼修辽、金史的记载有不一致之处。《元史・世祖本纪》载王鹗奏请修辽、金二史在中统二年。《元史・王鹗传》则认为是至元元年（1264 年）。这是因为，中统二年虽设有翰林兼国史院，却未立官署，王鹗推荐史天泽、耶律铸、王文统监修史书，当时也没有确定其官品。“世祖曰：‘监修阶衔，俟修史时定之。’”[③]直到至元元年才“敕选儒士编修国史，译写经书，起馆舍，给俸以赡之”[④]。这年，商挺“入拜参知政事。建议史事，附修辽、金二史，宜令王鹗、李冶、徐世隆、高鸣、胡祗遹、周砥等为之，甚合帝意”[⑤]。这种情况易引起混乱，而《元史》撰修者又失检察，所以出现记载不符的情况。

至于王鹗撰述金史的成就，现存史籍缺乏明确的记载。当代学者多认为王鹗完成了金史的撰述。金毓黻指出：“至正所修之《金史》，即据鹗稿为底本。”“《金史》之修，创于王鹗，考其初稿，即据实录，谓悉采自刘、元二氏，

---

①（元）王恽撰，杨晓春点校：《玉堂嘉话》卷 1，元明史料笔记丛刊《玉堂嘉话　山居新语》，第 41 页。
②（元）王恽撰，杨晓春点校：《玉堂嘉话》卷 1，元明史料笔记丛刊《玉堂嘉话　山居新语》，第 182 页。
③《元史》卷 206《叛臣传》，第 4595 页。
④《元史》卷 5《世祖本纪二》，第 96 页。
⑤《元史》卷 159《商挺传》，第 3740 页。

尚非衷于情实。”[①]他的这一观点，为学者所赞成。王继光进一步指出，“今本《金史》，就纲目体例、成书之速看，以王鹗《金史》稿为底本是无疑的”，并认为金毓黻所言“《金史》之修、创于王鹗。考其初稿，即据实录”，是很精辟的见解。因为无论从资料、撰修人员的配备，还是从王鹗的经历来看，都具备了修史条件。“但现存史籍未见其书表上朝庭（廷）的记载，大约是修三史中的正统之争，使三史体例无法确定而终未有定本的缘故。”[②]王明荪也认为元末纂《金史》，“王鹗之金史稿本当为其时之底本”[③]。综合学者所论，可以得出这样的认识：第一，王鹗以金实录为据，撰成了《金史》初稿。第二，元末所修《金史》是以王鹗的初稿为底本。第三，史籍中不见王鹗《金史》上奏朝廷的记载，则是因正统之争，三史体例无法确定，其书未有定本。如此看来，王鹗主持的《金史》撰述取得了巨大的成就，完成了元好问未了的心愿，并为元末《金史》撰述奠定了坚实的基础。

二、《汝南遗事》与金史撰述

金亡后，其旧臣本着“不可令一代之迹泯而不传”的愿望，致力于金代史实的搜集与整理。在这方面，元好问的贡献是无与伦比的。其《中州集》以诗存史，《遗山集》以碑铭存史，《南冠录》以家史存国史，《金源君臣言行录》与《壬辰杂编》为金君臣往事遗言与其亲历之金末丧乱之事的记录。王鹗也留心金代史事，所撰《汝南遗事》是哀宗亡国实录，为元修《金史》所凭借。《汝南遗事》以纲目体的形式，逐日详细地记载了天兴二年（1233年）六月金哀宗迁至蔡州城至天兴三年（1234年）正月蔡州城被蒙宋联军所破这期间的历史。王鹗撰写此书，旨在保存金哀宗之善政，为后世撰修金史提供史料，即所谓“镂骨铭心，惧泯吾君之善”，故“以亲所见闻，撰成《汝南遗事》四卷，计一百七事，冗长不文，故不足取，庶几它日为史官采择”[④]。

---

① 金毓黻：《中国史学史》，第158页。

② 王继光：《有关〈金史〉成书的几个问题》，《社会科学》（甘肃）1981年第2期，第63页。

③ 吴凤霞编：《〈辽史〉、〈金史〉、〈元史〉研究》，北京：中国大百科全书出版社，2009年，第327页。

④（元）王鹗：《汝南遗事》卷4《总论》，丛书集成初编本，台湾：新文丰出版公司，1986年，第117册，第537页。

金哀宗虽是亡国之君，但在王鹗看来，其即位以来力革旧弊，并采取了不少恰当的措施，“是致家余蓄积，户益丁黄。虽未洽于太平，亦可谓小康小息者矣”，尤其是在国家危难之时，“亲驭六辔，抚巡三军，出器皿以旌战功，杀厩马以充犒赏。所以人百其勇，视死如归”。“上下一同。书之简编，古今无愧。”①王鹗对金哀宗的评价不免有溢美之处，但有意识地将亲所见闻记述下来，说明他与元好问一样，皆以保存故国名物制度、君臣事迹为己任。

《汝南遗事》所载史事，不仅是王鹗亲历亲见，而且当时就以“目录”的形式予以记录，这与日后通过回忆而记载的史书相比，更为详细准确。然而学者论及金末历史记述时，多归功于刘祁《归潜志》、元好问《壬辰杂编》，很少涉及《汝南遗事》，甚为偏颇。其实，在元代学者眼中，《归潜志》《壬辰杂编》《汝南遗事》与杨奂的《天兴近鉴》都是记载金末历史的重要史籍。苏天爵曾指出：“国亡之后，元好问述《壬辰杂编》，杨奂《天兴近鉴》，王鹗《汝南遗事》，亦足补义宗一朝之事。”②《归潜志》今存，记载金末之事，其中详细记载了汴京崔立之变。至于哀宗迁蔡后的史事，仅略记石抹世勣、完颜仲德等少数人的行事。《天兴近鉴》《壬辰杂编》二书已佚，具体内容不得而知。据苏天爵《元朝名臣事略》：“《天兴近鉴》三卷，自壬辰正月至甲午六月绝笔，其书法如古之史臣，其议论如胡氏之《春秋》也。”③这说明《天兴近鉴》记事止于壬辰年的六月，未及哀宗离开汴京以后之史事。至于《壬辰杂编》，据学者考证，此书虽名《壬辰杂编》，但所记之事不限于壬辰年，而是记述了壬辰、癸巳两年间的史事，故应记述了哀宗迁蔡以后之事。但《汝南遗事》的史料价值显然要高于《壬辰杂编》《归潜志》的有关记述。元好问、刘祁在壬辰年十二月哀宗弃汴出逃后，仍留在汴京城内，皆未随行。天兴二年（1233年）汴京城降蒙古，元好问被拘管聊城，刘祁则逃归乡里。因此，二书所记哀宗亡国之事多得之于传闻，自然难以与王鹗根据亲历亲见写成的《汝南遗事》相比。如有关完颜仲德在蔡州城的行事，《归潜志》只记其以死报君一事。《汝南遗事》则详细记述了其谏哀宗修见山亭与选室女、秘密策划哀宗西幸秦巩、杖忠孝军李德以严肃军纪、推荐武亢为哀宗言灾异、礼遇观

---

①（元）王鹗：《汝南遗事》，丛书集成初编本，第117册，第537页。

②（元）苏天爵著，陈高华、孟繁清点校：《滋溪文稿》，北京：中华书局，1997年，第422页。

③（元）苏天爵：《元朝名臣事略》卷13《廉访使杨文宪公》，第213页。

僧以安人心、引荐王仓儿等，内容十分丰富。

至于《汝南遗事》对《金史》撰述的贡献，《四库全书总目提要》认为，“《金史·哀宗本纪》及乌库哩镐、完颜仲德、张天纲等传皆全采用之，足证其言皆实录”[①]。任崇岳先生进一步指出，除了哀宗本纪、乌古论镐、完颜仲德、张天纲等传取材于《汝南遗事》外，蒲察官奴、王宾、石抹世勣、国用安、武贤、温敦昌孙、乌林答胡土、武亢、乌古论黑汉、完颜赛娄室、乌古论先生、完颜赛不等传以及食货志的部分文字也因袭《汝南遗事》，其中有全部照抄的，有稍作改易的。这里需要补充一点，《金史·五行志》也采纳了《汝南遗事》中有关哀宗迁蔡后蔡州天气异常的记述。任崇岳先生还指出，《汝南遗事》在记事时间方面比《金史》更为准确，可纠《金史》之误，也有《金史》未载的资料，可补其不足。[②]可见，《汝南遗事》对《金史》的撰述意义重大，对现今研究金代历史仍有参考价值。

关于《汝南遗事》一书，还有一个问题需要辨析，即其成书的时间。《四库全书总目提要·史部·杂史·汝南遗事》指出：“是编即随哀宗在蔡州围城所作，故以汝南命名。”这是说此书名《汝南遗事》，是因其是王鹗在蔡州城被围时所作，成书时间当然也在此时。对于书名，任崇岳先生已经作了辩证，他指出：“因内容是记述金哀宗被宋蒙联军围困于蔡州时之事，蔡州在隋、唐时期也叫汝南郡故而该书命名为《汝南遗事》。”至于成书时间，任先生仍赞成《四库提要》的说法：“由于《汝南遗事》是王鹗在蔡州围城时所作，其史料价值自不待言。”[③]2008年出版的《中国通史词典》“汝南遗事”条也说“是书为蔡州被围时所作”[④]。其实，《汝南遗事》并非蔡州城被围时所作，而是在金亡之后所作。王鹗在蔡州围城中所记的是“目录”，《汝南遗事·总论》说明了这一点。《总论》指出：“某起由冷族，滥窃科名，始以词赋待罪于玉堂，终于奏官承乏乎兰省。厚颜腼面，诚为我辈之羞，镂骨铭心，惧泯吾君之善。况承都元帅之命，且惟大中书之言，敢不追想前编，直书实事（某在

①（清）永瑢、纪昀主编，四库全书总目提要编委会整理：《四库全书总目提要》，第295页。
② 任崇岳：《王鹗与〈汝南遗事〉》，《驻马店师专学报（社科版）》1990年第1期，第96—98页。
③ 任崇岳：《王鹗与〈汝南遗事〉》，《驻马店师专学报（社科版）》1990年第1期，第95—96页。
④ 杨宽、方诗铭、程应镠，等主编：《中国通史词典》，上海：上海人民出版社，2008年，第1907页。

蔡已有目录)。谨以亲所见闻，撰成《汝南遗事》四卷，计一百七事，冗长不文，故不足取，庶几他日为史官采择。"[①]其注文"某在蔡已有目录"表明，王鹗在蔡州城所作的不是《汝南遗事》，而是"目录"。[②]若《汝南遗事》为王鹗在蔡州围城时所作，他就不必说"追想前篇，直书实事"了。至于《汝南遗事》成书的具体时间，因史籍缺乏记载，只能根据有关资料作一推测：大约成书于金亡后(1234年)至元宪宗五年(1255年)之间。杨奂《还山集》中有《读〈汝南遗事〉》诗二首，杨奂逝于元宪宗五年，其诗应撰于此年或之前。而《汝南遗事》当成书于其诗撰成以前。《总论》中所说的都元帅、大中书应分别指张柔与耶律楚材。据《元史·张柔传》记载，张柔降蒙古，授河北东西等路都元帅，后又授行军千户、保州等处都元帅，灭金后升为军民万户，称为张万户。张柔重视文献的保存。"崔立以汴京降，柔于金帛一无所取，独入史馆，取《金实录》并秘府图书。"[③]金亡后，王鹗馆于张柔家，其要求王鹗追记蔡州城被围之事是可能的。元太宗三年(1231年)，初立中书省，以耶律楚材为中书令，其卒(1244年)后由其子耶律铸领中书省事。耶律楚材重视学术文化，曾请元太宗立编修所于燕京，经籍所于平阳，编集经史。他也有可能要求王鹗记述蔡州城被围之事。

三、金代史料的访求

王鹗筹划金史撰述时，就要求史臣采访金代遗事。他担心随着金代旧臣的故去，失去采访史实的机会，因而对史料的采集有一种紧迫感，曾对王恽说："太史张中顺，金一代天变皆有记(纪)录。就此公未老，可亟与论定，亦是志书中一件难措手者。切念。"[④]为了提高史料采集的效率，他规定"采

---

①(元)王鹗：《汝南遗事》，丛书集成初编本，第117册，第537页。

② 这里"目录"，疑是"日录"的误写。"日录"是大臣私自按年月日顺序记述君臣奏对之语、宫禁朝政之事等。王恽在中书省时曾有直省日录，后据日录成《中堂事记》一书。今《汝南遗事》逐日详细地记述了哀宗被围困蔡州城所发生之事，本于王鹗当日所作之日录。

③《元史》卷147《张柔传》，第3473—3474页。

④(元)王恽撰，杨晓春点校：《玉堂嘉话》卷1，元明史料笔记丛刊《玉堂嘉话 山居新语》，第41页。

访文字，令言者旌赏，隐者有罚”[①]。从有关记载来看，王鹗有关金代史事的采访，主要集中在卫绍王时期。金朝重视历史记载，仿辽、宋体制，建立了较为完备的修史机构，撰有起居注、实录、国史等。这些为王鹗修金史提供了资料基础，但缺卫绍王、金哀宗两朝实录。金哀宗是亡国之君，自然没有实录。但有关金末之事，刘祁《归潜志》、元好问《壬辰杂编》、王鹗《汝南遗事》、杨奂《天兴近鉴》等都有记载。卫绍王因被纥石烈执中（胡沙虎）所杀，有关记载散失。据《金史·贾益谦传》，宣宗“兴定五年正月，尚书省奏：‘《章宗实录》已进呈，卫王事迹亦宜依《海陵庶人实录》，纂集成书，以示后世。’制可”[②]。《金史·宣宗本纪下》也记载：“撰故卫王事迹，如海陵庶人例。”[③]但不知何故终未成书。《贾益谦传》又载，哀宗时修《金宣宗实录》涉及卫绍王事，曾派史官到贾益谦家访问有关情况，访问所得应该载在《宣宗实录》中。所以《金史·卫绍王本纪》记载：“卫绍王政乱于内，兵败于外，其灭亡已有征矣。身弑国蹙，记注亡失，南迁后不复纪载。”因此，卫绍王时期缺乏可供凭借之史料。“皇朝中统三年，翰林学士承旨王鹗有志论著，求大安、崇庆事不可得，采摭当时诏令。”[④]大安、崇庆是卫绍王的年号，这一时期无官方记录可凭依，只得到民间访求。

据《金史》记载，王鹗所采摭的史料，有故金部令史窦祥回忆的旧事二十余条、司天提点张正之写的灾异十六条、张承旨家所载旧事五条、金礼部尚书杨云翼《日录》四十条，陈老《日录》三十条等。窦祥，《金史》无传。张正之，《金史》亦无传。耶律楚材《湛然居士集》卷八《司天判官张居中六壬袪惑钤序》提到：“予故人张正之，世掌羲和之职，通经史百家之学，尤长于三式，与予参商，且二十年矣。癸巳之春，既克汴梁，渠入觐于朝，形容变尽，惟语音存耳。”耶律楚材故人张正之，与王鹗采访史事的张正之应是同一人，也许就是王鹗对王恽所说的“太史张中顺”。其在金朝掌管天文，故向其采访灾异之事。张承旨，疑为张行简，卫绍王时为翰林学士承旨，《金史》有传，史称“颖悟力学，淹贯经史。大定十九年进士第一，除应奉翰林文字”。

① (元) 王恽撰，杨晓春点校：《玉堂嘉话》卷 8，元明史料笔记丛刊《玉堂嘉话 山居新语》，第 182 页。
②《金史》卷 106《贾益谦传》，第 2336 页。
③《金史》卷 16《宣宗本纪下》，第 355 页。
④《金史》卷 13《卫绍王本纪》，第 298 页。

其历官世宗、章宗、卫绍王、宣宗四朝，章宗实录由他与高汝砺等撰修。“所著文章十五卷，《礼例纂》一百二十卷，会同、朝献、禘祫、丧葬，皆有记录，及《清台》、《皇华》、《戒严》、《为善》、《自公》等记，藏于家。”[①]故王鹗撰金史时在其家访得卫绍王时旧事五条。杨云翼，《金史》有传。卫绍王大安元年（1209 年），经翰林承旨张行简推荐，授提点司天台，兼翰林修撰，不久兼礼部郎中。陈老，《金史》无传。至于《日录》，金毓黻认为：“日录当如唐宋宰臣之时政记，否则与日历相类。”[②]据王明清《挥麈录》记载，日录为大臣按日记载君臣奏对之语的书籍。“自昔以来，大臣各有日录，以书是日君臣奏对之语。”[③]与时政记或日历的区别在于，日录是大臣私自所录，属于家乘之类，后者则为正式的官方记录。杨云翼、陈老之《日录》应是有关君臣奏对议论之语的记载，故王鹗撰《金史》时予以采集。可以看出，王鹗所采集的史料是比较丰富的，在很大程度上弥补了卫绍王一朝记注亡佚的遗憾。元末所修《金史》中有关卫绍王一朝史事就是以这些资料为基础，加上章宗实录、宣宗实录中的有关记载、金掌奏目女官大明居士王氏所纪资明夫人援玺事等，撰述而成的。所以《金史·卫绍王本纪》赞说：“故金部令史窦祥年八十九，耳目聪明，能记忆旧事，从之得二十余条。司天提点张正之写灾异十六条，张承旨家手本载旧事五条，金礼部尚书杨云翼日录四十条，陈老日录三十条，藏在史馆。条件虽多，重复者三之二。惟所载李妃、完颜匡定策，独吉千家奴兵败，纥石烈执中作难，及日食、星变、地震、氛祲，不相背盭。今校其重出，删其繁杂。《章宗实录》详其前事，《宣宗实录》详其后事。又于金掌奏目女官大明居士王氏所纪，得资明夫人援玺一事，附著于篇，亦可以存其梗概云尔。”[④]钱大昕指出：“卫绍王一朝，记注亡失，今见于纪者，元中统三年王鹗所采摭。”[⑤]赵翼也指出，元末所修三史中《金史》叙事最详核，文笔亦极简洁，并不是如说者所谓多取刘祁《归潜志》、元好问《壬辰杂编》，主要是金代实录详慎。其中，卫绍王一代记注无存，赖王鹗予以采集。“可见《金史》旧底固已确核，宜纂修诸人之易藉手也。”[⑥]不难看出，《金

①《金史》卷 106《张行简传》，第 2329、2333 页。
② 金毓黻：《中国史学史》，第 157 页。
③（宋）王明清：《挥麈录》第三录卷之一，上海：上海书店，2009 年，第 176 页。
④《金史》卷 13《卫绍王本纪》，第 298 页。
⑤（清）钱大昕撰：《十驾斋养新录》卷八，上海：上海书店出版社，1983 年，第 192 页。
⑥（清）赵翼著，王树民校证：《廿二史札记校证》（订补本）卷 27《377 金史》，下册，第 597 页。

史》中有关卫绍王一朝的有关记述，有赖于王鹗所采集的资料。

综上所述，可以得出这样的认识：元修宋、辽、金三史，《金史》独善，金实录与刘祁、元好问所撰之书固然为其提供了丰富的史料，但无论是《金史》旧底的确核，还是元人对《金史》的经营，都与王鹗的艰辛努力密不可分。如果说王鹗的史学活动为《金史》独善奠定了基础，应该是符合实际的。

第二十一章 辽、金史《国语解》的史学价值

由脱脱任都总裁官，欧阳玄等史官于元顺帝至正年间撰成的宋、辽、金三史，后人颇不以为意，认为《宋史》繁芜，《辽史》疏略，只有《金史》差强人意，繁简适中。然而《辽史》《金史》中的“国语解”却是其编撰者所独创，也是二十四史中所特有的。“国语解”不仅反映了《辽史》《金史》民族史的特色，同时也体现了其编撰者自觉把握历史特点所具的卓识。《四库全书》的编纂者虽然对《辽史》甚为不满，但对其《国语解》却赞扬有加：“惟《国语解》一卷，仿古人音义之意，其例甚善。”[①]

一、以“国语”反映辽、金历史特点

史家要真实地记载历史，给后世留下信史，不仅要心术纯正，不虚美，不隐恶，而且在叙述史事时须采用体现时代特色的语言。因此，提倡直笔、反对曲笔的唐代史学理论家刘知幾认为，史家应采纳当时的口语、方言，以体现时代风貌、历史特点。因为不同时代有不同的语言，而语言的变化反映时代的变迁，后人亦可从中了解历史的发展。“夫《三传》之说，既不习于《尚书》；两汉之词，又多违于《战策》。足以验氓俗之递改，知岁时之不同。”[②]对史学编撰中存在的刻意模仿古书语言和竭力文饰质朴言语的倾向，刘知幾坚决反对，认为这样撰史只能使历史记载失真，这是史家无卓识远见的表现。“而后来作者，通无远识，记其当世口语，罕能从实而书，方复追效昔人，示其稽古。是以好丘明者，则偏摸（摹）《左传》；爱子长者，则全学史公。用使周、秦言辞见于魏、晋之代，楚、汉应对行乎宋、齐之日。而伪修混沌，

① （清）永瑢等：《四库全书简明目录》，上海：上海古籍出版社，1985年，第188页。
② （唐）刘知幾撰，（清）浦起龙释：《史通通释》卷6《言语》，上册，第150页。

失彼天然，今古以之不纯，真伪由其相乱。”[①]令狐德棻所撰之《周书》，刻意修饰文辞，变俚语为雅言。刘知幾认为：“其书文而不实，雅而无检，真迹甚寡，客气尤烦……遂使周氏一代之史，多非实录者焉。”[②]而宋孝王的《关东风俗传》、王劭的《齐志》采当时口语，受到赞扬：“唯王、宋著书，叙元、高时事，抗词正笔，务存直道，方言世语，由此毕彰。”[③]所以，刘知幾提出史家载言应从实而书。他说：“工为史者，不选事而书，故言无美恶，尽传于后。若事皆不谬，言必近真，庶几可与古人同居，何止得其糟粕而已。”[④]后人对刘知幾的这种主张予以很高的评价，张舜徽先生认为“非特为史家载言之准，抑亦文人属辞之律也”[⑤]。

辽、金皇朝分别由我国北方的少数民族契丹族和女真族所建立，他们有自己的语言文字、历史文化传统。在其发展过程中，其民族文化不断地与以汉族为代表的其他民族文化融合，形成其独特的历史。史家要如实地记载辽、金史，则在语言文字的表达方面就应该体现其历史的特点，对其民族语言即“国语”应予以采纳，并避免妄加文饰，华而不实，使记载失真。《辽史》《金史》的编撰者认识到辽、金政权不同于历史上汉族皇朝的特点。他们说：“辽之初兴，与奚、室韦密迩，土俗言语大概近俚。至太祖、太宗，奄有朔方，其治虽参用汉法，而先世奇首、遥辇之制尚多存者。子孙相继，亦遵守而不易。”[⑥]为了反映其历史特点，他们认为应该采其国语入史。“故史之所载，官制、宫卫、部族、地理，率以国语为之称号。”[⑦]并且他们还认为应该对其“国语”不能随意文饰，以免失真。“若其臣僚之小字，或以贱，或以疾，犹有古人尚质之风，不可文也。”[⑧]《辽史》《金史》的编撰者对辽、金历史特点的这种认识及从实而书的撰史态度，体现了他们的史识，也是他们接受刘知幾采当世口语方言撰史主张的结果，这在我国的史学发展史上值得肯定。清代学者浦起龙说：“元人采遗山史稿撰《金源史》，特载《国语解》一册，

---

①（唐）刘知幾撰，（清）浦起龙释：《史通通释》卷6《言语》，上册，第150—151页。
②（唐）刘知幾撰，（清）浦起龙释：《史通通释》卷17《杂说中》，下册，第500—501页。
③（唐）刘知幾撰，（清）浦起龙释：《史通通释》卷6《言语》，上册，第151页。
④（唐）刘知幾撰，（清）浦起龙释：《史通通释》卷6《言语》，上册，第153页。
⑤ 张舜徽：《史学三书评议》，北京：中华书局，1983年，第69页。
⑥《辽史》卷116《国语解》，北京：中华书局，1974年，第1533页。
⑦《辽史》卷116《国语解》，第1533页。
⑧《金史》卷135《金国语解》，北京：中华书局，1975年，第2891页。

谓其有古人尚质之风，不可文也。其得子玄氏之意者欤！”[①]《辽史》《金史》的编撰者不仅认识到需要采“国语”入史，以体现其历史特点，而且认为应对“国语”加以解释，方便后世读者阅读，以免时过境迁，后世之人茫然不得其解。因此，《辽史》《金史》中不仅保存了其“国语”，而且撰有《国语解》对之进行训释。《辽史》作者阐述其作《国语解》的动机时说：“不有注释以辨之，则世何从而知，后何从而考哉。今即本史参互研究，撰次《辽国语解》以附其后，庶几读者无龃龉之患云。”[②]《金史》撰者说：“今文《尚书》辞多奇涩，盖亦当世之方言也。《金史》所载本国之语，得诸重译，而可解者何可阙焉。”[③]这说明他们充分认识到对“国语”进行解释有助于读者阅读、理解辽、金史。在这一点上，他们比刘知幾考虑得更周全。《国语解》从语言方面体现了《辽史》《金史》民族史的特点。

在《辽史》《金史》之前，有不少史家为少数民族政权撰史，如崔鸿的《十六国春秋》、魏收的《魏书》、牛弘的《周书》等。但这些史书的作者不是遗漏其“国语”，就是改夷音为华语，甚至一味模仿古人言语，妄加文饰。“而于其间，则有妄益文彩，虚加风物，援引《诗》、《书》，宪章《史》、《汉》。遂使沮渠、乞伏，儒雅比于元封，拓跋、宇文，德音同于正始。华而失实，过莫大焉。”[④]而这种对少数民族语言的遗弃或文饰会使后人难以真切地了解其历史特点和社会变化。所以刘知幾说：“自二京失守，四夷称制，夷夏相杂，音句尤媸。而彦鸾、伯起，务存隐讳；重规、德棻，志在文饰。遂使中国数百年内，其俗无得而言。”[⑤]如此撰史，难成实录。继《宋史》、《辽史》、《金史》之后修成的《元史》，虽然保存了建立元朝的蒙古族的“国语”，但却未撰《国语解》，不免给读史者造成不便。曾对《史记》等“二十四史”进行过深入细致研究的清代学者赵翼对《元史》无《国语解》表示十分遗憾，故仿《辽史》《金史》之例为之补作。他说：“《金史》有《国语解》一卷，译出女真语，令人易解。《元史》无之。且金官制纯用汉名，元则有仍其本俗之名者，

① (唐) 刘知幾撰，(清) 浦起龙释：《史通通释》卷 6《言语》，上册，第 153 页。
② 《辽史》卷 116《国语解》，第 1533 页。
③ 《金史》卷 135《金国语解》，第 2891 页。
④ (唐) 刘知幾撰，(清) 浦起龙释：《史通通释》卷 6《言语》，上册，第 151 页。
⑤ (唐) 刘知幾撰，(清) 浦起龙释：《史通通释》卷 17《杂说中》，下册，第 495—496 页。

益难识别。今就纪传所载，可以注释者列之。”[①]可见，赵翼充分认识到《国语解》对阅读有关少数民族史籍的重要性。

从与其他史书的比较中不难看出，《辽史》《金史》的编撰者具有自觉把握历史特点的意识。

二、“国语解”与自注

《辽史·国语解》置于书末卷一百一十六，依照本书的叙事顺序，分别解释帝纪、志、表、列传中以契丹语形式出现的姓氏、地名、职官、称谓、国名、语词、风俗礼仪、制度、人名、物名、宫室、部族等。《金史·国语解》以附录形式附于书末，其与《辽史·国语解》的编撰方式略有区别，用以类相从的方法分官称、人事、物象、物类、姓氏五大类解说书中出现的女真语职官、地名、人名、称谓、物名、姓氏等。

《辽史》编撰者从历代学者为史书作注的必要性来说明其《国语解》的撰述，这是说《辽史·国语解》是仿史注而作的。“史自迁、固，以迄晋、唐，其为书雄深浩博，读者未能尽晓。于是裴骃、颜师古、李贤、何超、董冲诸儒，训诂音释，然后制度、名物、方言、奇字，可以一览而周知。其有助于后学多矣。”故“撰次《辽国语解》以附其后，庶几读者无龃龉之患云”[②]。但与其笼统地说《国语解》是仿史注而作，倒不如具体地说明是仿史注中的自注而作。自注是史家为自己所撰之书而作注。刘知幾在《史通·补注》中将史注划分为三类：以训释词义为主的传注体、以补充史事为主的补缺体、史家自作其注的自注体。他说：“亦有躬为史臣，手自刊补，虽志存该博，而才阙伦叙，除烦则意有所吝，毕载则言有所妨，遂乃定彼榛楛，列为子注。”[③]刘知幾在这里所说的自注是指史家以注的形式补充、保存史料，这只是自注的一种形式。其实，自注的内容十分广泛，史家可以之说明材料的取舍、考辨史实、训示名物制度和音义、补充正文资料、阐述自己的观点等。与他人

① （清）赵翼著，王树民校证：《廿二史札记校证》（订补本）卷29《427 蒙古官名》，下册，第667页。
② 《辽史》卷116《国语解》，第1533页。
③ （唐）刘知幾撰，（清）浦起龙释：《史通通释》卷5《补注》，上册，第132页。

所作之注的区别，仅在于其是史家自作之注。自注也并不是如刘知幾所说的那样，是史家惜鸡肋、无远识的表现，而是史家根据撰述的需要，以之与正文相辅而成，以便增强史著的表现力。唐代著名史家杜佑在《通典》中使用过自注的各种形式。释音义、名物制度是自注的重要内容之一，目的是帮助读者更好地理解史书的内容。辽、金皇朝是少数民族政权，其政治制度、风俗礼仪、语言有自己的特点，《辽史》《金史》的作者自撰《国语解》，以释氏族、语言、名物、风俗等，就是为了加深人们对辽、金历史的理解。《国语解》与其他史家自注的不同之处在于，自注一般置于正文之中，以字体的大小或颜色的不同以示区别，而《国语解》将注释集中起来置于书末，其实质却没有什么不同。

《辽史》《金史》之《国语解》的诠释简明扼要，有助于读者阅读史书并加深对辽、金历史的认识。如"夷离堇"是辽初一个重要的职官，辽太祖耶律阿保机曾任此职。《辽史·国语解》解说"夷离堇"为"统军马大官。会同初，改为大王"。这样，"夷离堇"的职掌、沿革一目了然。《国语解》撰者对所作之解释态度较为审慎。如《辽史·国语解》对辽国两大姓耶律氏、萧氏起源的说明，就摒弃了无根据之说。有种说法认为辽始兴之地为世里，译者以世里为耶律，故辽国族皆以耶律为姓。欧阳修的《新五代史》、叶隆礼的《契丹国志》都持此说。《辽史·国语解》撰者认为金史家陈大任撰《辽史》时不取此说，故不采纳。又有一说认为以汉字书者为耶律、萧，以契丹书者为移剌、石抹，此说"亦无可考矣"，也不予以采纳。他们认为耶律、萧二姓渊源甚古，辽建国之初就已有了。"《本纪》首书太祖姓耶律氏，继书皇后萧氏，则有国之初，已分二姓矣。"[①]

三、"国语解"的影响与史料价值

清乾隆时曾重修辽、金、元三史《国语解》。乾隆帝认为《辽史》《金史》《元史》三史人名、地名音译讹错，鄙陋失实者甚多，而其《国语解》尤多臆度失真。如勃极烈应是贝勒，意为管理众人之称号，但《金史·国

---

①《辽史》卷116《国语解》，第1534页。

语解》却解释为犹汉之家宰，附会无当，于是，令史臣以满洲语改译《金史》“国语”、以索伦语改译《辽史》“国语”、以蒙古语改译《元史》“国语”，撰成《钦定辽金元三史国语解》四十六卷，并下令以新修的《国语解》对三史进行订正。乾隆对此举自鸣得意，认为其史臣“即有善通清书、兼习诸国字之人。则兹三史，必当及此时而改译其讹误者，是则吾于辽、金、元三代，实厚有造而慰焉”①。但后人对他的自我吹嘘并未首肯。中华书局标点本《元史》在“出版说明”中这样写道：“乾隆四十六年，对辽、金、元三史译名进行了谬误百出的妄改。”而研究者也感到乾隆时改译的“国语”使其原义混淆不清，不利于对辽、金历史的认识。如《金史·国语解·物象》认为，“金曰‘桉春’”，《钦定辽金元三史国语解》改“桉春”为“爱新”，又将“桉春”的本义“金”引申为耳坠。这样一来，女真语“桉春”的本义和其所包含的历史信息也就暧昧不清了。②从后人对乾隆时重修辽、金、元三史《国语解》的评价来看，《辽史》《金史》中的《国语解》并非支离破碎，而是有较高的可信度和文献价值。

《辽史》《金史》中的《国语解》也是研究契丹、女真文字和文献的宝贵资料。契丹族、女真族不但有自己的民族语言，而且创立了本民族的语言。辽朝在辽太祖时，曾令耶律突吕不、耶律鲁不古创造契丹文字。耶律突吕不等利用汉字偏旁改制出拼音文字，被称为契丹大字。辽太祖弟迭剌习回鹘文，依回鹘文创制契丹小字，太祖下令颁行天下。在辽朝，契丹文字和汉字同时使用，辽皇帝和契丹文人多精通两种文字，诸多的汉文典籍被译成契丹文。辽圣宗耶律隆绪仰慕汉族文化，好读《贞观事要》，对唐太宗、唐玄宗尤为钦佩。他还亲自将白居易的《讽谏集》译成契丹文，诏大臣习读。兴宗时曾诏著名史学家萧韩家奴译汉文典籍，萧韩家奴希望兴宗能知古今成败兴亡之迹以为之鉴，故译《通历》《贞观政要》《五代史》等史籍为契丹文。辽亡后，契丹文字仍未绝灭。金熙宗时，曾命女真人、契丹人和汉人各以本民族文字书写“诰命”。契丹字和汉字一样是当时官方通行的文字。金天会十二年（1134 年）刻于陕西乾陵无字碑中央的《郎君行

① 《清实录》卷 1154“乾隆四十七年四月辛巳”条，北京：中华书局，1986 年影印版，第 465 页。

② 〔美〕陈学霖：《金国号之起源及其释义》，陈述主编：《辽金史论集》第 3 辑，北京：书目文献出版社，1987 年，第 284—285 页。

记》，是用契丹、汉两种文字书写的。所使用的契丹字，据学者考证为契丹小字。金朝在太祖完颜阿骨打时，完颜希尹参考契丹字、汉字创立女真大字。金熙宗时又创立了笔画简省的新字，称女真小字。女真文字、契丹文字、汉字三者皆为官方通行文字。但随着女真族不断汉化，其民族语言文字也逐渐地被汉语汉字所代替。到金世宗时，许多女真贵族已不能通晓本民族的语言文字。鉴于此，世宗曾下令强制他们说女真话、习女真文字，但收效甚微。随着历史的发展、时代的变迁，契丹、女真文字遂不为人所知。当契丹、女真文字与文献再次被发现时，已无人能识读。契丹小字被人们称为是最难读的死文字、"二十世纪之谜"。在探索和解读这些文字的过程中，《国语解》所提供的语言资料弥足珍贵，起了十分重要的作用。如刘凤翥在解读契丹小字"山"和"𡵂"时就利用了《辽史·国语解》所提供的资料。他根据潢水（黄水，今内蒙古自治区昭乌达盟的西拉木伦河）"在辽代，契丹人管它叫'袅罗没里，复曰女古没里……华语所谓潢河是也'"，得知"黄"在契丹语中读"女古"。据《辽史·国语解》"女古，金也"，得知"金"与"黄"在契丹语里是同音字。契丹小字是表音文字，当然可以用读音为"女古"的同一个"山"来表示"金"和"黄"，从而认为契丹小字"山"既可以当"黄"解，也可以释为"金"，在表示天干"戊己"时当"黄"解，而在《郎君行记》中当"大金国"的"金"字讲。[①]刘凤翥对契丹小字的解读是否正确，应由研究契丹文字的专家来判定。他在解读的过程中利用了《辽史·国语解》所提供的语言资料，说明《国语解》有助于学者对这些失传的语言文字进行研究。

《辽史》《金史》中的《国语解》对学者深入研究辽、金史也有一定的作用。有些学者利用《金史·国语解》所提供的资料澄清了金朝在不断汉化过程中笼罩在其国号起源问题上的迷雾，说明女真族是以本族固有文化传统、地缘特征，和考虑对契丹辽国在历史上的继承，建立以大金为国号。[②]学者研究契丹邻族奚族的历史时，也多次利用《辽史·国语解》的资料，阐述奚

① 参见刘凤翥：《契丹小字山和"𡵂"的解读及其它》，中国社会科学院历史研究所、宋辽金元史研究室编：《宋辽金史论丛》第一辑，北京：中华书局，1985年。

②〔美〕陈学霖：《金国号之起源及其释义》，陈述主编：《辽金史论集》第3辑，第284页。

族在辽的发展历程。[①]

《辽史》《金史》二史《国语解》也存有不足之处。一些“国语”在史文中已经作了说明,《国语解》中又加以解释。如“算斡鲁朶”“夺里本”等辽“国语”,《辽史·营卫志》已经解释,又复列入《国语解》,不免重复。

① 参见李涵、沈学明:《略论奚族在辽代的发展》,中国社会科学院历史研究所、宋辽金元史研究室编:《宋辽金史论丛》第一辑,北京:中华书局,1985年。

第四编

改革开放以来中国史学史研究之总结

第二十二章　改革开放40年来中国史学史研究的新进展

党的十一届三中全会，确定了解放思想、实事求是的思想路线和改革开放、以经济建设为中心的基本国策，开启了改革开放的新时代，史学研究也迎来了学术的春天。作为历史学分支学科的中国史学史，在新的历史条件下，积极开拓，迎来了发展的新阶段。如果说20世纪三四十年代是中国史学史研究发展的一个高潮，那么改革开放40年来则是其发展的又一高潮，并且在广度和深度方面远远超过了前者。这不仅表现在研究成果的丰富性方面，更体现在新的研究模式的建立与新研究领域的开辟、有关学科建设文献资料的整理与研究、对近现代中国史学和少数民族史学的重视，以及史学发展中对新问题的关注和探讨等方面。瞿林东曾用“新发展、新成就、新境界”来概括改革开放30年中国史学史研究状况[①]，这一评价同样适合于改革开放40年来中国史学史学科的发展现状。

一、新的中国史学史学科体系的建立

新的中国史学史学科体系的建立始于20世纪80年代。白寿彝在20世纪80年代初曾指出，在新形势下“我们的史学史工作也应该甩掉旧的躯壳，大踏步前进，把新的史学史学科早日建立起来”[②]。他认为有两个问题

① 瞿林东：《新发展 新成就 新境界——近30年来的中国史学史与史学理论研究》，张海鹏主编：《中国历史学30年（1978—2008）》，北京：中国社会科学出版社，2008年，第285页。

② 白寿彝：《白寿彝史学论集》，下册，第603页。

要予以特别关注，“第一，是对于历史本身的认识的发展过程；第二，是史学的社会作用的发展过程”。“这两个问题如果解决得好，史学史这门学科就可能面目一新。”[①]这里所说的“旧的躯壳”，是指20世纪前期受梁启超“史学史的做法”影响所形成的研究与撰述模式。这种模式以史官、史家、史学的成立及发展，以及最近史学发展趋势为基本内容，金毓黻《中国史学史》是其代表作。在白寿彝看来，“金毓黻就是在梁启超的蓝图上填写了史书的目录，有时对这些书做了简单介绍和评论”[②]。《中国史学史》“带有浓厚的史部目录学的气味”[③]，必须突破这一模式，史学史学科才能进入新阶段。

早在20世纪60年代初，史学研究者就有建立新的史学史学科体系的意向。当时因编写高校文科“中国史学史”教材的需要，学者就史学史学科性质、任务、基本内容、中国史学史的分期以及编写体例等进行了热烈的讨论，试图超越梁启超模式。在改革开放新形势下，白寿彝提出“把新的史学史学科早日建立起来”，既是对被“文化大革命”中断的学脉的延续，更是新时期史学研究者对史学史学科建设期待的反映。

尽管在有关中国史学史学科性质、研究任务、基本内容、分期等具体问题上，学者的认识不尽相同，但基本上都赞成“作为一种学术门类，史学史是研究历史学发生、发展和各个时期史学活动状况及其与各种社会因素相互关系的学科，它有着清理史学遗产、阐明史学演进过程、揭示史学发展规律的任务”[④]。这种理念反映在研究实践中，表现为力图走出史官、史家、史著的窠臼，从史学与社会互动的角度展示中国史学发展的历程、阶段性特点与规律。如果说20世纪80年代初中国史学史研究还受书目解题式撰述模式的影响[⑤]，那么90年代以来就已彻底“甩掉旧的躯壳，大踏步前进”。如瞿林东《中国史学史纲》“实践了白寿彝的史学史编纂思想，为史学史研究昭示

---

① 白寿彝：《中国史学史上的两个重大问题》，《白寿彝史学论集》，下册，第603页。

② 白寿彝：《中国史学史》，第1册，上海：上海人民出版社，1986年，第166页。

③ 白寿彝：《中国史学史》，第1册，第166页。

④ 乔治忠：《中国史学史》，北京：中国人民大学出版社，2011年，第4页。

⑤ 葛兆光《谈史学史的编纂——兼评朱杰勤著〈中国古代史学史〉》（《史学史研究》1983年第4期）批评20世纪80年代初出版的中国史学史著作未能摆脱书目答问、要籍解题模式。

了一条新的道路”[①]。有论者将这种新体系中国史学史概括为“历史、时代视野下的中国史学史研究”[②]，以别于史部目录解题式研究模式。

二、中国史学史研究领域的拓展

白寿彝所谓“史学史工作也应该甩掉旧的躯壳”，是要求史学史研究走出以史家、史官、史著为主要研究对象的藩篱，开辟新的研究领域。在他看来，这是建设新的史学史学科的关键。改革开放以来，学者对中国史学的理论遗产、传统史学向近代史学的转型、20世纪中国史学以及少数民族史学等进行了探索和发掘，同时也关注中外史学的交流与互动，突破了史家、史官、史著的范围，不断拓展新的研究领域。这里仅就中国史学的理论遗产、少数民族史学两个领域略作论述。

1. 有关中国史学的理论遗产的清理与发掘

20世纪80年代，在广泛引进西方史学理论与方法的背景下，中国史学是否有理论这个问题困惑着史学研究者尤其是青年学人。为此，学者对中国古代史学的理论遗产进行深入的清理和发掘。郑敬高通过对古代史学理论的内容及其特点的考察，指出中国古代的史学认识达到了较高的水平，形成了史学理论体系，并带有鲜明的民族文化特色。[③]杨翼骧和乔治忠认为，中国古代史学理论形成了一套完整的思想体系，并在表述上具有自己的特点。[④]

在发掘中国史学的理论遗产方面，瞿林东和吴怀祺作出了杰出贡献，他们以丰富的研究成果澄清了人们在中国史学是否存在理论这个问题上的模糊认识。瞿林东在《中国古代历史理论发展大势》《略论中国古代历史理论的特点》《中国古代史学理论发展大势》等文中，高屋建瓴地阐述了中国古代历史理论、史学理论发展脉络及其特点。其所主编的《中国古代历史理论》系统地叙述了中国古代历史理论的产生、发展及其阶段性特点，填补了有关古代

① 牛润珍：《中国史学史的新探索——读瞿林东先生〈中国史学史纲〉》，《安徽史学》2003年第3期，第97页。
② 张越：《中国史学史学科的发展路径与研究趋向》，《学术月刊》2007年第11期，第117页。
③ 郑敬高：《中国古代史学理论初探》，《华中师范大学学报（哲学社会科学版）》1988年第1期，第78—86页。
④ 杨翼骧、乔治忠：《论中国古代史学理论的思想体系》，《南开学报（哲学社会科学版）》1995年第5期，第35页。

历史理论研究的空白。其所著《中国古代史学批评纵横》从丰富的史学遗产中提炼出一系列史学批评范畴，并通过对这些范畴的梳理、分析，建立起中国古代史学批评的理论体系。

吴怀祺所著《宋代史学思想史》以宋代重要的史学家、思想家的史学思想为核心，从宋代社会历史和社会矛盾出发探索宋代史学思想发展历程和特点。其所著《中国史学思想史》对中国史学思想史进行贯通性考察：一方面将史学和经学、玄学、理学等思潮联系起来；另一方面以史学的“二重性”为主线贯穿中国史学思想发展的历程，以此把握中国史学思想的特质，从而体现出一种纵览全局的通识。其所主编的10卷本的《中国史学思想通史》，对中国史学的理论遗产作了更深入细致的发掘，向世界展示了中国史学丰富的理论成就。

应该指出的是，瞿林东、吴怀祺有关中国史学的理论遗产的发掘，不仅取得了丰富的成果，而且为中国史学史研究开辟了新的路径和领域，即从史学批评和史学思想的角度考察中国史学发展的历程和特点。此外，赵俊《〈史通〉理论体系研究》、罗炳良《18世纪中国史学的理论成就》《清代乾嘉史学的理论与方法论》、白云《中国古代史学批评史论纲》、刘开军《晚清史学批评研究》等论著，也对中国史学的理论遗产进行了发掘。

2. *有关少数民族史学的研究*

将少数民族史学纳入中国史学史研究之中并作为重要内容之一，这是20世纪80年代发展起来的一种自觉的史学意识。白寿彝指出：“我们史学史将来要发展成全民族的史学史，应该把进行少数民族史学史的研究工作作为一项重要科目加以提倡。”[①]“不写兄弟民族的史学史，中国史学史就不算完整。”[②]经过他的努力，少数民族史学是中国史学的重要组成部分已经成为学界共识。瞿林东也为推动少数民族史学的研究作出了艰辛的努力。2007年他组织举办了全国性的少数民族史学研究讨论会，还主编了《中国少数民族史学研究》论文集、多卷本《历史文化认同与中国统一多民族国家》等。

改革开放以来有关少数民族史学的研究主要体现在两个方面：一是理论上的探讨；二是少数民族史学成就的发掘，包括少数民族政权的修史活动和

① 白寿彝：《在第一次全国史学史座谈会上的讲话》，《中国史学史论集》，北京：中华书局，1999年，第414页。
② 白寿彝：《中国史学史》，第1册，第178页。

各少数民族史学成就的研究。在理论上，有学者就中国少数民族史学研究的对象、范围和史料进行了讨论。瞿林东认为，中国史学发展中，凡是有关各少数民族或少数民族地区社会历史、少数民族政权及其统治范围内有关少数民族的历史、少数民族地区及其同中原地区民族与政治统治交往的历史的记述，包括其作者的思想和撰述活动等，都可视为少数民族史学范围。少数民族翻译汉文史书活动，也应视为其史学活动。[①]汪受宽、罗炳良等对此作了进一步阐述和补充。[②]周文玖则认为少数民族史学史研究的内容只能是有关少数民族史学家、以少数民族语言写成的史学著作、少数民族所建割据政权的修史机制和修史活动。[③]瞿林东要求将汉文文献中有关少数民族历史记述的资料也作为少数民族史学研究的史料[④]，东人达认为少数民族史学史料为少数民族文字史籍和口传史料，而以口传史料为主[⑤]。不难看出，瞿林东强调的是历代有关少数民族历史的记述和认识，中国史学史上多民族史学的撰述传统，周文玖、东人达关注的则是少数民族在史学上的成就。这表明对“少数民族史学”的理解还存在着分歧。

关于少数民族政权史学的研究，一是十六国时期少数民族政权史学、西夏史学受到重视。谢继忠《五凉史学述略》[⑥]、赵荧《五凉史学述论》《五凉史学家考》[⑦]概述了五凉史官设置、修史情况、史家史书及其对北魏史学的影响等，并对刘昞等11位史家事迹进行考证，具有填补空白的意义。王志刚《十六国北朝的史官制度与史学发展》[⑧]、牛润珍《汉至唐初史官制度的演

① 瞿林东：《中国少数民族史学发展的几个阶段（代序）》，瞿林东主编：《中国少数民族史学研究》，北京：北京图书馆出版社，2008年，第1—6页。

② 罗炳良：《略谈中国少数民族史学史的定义、研究对象及史料范围》（《郑州大学学报（哲学社会科学版）》2008年第1期）、汪受宽：《中国少数民族史学的特点与定位》（《河南师范大学学报（哲学社会科学版）》2018年第1期）。

③ 周文玖：《关于少数民族史学史研究内容的思考》，《民族研究》2009年第1期。

④ 瞿林东：《断代史学与民族史学研究的新成果——〈辽金元史学研究〉序》，《廊坊师范学院学报（社会科学报）》2009年第5期。

⑤ 东人达：《试论中国少数民族史学》，《史学理论研究》2008年第1期，第49页。

⑥ 谢继忠：《五凉史学述略》，《兰州学刊》1987年第2期。

⑦ 赵荧：《五凉史学述论》，《西北师大学报（社会科学版）》1992年第2期；赵荧：《五凉史学家考》，《西北师大学报（社会科学版）》1993年第4期。

⑧ 王志刚：《十六国北朝的史官制度与史学发展》，《史学史研究》2008年第1期。

变》[①]等对十六国时期少数民族政权的史官制度进行梳理、研究。乔治忠、王秀丽《十六国、北朝政权的史学及其历史意义》[②]详细地考察了十六国、北朝时期少数民族政权的史学建设以及史学在民族融合中的作用。任菲菲《西夏史学述论》[③]概述了西夏史学发展过程、史家及其主要成就，使人们对西夏史学有了初步了解。而宁夏、甘肃、北京等地的学者在西夏文献的整理研究方面所取得的成就，将促进西夏史学研究。二是着重探讨史学对少数民族政权的影响，尤其是在历史文化认同中的作用。许殿才《魏晋南北朝隋唐正史民族史撰述与统一多民族国家的整合》、向燕南《10—19 世纪历史文化认同意识的发展》、吴怀祺《辽代史学和辽代社会》、吴凤霞《辽、金、元的经史翻译与历史认同思想》、何宛英《金代史学与金代政治》、王记录《清代史馆与清代政治》等论著，对此进行了探讨。三是有关少数民族政权史学研究专著的出版。周少川的《元代史学思想研究》[④]系统地阐述了元代史学思想，指出元代史学思想具有鲜明的时代性，形成了世界性意识以及强烈的历史借鉴和经世思想。吴凤霞的《辽金元史学研究》[⑤]展示了辽金元时期多民族史学发展的面貌。乔治忠有关清代官方史学的系统研究为少数民族政权史学的研究提供了范例。这些说明对少数民族政权史学的研究已从零星走向系统。

对各少数民族史学作专门研究，这是改革开放以来中国史学史研究的新气象。向中银《试论彝族的重史传统》《中国彝族古代史官制度初探》[⑥]、东人达《中国彝族古代史学概述》《彝文古籍与彝族史学理论评述》[⑦]对彝族史学传统、史官制度、史学理论作了初步探索。东人达《南北朝彝族女学者阿买妮评述》[⑧]分析了彝族史家阿买妮在历史记叙与史学理论方面的建树。阿

---

① 牛润珍：《汉至唐初史官制度的演变》，石家庄：河北教育出版社，1999 年。

② 乔治忠、王秀丽：《十六国、北朝政权的史学及其历史意义》，《齐鲁学刊》2004 年第 4 期。

③ 任菲菲：《西夏史学述论》，瞿林东主编：《史学理论与史学史学刊》2010 年卷 · 总第 8 卷，北京：社会科学文献出版社，2010 年。

④ 周少川：《元代史学思想研究》，北京：社会科学文献出版社，2001 年。

⑤ 吴凤霞：《辽金元史学研究》，北京：中国社会科学出版社，2009 年。

⑥ 向中银：《试论彝族的重史传统》，《贵州文史丛刊》1997 年第 4 期；向中银：《中国彝族古代史官制度初探》，《中国史研究》1998 年第 2 期。

⑦ 东人达：《中国彝族古代史学概述》，《史学理论研究》1995 第 1 期；东人达：《彝文古籍与彝族史学理论评述》，《史学史研究》2005 年第 1 期。

⑧ 东人达：《南北朝彝族女学者阿买妮评述》，《贵州社会科学》2005 年第 1 期。

地力硕士学位论文《维吾尔史学发展研究（八世纪—十七世纪）》[①]、吾斯曼江·亚库甫博士学位论文《16至19世纪维吾尔族史学史研究》[②]以维吾尔族史籍代表作为核心，分别对8～17世纪、17～19世纪维吾尔族史学进行梳理分析。这两篇学位论文合在一起，就是一部维吾尔族古代史学史。吾斯曼江·亚库甫还撰写了《维吾尔族历史记述的体裁与风格》《察合台文史学名著〈伊米德史〉〈安宁史〉及其史料来源》等多篇研究维吾尔族史学的论文。研究维吾尔族史家、史著的，还有邢剑鸿《略论〈伊米德史〉史学体裁体例兼其史料》、安瓦尔·巴依图尔的《毛拉穆莎·莎依然米和〈伊米德史〉》、阿布都鲁甫·甫拉提《毛拉·穆萨·莎依然米及维吾尔史学》、艾力·吾甫尔《关于佚名作者〈喀什噶尔史〉的几个问题》等。此外，从事维吾尔族史和西域史研究的学者也对维吾尔族史籍进行评介和研究。如魏良弢在《喀喇汗王朝史稿》《叶尔羌汗国史纲》中分别对喀喇汗王朝、叶尔羌汗国时期的维吾尔族史籍进行评介。他所撰写的《沙·马合木·楚剌思〈编年史〉》[③]详细介绍了这部维吾尔族史书的版本、书名、作者、史料价值。王尧、沈卫荣《试论藏族的史学和藏文史籍》[④]有关藏族史学发展脉络的梳理与发展阶段的划分，对藏族史学史的研究影响深远。孙林在系列个案研究[⑤]基础上撰写的《藏族史学发展史纲要》较系统地梳理了藏族史学从起源到20世纪的发展历程及其阶段性特点，是第一部藏族史学史专著。王璞《藏族史学思想论纲》以藏文史籍代表作为中心，展示藏族史学的发展和特点。刘凤强《清代藏学历史文献研究》将清代藏学历史文献区分为藏文文献和汉文文献，分别予以评介。蒙古族史学历来受到重视，改革开放以来得到进一步发展。留金锁以蒙文撰写了《十三世纪—十七世纪蒙古历史编纂学》一书。乔吉20世纪80年代在《内蒙古社会科学》（汉文版）上连载《蒙文历史文献要览》，介绍重要

① 阿地力：《维吾尔史学发展研究（八世纪—十七世纪）》，新疆大学硕士学位论文，2006年。
② 吾斯曼江·亚库甫：《16至19世纪维吾尔族史学史研究》，陕西师范大学博士学位论文，2011年。
③ 魏良弢：《沙·马合木·楚剌思〈编年史〉》，《民族研究》1987年第1期。
④ 王尧、沈卫荣：《试论藏族的史学和藏文史籍》，《史学史研究》1988年第2期、3期。
⑤ 孙林、张月芬：《藏族传统史学的体系及其史学观念的总体特征》；孙林、张月芬：《藏族史学的起源与早期特色》；孙林：《分裂时期藏族史学的总体风格与特征》、《盟誓文诰：吐蕃时期一种特殊的历史文书》、《元明时期西藏的综合体史书的所反映的历史观念和笔法》、《伏藏著作在藏族史学发展史上的史学价值与地位》、《文本话语与行为规范：西藏宗教人物传记的史学史意义》、《从我国现当代藏族史学研究看少数民族史学史研究》等。

的蒙文历史文献。希都日古的《17世纪蒙古编年史与蒙古文文书档案研究》对17世纪的蒙古族史学和文献进行研究。M. 乌兰的《卫拉特蒙古文献及史学——以托忒文历史文献研究为中心》，对卫拉特蒙古史学和文献进行研究。乌兰《〈蒙古源流〉研究》一书，对《蒙古源流》进行考证研究。李德锋发表了《14—17世纪蒙古族史学史述略》[①]等多篇研究蒙古史学的论文，对蒙古族史学发展、蒙古族史学与其他民族史学之相互影响进行分析研究。李松茂曾倡议编写回族史学史，并对回族史学史的编纂提出纲领性意见。[②]白寿彝主编的《中国回回民族史》一书中的学术史回顾部分，可以说是一部简要的回族史学史。有学者还对马以愚、傅统先、金吉堂、马寿千、白寿彝、杨志玖等回族史家的学术成就进行了研究。

从以上有关论述可以发现，从事少数民族史学研究的学者，既有史学史研究者，也有民族史研究者，既有汉族学者，也有少数民族学者。从事民族史研究的学者和少数民族学者的加入，在很大程度上解决了少数民族史学研究中所存在的民族语言问题，促进了少数民族史学研究的发展。

三、中国史学史研究的进一步深入

改革开放以来，中国史学史学科在开拓新领域的同时向纵深发展，提升了整体研究水平，这主要表现在中国史学通史的撰述、断代史学的研究与撰述、史学专题的研究以及史家、史著的研究等方面，每个方面都取得了丰硕的成果，反映了改革开放40年来史学史研究者的艰辛努力。

1.有关中国史学通史的撰述

改革开放以来以中国史学史命名的通史性著作约有三十余部，这些著作反映了改革开放40年来中国史学史学科的发展变化。20世纪80年代出版的中国史学史著作，一方面保留梁启超“史学史做法”的色彩，另一方面开始关注历史思想、史学与社会的关系，反映出中国史学史研究从史部目录解题模式向新的研究模式过渡的特征。如白寿彝的《中国史学史》（第一册）在叙

① 李德锋：《14—17世纪蒙古族史学史述略》，《内蒙古大学学报（哲学社会科学版）》2013年第6期。
② 李松茂：《编写回族史学史的构想》，《史学史研究》1997年第4期。

篇中系统地阐述了中国史学史学科的基本理论问题，如史学史研究的任务和范围、中国史学史的分期等，这既是对20世纪60年代有关史学史基本理论讨论的总结和完善，也为中国史学史学科建设指出了方向。

20世纪90年代出版的中国史学史著作基本上摆脱了“旧窠臼”，以“对于历史本身的认识的发展过程”“史学的社会作用的发展过程”为主线综合阐述中国史学发展历程，并展示出各个历史时期中国史学发展面貌。瞿林东《中国史学史纲》代表了这一时期中国史学史撰述的特点和水平。该书纵向阐述史学自身的萌芽、发展过程，显示史学在各个阶段的主要特点或发展趋势，横向揭示社会变动对史学发展的影响，力图历史地和逻辑地展示中国史学的面貌。

进入21世纪以来，在多年专题和个案研究成果基础上撰写的中国史学史著作，学术水平普遍较高，白寿彝主编的多卷本《中国史学史》、谢保成《中国史学史》、乔治忠《中国史学史》、谢贵安《中国史学史》等将中国史学史研究和撰述推向了一个新高峰。如乔治忠《中国史学史》从官方史学、私家史学之互动探讨中国传统史学发展历程与规律，从中外史学比较中探讨史学发展机制，关注史学在民族融合中的作用以及中国史学在东亚的影响等，显示出开阔的学术视野。

2. *有关断代史学史的研究与撰述、专题与个案研究*

改革开放以来，我国在中国断代史学史的研究与撰述、专题与个案研究方面取得丰硕的成果，这是中国史学史学科走向深入的重要表现。瞿林东、乔治忠等在有关文章中对此已经作了较为详细的概述，此不赘述。[①]需要指出的是，有关20世纪中国史学的研究，是20世纪90年代以来断代史学史研究的热点，无论是有关20世纪中国史学的宏观认识，还是具体研究，都取得了不少成绩。林甘泉、戴逸、瞿林东、王学典等从不同的角度对20世纪中国史学进行整体评估。戴逸认为20世纪中国史学有三个特点：一是进化史观的引进，二是唯物史观的学习与运用，三是理性精神的张扬或曰理性的发醒。[②]

---

① 参见瞿林东《中国史学史研究八十年》（下）（《淮阴师范学院学报（哲学社会科学版）》2007年第3期）、《新发展 新成就 新境界——近30年来的中国史学史与史学理论研究》（张海鹏主编：《中国历史学30年》，北京：中国社会科学出版社，2008年）、乔治忠《改革开放以来的中国史学史研究》（《史学月刊》2009年第7期）、钱茂伟《近二十年中国史学史研究的发展轨迹》（《史学月刊》1999年第6期）等。

② 戴逸：《世纪之交中国历史学的回顾与展望》，《历史研究》1998年第6期，第5—7页。

瞿林东认为20世纪中国史学最显著的进步是历史观的进步，最突出的成就是关于中国通史的研究、认识与撰述，最大的教训是以实事求是为史学的最高品格。[①]王学典以史观派与史料派的沉浮为主线梳理20世纪中国史学发展脉络，认为百年中国史学可以说是史观派和史料派的对抗史。在专题研究方面，贯通性的专题研究是中国史学史研究深化的一个重要表现，改革开放以来在这方面成果颇为丰富。李孝迁《域外汉学与中国现代史学》、尤学工《20世纪中国历史教育研究》、朱慈恩《20世纪中国通俗史学研究》、汪高鑫《二十四史的民族史撰述研究》等著作，就中国史学发展的某一方面作了较为系统的考察，多为创新之作。对史家、史著的研究，是史学史研究中的基础性工作，史学名家名著则是历久弥新的研究课题。改革开放以来在这两个方面也取得了新进展，一些高水平的史家评传、史书研究著作不断出版。如陈其泰《再建丰碑——班固和〈汉书〉》[②]揭橥班固撰《汉书》"过秦""宣汉"主旨，改变了以往对班固与《汉书》正宗史学代表的刻板印象，有助于恰当评价其在史学上的地位。

四、文献资料的建设

1980年出版的由吴泽主编、袁英光编选的《中国史学史论集》揭开了新时期中国史学史资料建设的序幕。杨翼骧编《中国史学史资料编年》，王学典主编《20世纪中国史学编年》，龚书铎、瞿林东主编《中华大典·历史典·史学理论与史学史分典》等，则是这方面的代表性成果。

《中国史学史资料编年》[③]按年代顺序汇集从先秦到明代有关中国史学的重要资料，举凡史家的史学活动、史著成书过程与内容、史学思想、历史观念、官府修史和史馆设置等都囊括于其中，尤其注意官修史书、史官制度方面的史料，也重视少数民族政权的史学活动，以按语的形式对有关史实进行论辩、考证，所引史料皆标示出处。杨翼骧"以著作家的史识和总揽史学

① 瞿林东：《二十世纪的中国史学（下）》，《历史教学》2000年第5期，第11—12页。
② 陈其泰：《再建丰碑：班固和〈汉书〉》，北京：生活·读书·新知三联书店，1994年。
③ 杨翼骧编：《中国史学史资料编年》，天津：南开大学出版社，第1册1987年，第2册1994年，第3册1999年。

发展全局的眼光而致力于资料纂辑”[①]，以史料的形式呈现中国史学发展史。按语中有关史料年代的推断、史家生卒年的考定、史实的考辨，体现了其深厚的史学素养。有学者认为，《中国史学史资料编年》兼有很高的学术性和实用性，是一部嘉惠后学的佳作。

杨翼骧去世后，乔治忠、朱洪斌对《中国史学史资料编年》进行增订。一是对原书进行了修订，如校改原书的错讹文字，增补一些必要的史料，调整或修改一些史料的系年，所增按语则题为“今案”。二是续成清代部分。此卷义例仍依前三卷，但在史料的采择方面做了一些调整，如采录日本藏中国史籍资料、清代档案资料，收录一些不属于史学范围却对史学发展影响很大的书籍、事项。按语增加了一些学术信息和编者的判断。由三代学者接力完成的这部《增订中国史学史资料编年》[②]，在中国史学史学科的基础建设方面具有里程碑意义。

《20世纪中国史学编年》[③]按年系事，再由事系人，由人及学，力图全面、详细地反映20世纪中国史学发展的历程和整体面貌。该书吸收了纪传、纪事本末、学案、专题研究之长，以弥补编年体的不足，以便容纳更多的资料，与《增订中国史学史资料编年》相比较，其内容更为丰富，凡是与史学有关的政治、思想、文化大事，重要史学主张和史学思想的提出、重要史学论争与事件、史学理论的建构、历史文献的发现与整理、重要考古活动、史学社群的活动、中外史学交流、历史教育等以及史家生平经历、学术交游，刊行的主要著作、文集及报告，有较高学术价值或社会影响的论文等，都予以采录。在资料的辑录方面，也不像《增订中国史学史资料编年》那样照录原文，而是对原始资料进行概括，更多地反映编纂者对有关史学事迹的认识、评价。《20世纪中国史学编年》是20世纪中国史学研究的基础之作，也是学者了解20世纪中国史学的入门之书。

《中华大典·历史典·史学理论与史学史分典》[④]是一部大型类书，上自先秦，下讫清末，所录资料以史部为主，兼及经、子、集部，设有历史理

① 陆申：《读〈中国史学史资料编年〉第二册》，《史学史研究》1995年第2期，第76页。
② 杨翼骧编著，乔治忠、朱洪斌订补：《增订中国史学史资料编年》，北京：商务印书馆，2013年。
③ 王学典主编：《20世纪中国史学编年》，北京：商务印书馆，2014年。
④《中华大典》工作委员会、《中华大典》编纂委员会编纂：《中华大典·历史典·史学理论与史学史分典》，上海：上海古籍出版社，2007年。

论总部、史学理论总部、史学史总部，三个总部下设52部，部下视需要设纬目，辑录了对有关历史进程中的重大社会历史问题的认识和论述、有关史学的一些基本理论问题的认识和论述方面的史料以及有关中国史学发展的路径、趋势、史学成果、史家生平和著述等方面的史料。该书有关文献资料的分类，反映了编纂者对中国史学史的认识。如将历史理论分为论天人、论古今、论地理、论时势、论华夷、论国家、论正统、论分封、论兴亡、论鉴戒、论风俗、论人物等十二部类，反映了编者对历史理论丰富内涵的认识。为方便学者参考和检索，该书所录资料都有明确标目，包括书名、卷次、篇名等。

《增订中国史学史资料编年》《20 世纪中国史学编年》从纵的方面为中国史学史研究提供了资料和进一步探索的线索，《中华大典·历史典·史学理论与史学史分典》则从横的方面为中国史学史研究提供丰富的文献。这三部著作共同构筑了中国史学史学科基础建设的基石。此外，杨翼骧审定，乔治忠、姜胜利编著的《中国史学史研究述要》，刘泽华主编，叶振华、乔治忠、姜胜利等撰写的《近九十年史学理论要籍提要》，蒋大椿主编《史学探渊》，林平编著《宋代史学编年》，钱茂伟《明代史学编年考》，王学典、陈峰编著《20世纪中国史学史论》，瞿林东主编《20世纪二十四史研究丛书》，乔治忠主编《中国史学史经典精读》，李孝迁编校《中国现代史学评论》《近代中国域外汉学评论萃编》，邬国义编校《史学通论四种合刊》，张越编《史学史读本》，杨共乐总主编《〈史学史研究〉文选》等有关中国史学史文献资料搜集整理之作，也对促进中国史学史学科基础建设具有积极的推动作用。

五、有关数字史学的探讨

计算机网络信息技术对历史研究资料的搜集、研究方式、人员的构成、成果的发表等，都产生了深刻的影响。人们将网络时代的历史学称为网络史学、数字史学、量化史学或互联网时代的历史学、信息化的历史学、大数据时代的历史学。2015 年山东济南举办的第 22 届世界历史科学大会第四场会议的主题为“历史学的数字化转向”，就“数字化历史：挑战和可能性”、“新工具、新叙事与新历史”这两个议题进行研讨。所谓“数字史学”是指运用数字媒体和工具开展的历史学实践、演示、分析和研究[①]，这反映了计算机信息时代史学的特点，可以用其来指称网络时代的历史学。史学界有关数字史学的探讨主要表现在三个方面：一是数字信息技术对历史研究的影响；二是数字化时代史学研究所面临的问题；三是历史研究者如何应对大数据时代，旨在探讨历史学如何利用计算机网络信息技术推动自身发展，以迎接大数据时代的挑战。

1. 关于数字网络信息技术对历史研究的影响

学者普遍认为数字网络信息技术对历史研究产生了深刻的影响，这主要表现在以下几个方面：

（1）数字网络信息技术改变了史料的存在形态与史料检索、阅读方式，在某种程度上提高了史学研究的效率。首先是改变了史料存在形式，即在纸质载体史料之外，产生了主要以电子文本方式存在的新样态史料。这种史料以网络为储存空间，既有传统典籍经过数字化技术处理所生成的数字化史料，也包括在数字化时代产生的并以数字化方式存在的史料。其次是引起了史料检索方式的变革。有学者指出："数字化检索已成为史学研究必不可少的辅助手段，史家对于史料的获取方式经历了亘古未有的革命。"[②]数字化检索一方面节省了查找史料的时间；另一方面实现了资源共享，史学研究的效率因此提高，也使以往学者难以涉足的问题变得容易。陈春声指出："传统条件下一位学者需要花费数月、数年光阴，甚至要花费毕生精力进行比对、校勘、辑佚、考订才得以解决的问题，现在可能在计算机网络上花费数秒钟、数分钟就可以有相当确切的结果；而原来因为缺乏史料，许多传统历史学家认为不能研究的重要问题，在'数字人文'的背景下，变得有点'唾手可得'。"[③]最后，数字化时代主要依赖互联网、数据库检索研究成果和所需资料，很少有人系统读书。

（2）改变了历史知识传播的方式。互联网代替纸质媒介成为历史知识传播的主要平台，史学成果传播的速度加快，互联网上发布历史知识无需审核，比纸质媒介更加灵活随意。这种发表的自由和简便，为一些难以在纸质上发表的题材提供了空间，也为大众参与历史研究提供了舞台。

---

① 周兵：《历史学与新媒体：数字史学刍议》，《甘肃社会科学》2013年第5期，第64页。
② 陈爽：《回归传统：浅谈数字化时代的史料处理与运用》，《史学月刊》2015年第1期，第14页。
③ 陈春声：《新一代史学家应更关注"出思想"》，《史学月刊》2016年第6期，第17页。

（3）历史研究成员结构发生了变化。获取史料的便捷与发表成果的自由，降低了从事历史研究的门槛，历史研究向大众敞开了大门。有学者指出："互联网的普及和利用，特别是网络论坛和微博这种'自媒体'的出现，人人成为历史的创造者并没有能实现，但人人成为历史的记录者、研究者却有了现实可能性。"[①]网络时代，历史学家已不可能垄断历史知识的话语权了，非历史专业者大量涌入历史研究领域，其在社会上的影响甚至超过专业历史研究者。

（4）历史学形态发生了变化。发表的自由和历史研究成员结构的改变，引起了史学形态的变革。一是从庙堂之学走向公众之学。姜义华指出，信息时代人们可以自由在网络上书写自己的历史，参与地方、国家历史的撰写，发表对历史问题的评论，并借助于网络迅速传播，对专业历史学产生了巨大冲击。"大数据推动历史学从庙堂之学走向公众之学。"[②]李剑鸣将这种状况称之为历史学的"民主化"："同政治民主中的商议和决策辩论一样，史学中的'民主'一方面表现为参与者的增多，另一方面则是学术声音的多样化。"[③]二是从事实性史学向思想性史学转变，从知识性史学向问题史学转变。李振宏认为，互联网时代人们可以通过网络获取所需历史知识，历史学家能够向社会提供的不再是历史知识，而是他的思想个性、学识和判断力，他所形成的不同于他人的问题意识，提出的别人发现不了的问题。这样历史学也就从传统的事实性史学转变为思想性史学、知识性史学发展成问题性史学了。[④]

（5）贯通性的研究成为可能。进行贯通性研究，不仅需要学识和眼光，而且需要有丰富的历史资料予以支撑。互联网时代，因史料搜集、存储的便捷，以及数据库方法的使用，为贯通性研究提供了资料和方法支撑。

尽管数字信息技术引起了历史学的巨大变化，但在史学研究者看来，这些变化大多发生在方法层面，并没有引起历史观的变革，也没有改变历史学的学术性质。李剑鸣指出："从目前的情况看，网络主要是改变了历史研究的方式，却没有在历史观方面造成实质性变化。"[⑤]这种观点代表了大多数学者对数字化时代史学的认识。

---

① 马勇：《"自媒体时代"的历史研究和史学表达》，《团结报》2016年3月17日，第7版，第1页。

② 姜义华：《大数据催生史学大变革》，《中国社会科学报》2015年4月29日，第5版。

③ 李剑鸣：《互联网与史学观念变革·"网络史学"的神话与实际》，《史学理论研究》2011年第4期，第5页。

④ 李振宏：《论互联网时代的历史学》，《史学月刊》2016年第11期。

⑤ 李剑鸣：《互联网与史学观念变革·"网络史学"的神话与实际》，《史学理论研究》2011年第4期，第7页。

2. 关于数字化时代史学研究面临的问题

数字信息技术在促进史学研究繁荣的同时，也带来了一些问题，引起了学者的深思。其所面临的问题主要有：①如何处理史料检索与读书的关系，②如何高效率处理和运用史料，③如何保障历史研究的学术水平。

数字化时代，通过互联网、数据库检索资料基本上能满足研究的需要，于是史料检索代替读书成了史学研究的捷径。面对这种现象，有学者指出："通过搜索获得的信息是支离破碎的……数字检索不能替代读书，是学界的共识。"①因为，网络检索往往会将"隐性史料"遗漏，也会造成对反证材料的忽视，何况，还有不少的史料尚未数字化。因此，学者强调在网络时代治史仍然需要读书，"在网络信息时代，认为有了学术资料数据库就可以轻松治史了，显然是不正确的。缺乏基本的学术素养，直接取用具体的史料，出错的机率颇高"。"为提高史学研究水平，读书治史的理路不可抛废。"②

传统时代史学研究面临的是如何爬梳所需史料的问题，数字化时代面临的是如何高效地处理海量史料的问题。陈爽指出："数字化时代史学研究所面临的主要困惑之一，是史料的处理和运用。"③王文涛也意识到了这个问题，"数字资料搜集方便快捷，衍生出新的问题：如何高效处理检索到的数字资料？"④

数字化时代出现的以检索代替读书，以粘贴伪装学问的现象，使快餐式成果大量积累，历史学出现了虚假繁荣。互联网在加速历史知识传播的同时，也为那些粗制滥造的所谓历史新诠释、历史新故事争夺史学话语权提供了平台。因此，在数字化时代如何保证学术质量成为史学研究者不得不关注的问题。

3. 关于数字化时代史学对研究者的基本要求

数字化信息技术对史学研究已经产生了深刻的影响，如何应对变化了的史学，这是史学研究者必须面对的问题。有学者认为，在大数据时代，史学研究者在熟练地掌握计算机操作技术之后，还应该：第一，应加强史学基本功的修养；第二，应有人文情怀。

---

① 陈爽：《回归传统：浅谈数字化时代的史料处理与运用》，《史学月刊》2015年第1期，第15页。

② 乔治忠：《治史仍需以读书为根基》，《人民日报》2018年4月23日，第16版。

③ 陈爽：《回归传统：浅谈数字化时代的史料处理与运用》，《史学月刊》2015年第1期，第15页。

④ 王文涛：《信息时代的文献阅读和史料检索》，《史学月刊》2015年第1期，第13页。

数字信息技术为史学研究提供了丰富的资源，但要准确分析、鉴别和合理地运用史料，关键还是史家的才识和学养。李振宏认为，利用互联网检索资料，省略了十分重要的阅读文献过程，因此研究者对文献的理解、历史背景的把握、材料的分析全靠已有的史学专业基础。所以，在数字化时代应更加重视史学研究者的专业基础训练。陈春声指出，数字化时代“占有所谓冷僻资料或发现新资料这类具有‘学术积累’意义的工作，已经越来越成为普通史学工作者日常研究过程的一部分，毫无惊喜可言”。对历史学家的要求将从博闻强记转到见识方面。“历史学者的功力，可能更多地表现在眼界和通识方面……‘出思想’与否，可能会成为新的学术世代衡量史学研究成果优劣高低更重要的尺度。”[①]因此，理论思维能力的训练和史识的培养十分重要。

数字化时代，因史料的异常丰富，微观史学研究将更趋广泛和深入，历史研究的碎片化问题也将更趋严重。有学者认为，史家一旦陷入史料的无限之境而不能自拔，就极有可能失去从整体上描述历史的能力。缺乏这种能力，沉溺于细节，史学的社会价值便无从体现，因此在大数据时代史家需要有大情怀。“如果不想失去在本学科领域的话语权，史学家就必须借助大叙事高扬人文情怀。唯大情怀者才能驾驭好大数据、利用好大数据，书写出真正关注人类过去、现在与未来的伟大叙事。”[②]

互联网、数据库对史学发展的影响日益明显，正在改变历史研究的方式、形态。有关数字化史学的探讨，从史学史研究的角度来看，就是对史学发展最新趋势的关注。这种探讨，旨在通过数字信息技术对史学所产生影响、史家在数字时代面临的问题以及如何迎接大数据时代挑战的分析，促进中国史学的健康发展。

六、有关中国史学史发展前景的思考

改革开放以来中国史学史新学科体系的建立，研究领域的不断拓展和研究的深入以及文献基础的建设等，标志着中国史学史学科建设取得了丰硕的

① 陈春声：《新一代史学家应更关注“出思想”》，《史学月刊》2016 年第 6 期，第 16—17 页。
② 许兆昌：《大数据时代史学更应有大情怀》，《人民日报》2018 年 1 月 29 日，第 16 版。

成果。这种情况下，如何超越已有成就，开拓中国史学史研究新局面，成为学者所面临的新问题，正如侯外庐在50多年前提出的"'历史科学的生长点的问题'，可以说是一个永恒的问题"[①]。近年来，不少学者在思考这个问题。以下几个方面是学者为推动史学史学科发展所提出的建议：

（1）强调理论研究，尤其是对重大理论问题的探讨。瞿林东指出，中国史学有丰富的理论遗产，为了展现中国史学的理论成就，推动中国史学史进一步走向世界，应当把理论问题提到中国史学史研究的重要位置上来。[②]李振宏认为，在中国史学史研究领域，还存在不少重大的理论问题，诸如史学发展与社会发展的关系问题，史学观念及其与历史观念的关系问题，史学观念与史学思想的关系问题，史学观念与一代史学发展状况的关系问题，等等，都是需要深入研究的。研究这些理论问题，将从整体上提升中国史学史学科的科学水平和学术品位，改善学科的基本状况。[③]

（2）开拓史学史研究的新领域。李振宏指出："每一个新的重大研究领域的开辟，都带来史学史研究的一个新发展，新阶段。瞿林东先生、吴怀祺先生的史学史研究道路充分证明，新研究领域的开辟对于拓展史学史研究具有重大意义。"[④]这说明，开辟新领域是推动中国史学发展的重要途径。

（3）加强中外史学比较研究。瞿林东将中外史学的比较研究视为中国史学史发展新路向之一，他认为在不久的将来会成为史学史研究的一个重点领域。乔治忠指出，中外史学比较研究，既要进行中西史学的比较研究，也应进行中日、中朝（韩）、中越史学比较研究。通过比较研究，能够发现史学在不同社会背景下的发展，凸显史学发展的社会运行机制问题，以此作为史学史研究的重要内容，将会带来中国史学史认识体系的重大更新，促进研究水平的全面提升。[⑤]

（4）拓展研究视野。一是将中国史学史的研究放到国际中国史学史、东西方史学研究和交流的大环境中来考察。[⑥]这样，有关中国史学在国际上的

---

① 瞿林东：《重温侯外庐关于"生长点"的论述，对史学史的发展仍有启发意义——"历史科学的生长点的问题"是个永恒问题》，《北京日报》2017年6月26日，第19版。

② 瞿林东：《试论中国史学史研究的新路向》，《天津社会科学》2012年第1期，第124页。

③ 李振宏：《开辟中国史学史研究新局面的思考》，《史学月刊》2012年第8期，第24页。

④ 李振宏：《开辟中国史学史研究新局面的思考》，《史学月刊》2012年第8期，第22页。

⑤ 乔治忠：《中国史学史学科发展与中外史学比较》，《史学月刊》2012年第8期，第10—12页。

⑥ 朱政惠：《中国史学史研究的国际视野》，《学术月刊》2012年第1期，第131页。

传播、交流及其影响，将成为一个新的研究领域。二是在东亚视野下开展中国史学史研究，关注中国史籍的流播、演变，周边各国对中国史学的学习与改进，并系统考察周边各国修史制度对中国的模仿和变异，从而为中国史学史研究开拓新的领域和方向。①

（5）加强专题研究。瞿林东提倡进行贯通性的专题研究，即以通识的眼光对某一专题作“通”的考察和论述，他认为这方面还有重要问题需要研究，许多领域有待开拓。罗炳良认为，史学思潮、史学批评范畴是可供开拓的两个重要领域。史学思潮的研究将有助于从更深层次认识中国史学发展规律，史学批评范畴的研究在促进史学史学科建设的同时，对于整个历史学的发展也有学术价值。②

（6）改进研究范式。关于现有的中国史学史研究范式，有学者认为，在内容方面，应将史学运行的制度层面要素、史学与社会公众的互动纳入其中；在研究方式上，应采用多学科方法，尤其要吸收社会学、文化人类学、教育学等学科的研究方法和成果；此外，有关史学思想、理论的研究，应结合相关的史学实践进行，应当将史学思想或理论的研究与史家、学派交往等活动结合起来，更好地从动态中去把握史学的发展，同时，还需加强学术史的内涵，这样史学史研究成果才能引起历史研究者的重视。③

以上这些对有关中国史学史今后发展路向所进行的思考，对开创中国史学史研究新局面具有积极意义。还应该补充的是，在数字化时代开拓中国史学史研究新局面，应充分利用互联网、数据库所提供的便利，探索那些以往因史料的限制难以研究或还未解决的问题。互联网、数据库也为从事贯通性史学史专题研究提供了可能。这些都能为史学史研究提供生长点。

回顾是为了发展，总结是为了开拓。通过对改革开放40年来中国史学史研究的回顾，不难发现，解放思想、转换思维、开阔研究视野、拓展研究领域、关注中国历史学的最新发展，是中国史学史学科发展的活水源泉。有此活水源泉，学者期待的“中国史学史研究的再出发”必将再创辉煌。

---

① 孙卫国：《东亚视野下的中国史学史研究》，《史学月刊》2013年第11期，第91页。

② 罗炳良：《深化中国史学史研究的构想》，《学术月刊》2012年第1期，第125—126页。

③ 胡逢祥：《关于改进中国史学史研究范式之我见》，《史学月刊》2012年第8期，第12—14页。